개신교
성인 요리문답서

Evangelischer
Erwachsenenkatechismus

# 인간과
# 예수 그리스도

독일루터교회연합회

정 일 웅 역

한국코메니우스연구소

# Evangelischer Erwachsenenkatechismus

## suchen – glauben – leben

9., neu bearbeitete und ergänzte Auflage 2013

Im Auftrag der Kirchenleitung der VELKD

herausgegeben von

Andreas Brummer
Manfred Kießig
Martin Rothgangel

unter Mitarbeit von

Wiebke Bähnk
Norbert Dennerlein
Heiko Franke
Peter Hirschberg
Jutta Krämer
Michael Kuch
Ralf Tyra
Ingrid Wiedenroth-Gabler

Gütersloher Verlagshaus

# 개신교
# 성인 요리문답서

## 찾으며 - 믿으며 - 사는 것

**새롭게 수정하고 보완된 제 9판 2013**

독일루터교회연합회 교회지도부의 위임으로

안드레아스 브룸머
만프레드 키씨히
마르틴 로트앙겔 등이 출판하였다.

그리고

뷔프케 뵈헨케

노르베르트 덴너라인

하이코 프랑케

페터 히르쉬베르그

유타 크램머

미하엘 쿠흐

랄프 티라

잉그리드 뷔덴로트-가블러 등이 협동하였다

귀터스로흐 출판사

Original title: Evangelischer Erwachsenen Katechismus 8.,
neu beartbeitete und ergämzte Auflage 2010
edited by Andreas Brummer, Manfred Kießig, Martin Rothgangel
© Vereinigte Evangefech-Lutherische Kirche Deutschkands,
Hannover 1975

# 목차

# 목차

# 목차

# 역자의 인사말

이 책을 처음 대한 때는 독일 유학에서였다. 독일교회가 평신도들에게 전하고 가르치는 기독교 신앙의 기본내용이 어떤 것인지를 지도 교수님께 물었을 때, 그는 그 당시 새로이 출판된 "개신교 성인 요리문답서"(Evagelischer Erwachsenekatechismus, 1975)란 책을 소개해 주었다. 역자는 그 책을 대하면서 분량의 방대함(약 1,370쪽)과 현대적인 언어표현의 신선함에 놀랐으며, 교회가 이렇게 많은 주제의 내용을 가르치고 배우게 해야하는지 의구심이 생기기도 했지만, 우선 역자 자신이 많은 것을 배우며, 기독교 신앙이해에 큰 도전을 받기도 하였다.

원래 "독일루터교회연합회"(VELKD)는 새 시대변화(70년대 산업화)에 걸맞게, '기독교 복음의 재선교'를 목적으로 5년간 심도 있는 전문가들의 연구와 자문을 거쳐, 권위 있는 전문 분야의 학자들과 신학 교수들이 동원되어 기독교 신앙의 진리를 가장 현대적으로 표현해 준 것이 바로 이 책(EEK)이었다. 그 후 이 책은 출판을 거듭하면서 오늘날 제9판(2013)에 이르고 있으며, 그사이에 독일통일이 이루어지면서 시대변화를 반영하여 모두 3차례 대 수정작업을 거쳤던 것으로 알려진다. 그리고 이 책은 그야말로 종교개혁의 역사적인 요리문답서(Katechismus)의 형태를 완전히 새롭게 바꾼 교회를 통한 신앙교육 선교의 새장을 열어 주었다.

이 책의 특징은 먼저 독일 산업화 사회를 거친 현대인들에게 기독교 신앙의 진리에 대하여 던져진 많은 새로운 물음들을 수용하여, 성서의 현대적 연구와 해석에 근거하여 가장 표준적인 대답을 친절하게 제시해 놓은 점이다. 이 책은 독일에서 "신앙백과사전"으로 불리고 있으며, 독일교회 평신도들은 실제로 그간 흔들렸던 신앙의 정체성을 회복하는 일에 큰 도움을 입게 된 것으로 평가된다. 특히 독일 신학생들이 신학 개론서로 즐겨 읽었으며, 베스트셀러에 오른 책이 되기도 하였다. 또 다른 특징은 독일루터교회연합회(VELKD)가 ~~주도하여 출판했지만~~, 누구나 ~~자기가~~ 믿는 신앙 진리만을 알리는 데 목표를 두지 않고, 신앙 교리대립의 시대를 뛰어넘어 개신교회 전체가 지향하는 교회의 연합정신을 반영한 점이다. 이러한 사실은 "개신교 성인 요리문답서"(EEK)로 명명한 책 이름에서 쉽게 확인된다.

역자는 이 책이 지닌 이러한 의도와 특징들을 알고 난 후, 한국교회에 알리고 싶은 마음이 생겼고, 역시 산업 후기사회, 특히 제4차산업 시대를 살아가는 한국교회 평신도들의 기독교 신앙의 재정립과 아직 교회에 속하지는 않았지만, 기독교 신앙에 관심을 가진 우리 사회의 모든 분에게도 도움이 되었으면 하는 마음으로, 이 책을 번역하게 되었다. 그래서 이 번역서 전체의 제목은 "독일 개신교회 성인 요리문답서"로 명명하며, 총 5권으로 엮어진 기독교 신앙 시리즈 형태로 출판하게 된다. 물론 1-2권은 2018년, 2019년에 이미 출판한 바가 있으나, 원문 번역의 부정확한 부분들이 발견되어, 부득불 새로운 수정작업을 거쳐 이번에 또 1권과 2권을 재출판하게 되었다.

여기 제2권에서 다루어진 내용을 간략하게 소개하면 전체적으로는 인간론과 기독론에 해당하는 내용들로서, 세부적으로는 먼저 인간론에서 하나님의 피조물과 인간의 죄와 그 죄책에 대한 두 가지 주제가 다루어졌으며, 기독론에서는 나사렛 예수-그리스도에 관한 것들로, 신약성서(사복음서)에 소개된 예수 그리스도에 관하여 다양한 주제들이 다루어졌다. 그리고 인간의 칭의(의롭다함)에 대한 두 개의 주제가 다루어졌다. 이것은 예수 그리스도를 통한 구원의 은혜와 관련된, 특히 루터에 의한 종교개혁이 제시한 이신칭의 구원론의 의미가 집중적으로 조명되었다. 여기서 기독교 구원론의 핵심적 내용을 배울 수가 있을 것이다.

이 번역서의 독서 형태는 관심 있는 주제를 개별적으로 자유롭게 선택하여 스스로 읽어갈 수 있도록 구성되었다. 그리고 가 장에서는 "인지"(認知) - "방향"(方向) - "형성"(形性)이란 3단계로 구별하여 독자의 이해를 돕는다. "인지"는 제시된 주제와 관련하여 동기부여와 관심을 불러일으키는 의미를 지니며, "방향"은 주제의 바른 신학적인 이해를 위한 구체적인 많은 정보를 제공해 준다. "형성"은 삶의 실제와 관련하여 연결된 의미를 제공한다. 물론 이 책은 각 주제와 관련하여 소그룹 세미나가 가능하도록 엮어져 있다. 교회의 평신도들이나, 청년대학생 그룹, 또는 주일학교 교사들이 관심 있는 주제를 선택하여 소그룹으로 모여 읽고 발표하며 서로 토론하는 방식의 독서가 큰 도움이 되리라고 생각한다. 물론 독일에서처럼 한국 신학생들의 신학 공부에서도 이 책은 신학 개론서로 사용되어도 좋을 것이다. 그것은 역시 신구약 성서신학에서부터 교회 역사 및 교리사, 윤리, 실천신학과 선교학 등에 걸친 모든 학문정보를 총망라하고 있기 때문이다. 그리고 신학에 관심을 가진 평신도들에게도 큰 도움이 되리라 확신한다.

이 책의 독서에서 주의해야 할 점은 여기 실려 있는 여러 해석된 정보를 대할 때, 깊이 생각하면서 접근하는 사고의 동반이 요구된다는 점이다. 특히 역사적 관점의 성서해석과 이해, 그리고 여러 학자의 전문정보와 신학적인 관점들의 폭넓은 이해들의 논리 전개에서 자칫하면 독서의 흥미를 놓칠 위험이 생길 수도 있을 것이다. 그래서 이 책의 독서와 공부는 진지한 인내심과 지구력을 동반한 복음에 대한 깊은 관심과 믿음의 열정으로 대하게 될 때 새로운 많은 것을 얻을 수 있을 것이며 또한 기독교의 복음과 신앙이해에 큰 도전을 받게 되리라 기대한다.

바라기로는 앞으로 우리 한국교회에도 역사적인 교리 논쟁의 시대를 극복하고 교파를 초월하여 그리스도 안에서 하나로 연합(大)한 모습으로 기독교가 믿는 신앙 진리의 표준적인 것을 제시하는 날이 오기를 고대해

본다. 이것은 오늘날 한국교회의 신앙 진리를 혼란하게 하는 여러 이단 사이비 종파들이 잘못된 신앙의 영향을 막는 싱싱한 방법이 될 수 있기 때문이다. 그리고 이 책은 독일교회가 의도한 대로 오늘날 교회를 통한 신앙생활을 중단하였거나, 또는 아직 신앙에 이르지 않았지만, 기독교 신앙의 진리에 관심을 가진 분들에게도 큰 도움이 되리라 기대한다. 그 이유는 원래 이 책(EEK)이 의도한 바가 가장 표준적인 기독교 신앙의 진리를 통하여 대중화를 지향하고 있으며, 동시에 "인간은 어디서 와서 어디로 향하고 있으며", "땅에서 인간답게 사는 참된 인생의 삶의 목적과 의미와 그 가치가 무엇인지를 묻는" 모든 이들의 질문에 넉넉하고 합당한 성서적인 대답을 충분히 제공해 놓고 있기 때문이다.

끝으로 한국어 출판을 허락해 준 영국의 랜덤하우스(Randomhause)와 중계역할을 담당해 준 한국 에이전트 홍순철 대표와 그리고 지루한 수정 작업에 참여하여 고락을 같이해 준 한국코메니우스연구소 총무 김석주 박사와 동 연구소 연구원 김성훈 박사에게도 깊은 감사를 드리며, 편집디자이너 변윤주 실장에게 감사하며, 또한 번거로운 교정작업뿐만 아니라, 늘 기도로 동행해 주며, 특히 이번 책 1-2권 출판 비용 전액을 기꺼이 맡아준 신실한 아내 강영희 박사의 섬김에 진심으로 감사한다.

2023년 10월
역자 정 일 웅 드림

# 제 8판 수정출판에 대한 인사말

이 책 '개신교 성인 요리문답서'(Evagelischer Erwachsenenkatechismus)는 35년 전 초판이 나온 이래 8번째 출판되었다. 이 책은 표지의 새로운 단장뿐 아니라, 내면에서도 달라진 모습을 보여주고 있다. 이것은 근본적으로 목표와 신앙과 현실적인 삶에 항상 다시 새로운 관계를 갖게 하는 모습이다. 기독교 신앙은 공간의 확장에 있는 것이 아니라, - 그 시대의 언어와 사고에서 발전하는 근본토대가 되기를 원한다. 이러한 성인 요리문답서의 새 출판은 오늘날 개신교 신자로서 이해하는 것처럼, 우리가 어디서 희망을 가지게 되며, 어디로 지향하고 있는지에 대한 올바른 정보를 제공한다. 그것은 우리 사회와 개개인이 현재에 직면한 질문들을 전제하여 제시되었다. 이러한 근본사상은 책의 설계에 반영되어, 각 장(章)은 의식적으로 '인지부분'을 삽입해 두었다. 이는 우리 시대의 물음과 사람들이 앞서 발견하는 상황에 대한 주의 깊은 열린 모습을 뜻한다. 이 책은 인간의 실재(實在)에서 제기되고 감지하는 교회를 위한 것이다. 어쨌든 이러한 인지(認知)를 바탕으로 신앙의 근본토대가 핵심적이면서도, 이해가 가능하도록 설명되어, 현재의 삶에 가깝게 관계된 방향으로 연결한다. 개신교 신앙교육서는 그들의 출발점으로 고백하며, 시대의 질문과 함께 복음적인 자유와 책임 안에서 논쟁하며, 이해적인 방식에서 방향제공을 원하는 교회를 전적으로 가리킨다.

마침내 모든 장은 어떻게 믿음이 삶에서 수용되고 실천될 수 있는지에 대한 하나의 판단과 함께 끝난다. 즉 믿음은 말하자면, 자체로 머물러 있는 것이 아니다. '이 책'은 살아 있기를 원하며, 믿음의 실천에 대한 길들이 열려는 하나의 교회를 증언한다. 독일루터교회연합회(VELKD)는 이 책을 복음적인 관점에서 신앙(信仰)의 교양(敎養)에 도움을 제시하였다. 이러한 의미에서 이 책은 신학적인 기초지식을 이해하게 하며, 동시에 신앙과 현실적인 삶에 대한 성찰을 기구하며, 공적으로도 기누와 총체서인 테스트에서의 도움제공뿐만 아니라, 일상에서 복음적인 영성이 살아 있도록 남녀독자들을 위한 "현대적인 신앙코스 북"이 될 수 있을 것이다.

독일 개신교루터교회연합회 지도부를 대신하여 수정작업에 참여한 모든 분들과 신앙교육위원회의 위원들과, 특히 초안 작업에 함께한 저자들에게 감사를 드리며, 마지막으로 모든 독자들에게 도전적인 삶과 신앙을 풍성하게 하는 강연들이 이루어지기를 축복한다.

요한 프리드리히 박사(Dr.Johann Friedrich)
독일 개신교루터교회연합회의 감독(Bishop der VELKD)

## 1. 본 수정판이 어떻게 생겨났는가?

1975년에 처음 출판된 개신교 성인 요리문답서(EEK)는 - 독일 개신교 루터교회연합회의 위임으로 이루어짐 - 개신교 신앙의 표준서로 확정하였습니다. 35년 전, 첫 출판 이래로, 이 책은 25만 권 이상이 판매되었습니다. 성인 요리문답서는 전면 수정된 제6판이 지난 2000년에 출판된 바 있습니다. 역시 1989년 독일통일 이후, 변화된 상황에 따라 내용을 약간 줄이면서, 본질의 내용을 현실화한 제7판이 2016년에 출판되었습니다.

이처럼 꾸준한 개정작업에도 불구하고 교회와 사회의 다원화 증대에 대한 대책 마련의 요구는 개신교 성인 요리문답서의 계획을 수립하게 하였고, 이 계획은 즉시 수용되었습니다. 수정목적에 부응하기 위하여 성인 요리문답서와 함께 의도적인 접촉을 가졌던 여러 다른 직업군별의 사람들과의 행동에 대한 일관된 인터뷰가 이루어졌습니다. 설문을 통해 드러난 결과는 현재 개신교 성인 요리문답서는 간혹 참고서로 사용되었다는 인식이었습니다. 그리고 요구사항으로 독자들의 관심이 현실적인 관련들을 통하여(인지), 지향하는 정보들(방향), 그리고 실제에 관련(모습)들로 이해하고 싶어 하는 변화된 책 내면의 구성이었습니다.

여기 출판되는 책은 제7판의 총체적인 내용을 기반으로 지난 3년간의 수정과정의 결과입니다.

다음과 같은 관점들은 거기서 표준적인 것이었습니다.

**새로운 책의 내면 구성체:** 요약된 개신교 성인 요리문답서(2004)의 제작에서 성인 요리문답서의 각 장의 지금까지의 분류가 "출발-정보-배경-경험"의 도식 안에서 이중적으로 안내할 수 있다는 것이 분명하게 되었습니다. 이러한 근거에서 이번에 2번째 흐뤼되는 이 책에서는 인지(認知) 방향(方向) - 형성(形成)"이란 3단계의 개괄적인 내면 구성체가 도입되었습니다.

**경험과 실천:** 새로운 내면 구성체를 통하여 새로운 강조점이 조건적으로 설정될 수 있었습니다. 그래서 현재 상황에 차별화된 통찰을 열어주는 인지(認知) 부분에 경험적인 결과들이 증가 되어 있음을 발견하게 되었습니다(비교, 예를 들면, "1.1 하나님은 자기를 계시한다.", "4.2.4 청소년"). 동시에 형성(形成) 부분에서 실천과 예전적인 요소들에서 보기들이 특별히 강하게 수용되었습니다(비교, 보기 "4.3.6. 자유 시간", "6.1.4 교회에서의 명예로운 직분").

**새로 수정된 장:** 지난 세기에 사회적이며 과학적인 발전과 토론의 배경에서 몇 개의 장들은 완전히 새롭게 형성되었습니다. 이것들은 다음의 장들에 해당합니다. "4.4.2 기술과 생명공학에서의 윤리", "4.3.3 의사소통과 미디어", "4.3.2 남자와 여자의 공동체".

**이해시킴과 기초화:** 성인 요리문답서의 심장 부분인 칭의(稱義)의 장은 이러한 관점에서 근본적으로 새롭게 수정되었습니다(비교, "3.2 인간의 칭의"). 이해시킴은 각 장의 부분적으로 개별적인 면에서 대체되었습니다(비교, 보기, "1.1 하나님은 자기를 나타내신다." 시작 부분, "3.1 나사렛 예수 - 그리스도")의 부분입니다.

**현실성과 보완:** 개신교 성인 요리문답서의 모든 장들은 전체로서 마찬가지로 현실화하는 개정의 각 단면들에 종속되었으며, 상응하게 보완되었습니다(보기, "4.4.1 자연적인 삶의 토대", "6.4.3 선교"). 역시 교회 연합적인 발전들의 모습에서 역시 8판에서 가장 새로운 상태를 제시합니다(비교, 보기 "6.1.6 작은 종파들의 알림", "6.1.7 교회연합").

**신학적인 토대:** 신앙교육위원회는 마르틴 루터를 통한 신앙고백 3번째

조항의 해석에 따라 "믿음으로 산다."는 것을 전개하는 하나님 부분에서 신학적인 근본직인 징을 앞에서 소개하기로 결정하였습니다.

## 2. 이 책은 무엇을 원하는가?

삶의 출처와 방향에 대한 물음, 세계의 근원과 목표에 대한 물음, 행복과 고난의 의미에 대한 물음 그리고 올바른 행동과 모습에 대한 물음 등이 분명 사람들의 마음을 움직입니다. 과거에 우리의 문화 범주에서 그러한 질문에 대한 대답은 특히 기독교회에 의하여 찾아졌습니다. 우리 현대적인 사회에서 사람들이 선택할 수 있는 종교적이며 세계관적인 여러 제시들이 있습니다. 이러한 상황에서 신앙이 이해되며, 계속해서 리드하면서, 실재를 밝히면서 증명하도록 기독교적인 신앙을 대화에로 가져가는 것은 중요합니다. 그 때문에 이 책은 인간의 상황을 받아들이고, 질문을 거론하며, 기독교적인 신앙의 대답들과 관계하도록 시도합니다. 이러한 방법은 기독교 신앙이 이상의 문제들에 대한 완전한 대답을 갖고 있지 않다는 통찰과 결합되었습니다. 마찬가지로 그 신앙은 현실적인 문제의 극복에 유익하다는 것을 제한시키지 않습니다. 이것은 대답을 제시하기보다, 오히려 우리의 질문을 질문으로 제기하고, 새로운 질문을 일깨우며, 하나님이 인간에게 묻는 그것을 듣게 합니다. 상황과 복음의 소식, 질문과 대답 사이에 다리를 놓는 이러한 방법에 대해 신학자 폴 틸리히(1886-1965)는 "상호연관의 방법"이라 불렀습니다.

여기 대화 가운데 가져온 기독교 신앙은 그 자체 안에서 여러 모습이며, 완전한 역동성이 있습니다. 그 역동적인 신앙은 고백에서 그의 특성을 발견했던 것처럼, 교회의 공동적인 신앙으로 우리를 만납니다. 그리고 동시에 여러 가지 구별된 색채와 함께 개인의 인격적인 신앙으로서 만나게 됩니다. 통일과 다양성의 이러한 긴장은 분명히 책에 영향을 미쳤습니다.

성서적인 전승의 청취와 기독인들과의 교제 가운데서 신앙의 고유한 길을 걷게 되도록 초대됩니다.

1529년의 마르틴 루터의 "소요리 문답서"는 그것에 대하여 수 세기를 넘어서 탁월한 토대로서 증명되었습니다. 왜냐하면 그 안에서 신앙의 대답과 함께 인간의 삶에 관한 질문들이 근본적으로 삶에 가까이 대화 가운데 가져오게 되었기 때문입니다. 개신교 성인 신앙교육서는 이러한 루터적인 전통에 서 있으며, 거기서 총체적인 기독교 인식을 위하여 개방하고 있습니다. 이 책은 그래서 교회 연합적인 넓이로써 개신교 전체를 연결한 것입니다.

이 책은 근원적으로 교회의 그룹들이나, 지(支) 교회에서의 사용을 위하여 구상되었으며, 특별히 개인적으로 사용할 수 있는 독서용, 참고서로 발전하였습니다. 이 같은 방식은 학교의 교육 실제에서 또한 강하게 요구되었습니다. 그 결과 이 책은 신학적인 기초지식을 전달하는 일에 기여했으며, 신앙의 관점에서 삶의 중요한 질문과 함께 논쟁하는 일에 자극을 불러일으키며, 삶이 신앙에서 어떻게 형성될 수 있는지에 대한 추진력을 제시합니다.

## 3. 이 책은 어떻게 구성되었는가?

상황과 복음의 소식, 질문과 대답 사이의 상호관계는 각 장(章)에 영향을 미치며, 앞에서 말한 내면 구성체의 3단계 안에 반영됩니다. 즉 "인지 부분"과 함께 차별화된 질문들이 제기되었고, 그것들의 삶의 세계에 사람들을 진지하게 취하였습니다. "방향 부분"에서, 역시 질문이 스스로 새로운 빛 속에서 제기될 수 있는 중심에 가능한 신앙의 대답이 있습니다. 방향은 기초정보들에 관한 필요를 생각하게 되었으며, "형성 부분"은 그것을 넘어 나아와 가능한 실천적인 효과들에 강조점을 두었습니다.

그의 큰 구조에서 이 책은 계속해서 신앙고백의 목차를 따릅니다. "믿음으로 산다."는 신학적인 토대 다음에 "하나님"이란 주된 부분이 따르며, 하나님의 창조로서 인간의 모습과 죄와 죄책이란 주제 다음에 "예수 그리스도"란 주된 부분이 따르며, "세상에서의 삶에 대한 물음"에서 동시에 "교회 안에서의 삶"이란 부분으로 인도하는 "성령 하나님"에 대한 주된 부분이 따라 나옵니다. 모든 길의 목표에 대한 전망인 - 영생은 개신교 신앙교육서를 마무리 짓게 합니다.

목표했던 참고서가 가능해지도록 책의 마지막에 상세한 성서목록과 개념들의 목록을 발견할 수 있습니다. 계속해서 개념들은 작은 신학적인 사전에서 밝혀놓은 것입니다. 6판과 7판에서처럼 책 중앙에 칼라로 구별한 교회의 신앙고백들과 가르침의 증거들을 삽입해 놓았습니다. 본 텍스트의 간단한 사용은 예를 들어, 수업에서나, 또는 그룹집회들에서 본 텍스트를 사용할 때는 CD-ROM으로 만든 미디어가 그 사용과 이해에 도움을 줄 것입니다.

마르틴 로트앙겔(Martin Rothangel)
만프레드 키씨히(Manfred Kissig)
안드레아스 브룸머(Andreas Brummer)

# 2. 인간

## 2.1 하나님의 피조물

"인간은 어디서 왔습니까?
하나님에게는 아주 나쁘지만, 개략적으로는 아주 좋은..."
(고트홀드 에프라임 레싱, 종교)

"하나님이 모든 피조물과 함께 나를 지으신 것을 믿습니다."
(마르틴 루터, 소요리 문답서)

## 인지 ───────────────────────────

### 1. 인간 - 관계의 본체

인간이란 어떤 존재인가? 모든 생명체들 가운데 자신을 향하여 스스로 질문할 수 있는 것이 인간의 특정입니다. 그리고 이러한 질문에 유효한 대답을 발견하는 것이 인간의 역사에 속한 일입니다. 그가 누구인지 자신을 의식하기 위하여, 인간은 여러 가지 관찰 방식을 사용할 수 있습니다. 생물학적으로, 법률적으로, 사회 심리적으로 또는 종교적으로 그러합니다. 그것들은 어떤 다양성이 그의 본체에 반영되어 있는지를 보여줍니다. 인간은 자연에 뿌리를 두고 있으면서, 그럼에도 자신을 둘러싼 자연에 그리고 자신이 자연에 거리를 두고, 세계를 관찰의 대상으로 삼는 형이상학적인 본체가 되었습니다(W. Hirsch). 그는 비밀한 것에 충만한 호기심을 발동하며, 비밀한 것들을 회피하지 않습니다. 삶이 부분적으로 비밀을 밝혀내는 것으로 만족하지 않습니다. 그는 오히려 관계된 것들을 알고 싶어 하며, 과거와 미래에 대하여 더욱 알고 싶어 합니다. 그의 인식과 의지와 행동 역시 모든 것과 그의 개별적인 심리와 생애 전기의 소(小)우주적인 모습과 같이 범세계적인 역사의 대(大)우주로 향합니다. 그러나 그의 현존재(現存在)의 "왜"(이유)는 그것들로써 다 밝혀내지는 못합니다.

왜 나는 거기에 존재하는 것일까요? 왜냐하면 나는 기쁨이 충만한 순간에 만들어졌고, 고통이 충만한 시간에 탄생되었기 때문인가요? 사람들의 대부분은 이러한 대답들로 만족해하지 않습니다. 비록 그들이 삶 자체의 의미에 대한 질문을 의식적으로 제기하지 않는다 해도, 그들의 구체적인 삶은 역시 하나의 의미를 믿고, 이런 것에서 자기 이해를 한정짓게 되는 것으로 보입니다. 어떤 이들은 그들의 삶의 의미를 노동에서, 그들의 실적과 성취의 총합으로 "정의하기를" 시도합니다. 다른 이들은 그들 사회적 관계망에서 가장 큰 의미의 잠재력을 봅니다. 역시 물질적이거나, 정신적인 부(富)가 이따금 한 인간이 그의 삶을 의미 깊은 것으로 느끼게 합니다. 이 모든 여러 가지로 중대되게 했던 이러한 삶의 모든 개인적인 설계들은 하나의 공통적인 모습을 가지는데, 그것들 안에서 사람들은 순수하게 현세적으로 주어진 것들에서 그의 본체(本體)를 결정합니다. 그 결과는 이러한 관련점들이 누락 되는 곳에서 인간적인 삶은 재빨리 무의미하게 되는 것입니다. 기독교 신앙은 바로 여기서 시작합니다. 즉 신앙은 내적 세계의 그 어떤 것도 인간적인 삶의 의미와 품위의 근거가 될 수 없다는 것을 강조합니다. 특별히 인간의 품위(品位)는 하나님 안에 기초하고 있습니다. 즉 "하나님이 나를 모든 피조물과 함께 창조하심을 믿습니다" 그가 창조하신 자연적으로 부여된 것들 아래에, 그 안에서 우리에게 생명을 선물해주신 하나님은 스스로 계십니다. 우리는 우연적으로 이루어진 자녀들이 아니라, 하나님의 사랑받는 아들과 딸들입니다. 그의 사랑은 우리로 하여금 가치 있는 존재들이며, 우리의 삶은 특별한 의미를 가진 것임을 믿게 합니다.

그렇지만, 그것은 기독교 신학이 오늘날도 여전히 제기하고 있는 인간의 이러한 자신 스스로에 대한 "영원한" 질문들만은 아닙니다. 인간에 대한 질문은 오늘날 과학적이며 기술적인 그리고 경제적인 발전에 근거하여 다시 한 번 온전히 다르며, 부분적으로 아주 괴롭힘을 제공하는 현실성을 가진 것이 되기도 합니다. 특히 우리적 느낌에서 이것은 신학적 기준이 시향점을 필요로 하는, 삶의 시작과 마지막과 결부된 질문들이기도 합니다. 낙태에 관한 질문은 여전히 현실성이 있는 것이며, 출생 전 진단법의 가능성에 따른 새로운 절박함을 가진 것이기도 합니다. 유전공학(遺傳工學)은 미래에 인간이 아마도 스스로 "만들어 낼 수"있는 이러한 일을 해도 되는지에 대한 거대한 질문을 던지고 있습니다. 하나님을 대신하여 한 인간을 그의 형상대로 만들기 위하여 지금 인간이 등장하는 것이 아닌지? 또한 안락사(安樂死)의 논쟁은 남녀 신학자들을 긴장시키고 있습니다. 이러한 것들 외에도 아주 구체화 된 특히 의학적으로 중요한 인간학적인 주제들이 오늘날 항상 더 강하게 경제적인 질문으로 옮겨갑니다. 자본주의 사회에서 단지 수익 때문에 사람들이 진행하고 있는 모든 것들을 해도 좋은지? 만일 인간이 쉼 없는 노동에 도구화되지 않아야 한다면, 우리의 경제는 어떤 규범들과 가치들을 필요로 하는지? 경제(經濟)와 생태학(生態學), 세계적인 정의(正義)와 헤지펀드(국제적인 단기투자로 얻는 기금)는 어떤 관계에 있는가? 이러한 질문들은 단지 이 장에서 잠깐 언급될 수 있을 것입니다. 그럼에도 불구하고 그것들은 우리가 오늘날 인간의 본체(本體)에 따라 질문해야 하는 맥락을 형성합니다.

## 방향

### 1. 인간에 대한 성서의 증언

성서는 여러 가지 관점에서 인간을 바라보며, 역시 그것에 상응하게 인간의 창조에 대하여 여러 가지 생각들을 제시합니다. 벌써 성서의 시작에 두 가지 거대한 창조 이야기들은 두 가지의 완전히 독자적인 장면을 보여줍니다. 그것들은 구약 성서 본문의 두 가지 구별된 원천적인 자료에 기인합니다. 즉 하나의 사제적인 원천자료에서가 아닌(초기에도, 부분적으로 역시 오늘날도 "야훼문서"로 표시되는)것과 "사제문서" 등 입니다. 어러 가지 차별적인 배경에도 불구하고 그것은 의미의 역사들처럼 인간적인 삶의 시작과 근원에 따른 질문에 대답하는 것을 연결하고 있습니다.　　／창조, 성서

**a) 창세기 2장과 3장에서 비사제(非司祭)적인 원 역사(原 歷史)를 발견합니다.**

그것은 낙원의 한 복판에 탄생된 인간을 하나님과 현세적인 동반자에 대한 선한 관계들의 연결고리로 보게 됩니다. 동시에 그것은 우리들의 현세적인 존재의 모순들에 직면하며, 하나님에 대한 인간의 관계에서 그것을 해석합니다.

- 하나님에게서 창조된 인간은 동산 안에 살게 되었고, 먹거리들로써 돌봄을 받게 되었습니다. 하나님은 그들의 공동생활을 사랑으로 돌보게 됩니다. 즉 하나님은 "인간이 홀로 있는 것이 좋지 않아, 그에게 상응하는 동반자를 만들어주기를 원한다."고 말씀합니다. 먼저 창조주는 인간에게 동산에 있는 "모든 동물과 하늘에 있는 새들"을 주십니다. 또한 동반자의 필요성을 인정하고, 깊이 잠들게 하여 갈비뼈에서 여자를 만드신 유명한 이야기가 따르게 됩니다. 한 사람('아담')에게서 남자와 여자가 만들어집니다('이시'와 '이샤'). 이러한 이야기의 포인트는 여자가 남자에게서 낮은 등급이 된 것이 아니라 여자가 없는 남자에게 그에게 상응하는 그 어떤 것이 없다는 데 있습니다. 인류는 공동체이며, 더욱이 세대들의 근본 공동체입니다.

- 땅은 하나님으로부터 저주를 받아 "가시덤불과 엉겅퀴"(창3:18)를 내게 되며, 모든 노동은 수고롭게 되며, 실패로 위협받게 되었습니다. 불안과 적대감은 공동생활을 파괴하게 되며, 스스로 남녀 간의 사랑은 가부장적인 통치구조들과 출산하는 여자에게는 죽음의 위협이 뒤덮게 되었습니다(창3:16). 하나님과 인간 사이에 내적인 관계는 먼저 불신을 통하여 그 뿌리에 중독되지 않았습니다.

성서는 이러한 원 역사(原 歷史)가 말하려는 것을 단지 순차대로 이야기할 수 있습니다. 즉 인간은 한때 낙원에 살았으며, 거기서 추방되었습니다. 오늘날 우리는 분명하게 말해야 합니다. 즉 그러한 하나의 낙원의 모

습인 원 상태가 있었습니다. - 역사적인 관찰은 거리가 있습니다. - 진화론 거인 괴정에서 인간이 위치으로 나타나는 순산부터 인간은 "인간요로서 모순 가운데서"(Emil Brunner), 분리된 존재로 경험합니다. 종종 그에게 세계는 낙원으로 아름답습니다. 그러다가 갑작스레 그 어떤 불협화음이 조화(하모니)를 파괴합니다. 종종 그는 하나님과 세계와 "순수함"에서 행복하고, 만족하게 삽니다. 그럼에도 밤이 "오기 전에 쉽게 달라질 수 있습니다." 그리고 그는 그의 행동에서 그 어떠한 의미도 발견하지 못합니다. 그것이 왜 그렇게 존재하는지는 이러한 원역사가 밝히기를 원합니다.

특별한 것은 인간이 여기서 책임 가운데 취하여졌으며, 고통스러운 모순 가운데 하나의 능동적인 역할이 할당된 거기에 놓여 있습니다. 그는 분명히 신적 계명(誡命)을 범하게 됩니다. 금지된 열매를 손에 잡은 것은 "하나님처럼 되기를 원하는" 인간적인 교만함을 암시합니다(예술사에서 대부분 사과를 붙잡는 모습이 묘사되었습니다). 그의 인식과 삶의 가능성들을 무한히 확대하기를 갈망하는 욕구(慾求)에서 인간은 깊게 붙잡는 방법으로 이것을 위태롭게 합니다. 생물학적이며 문화적인 진화에서 피할 수 없는 그것은 - 인식에 적합한 정복(征服)과 세계의 장악 - 그리고 사적으로 모든 삶의 역사에서 새롭게 반복하는 위험의 잠재력으로 관측되었습니다. 달리 말하면, 즉 하나님과의 관계에 있으며, 하나님으로부터 유익하게 한계를 가지는 인간은 다만 이러한 창조와 함께 책임이 가득한 관계로 되돌아오게 됩니다. 이러한 발전의 정점(頂點)과 뒤틀린 정점을 비사제적인 원 역사는 거대한 홍수이야기(창6-9장)에서 보게 합니다. 하나님은 그의 창조의 작품을 무효화합니다. - 그렇지만 노아의 방주로 그것을 구원합니다. 인간은 부분적으로 그의 존재를 황폐하게 하는 상반된 감정의 병존에도 불구하고 계속 생존하는 일은 허락됩니다. 인간은 창조자의 사랑하는 모순에 생존을 힘입게 됩니다. 창조주는 인간을 "그의 과오들과 위험들과 그의 좌절들을 넘어서 지속되게 하는" 것입니다(Albertz).

### b) 창세기 1장, "사제문서"의 이야기

그것은 비사제적인 문서에서처럼 깊은 내적인 모순성(두 가지 뜻을 가진)의 경험을 반영하고 있습니다.

- 한 면에서 그것은 7일 구조와 함께 총체적인 우주의 창조에서 인간들에 연관되어 있으며, 그의 삶의 공간을 넓게 명상적인 낙원의 동산을 넘어 확대됩니다(땅에 충만 하라, 창1:28). 모든 피조물에 대하여 반복적인 신적인 것은 "보시기에 아주 좋았더라"는 말씀입니다(창1:31). 특별히 전체적으로 그의 피조물에 대한 밀접한 관계는 인간에 적용됩니다. 인간은 "하나님의 형상으로" 지음 받은 것입니다(창1:26이하). 이러한 인간의 하나님의 형상성은 그의 정신적인 자질이나 수공업적인 조작능력, 바른 보행 또는 자아의식을 생각한 것만은 아닙니다. 그 모든 것은 개별적인 관점입니다. 특히 그것은 하나님과 연관된 그의 관계입니다. 인간은 하나님과 말하고, 그에게 대답할 수 있는 하나님의 파트너로서 이해되었습니다. 그것은 인간에게 그의 품위를 제시하며, 함께 하는 모든 피조물들 이면에서 책임을 다하도록 그를 강화합니다. 각자 개별적인 인간의 하나님 형상의 확신에서, 예를 들면, 현대적인 인권들이 근거하고 있습니다.　　↗ **국가, 민주주의와 교회**

- 세계의 계속적인 발전에서 역시 다른 면을 보여줍니다. 즉 "땅 위에서 인간들의 악(惡)이 심각했던 것을 주님이 보았을 때, 땅위에 사람들을 만드신 것을 후회했기 때문에 그들 마음의 혼신의 노력이 항상 거기서 악(惡)하였습니다. 그리고 마음 가운데서 인간을 염려하였으며, 하나님이 말하기를 나는 내가 만든 인간들을 땅에서 말살하기를 원하며, 사람에서부터 가축과 많은 벌레와 하늘에 새들까지도 다 없애기를 원한다고 하셨습니다. 왜냐하면 그것들을 만든 것을 내가 후회하기 때문이라는 것입니다."(창6:5-7). 역시 "사제문서"의 원 역사도 인간의 하나님 형상 안에서 이러한 어두운 면을 그리고 있습니다. 그것은 마찬가지로 성서에서 야훼 문서의 서술과 함께 편집적으로 연결되었던 홍수 이야기를 아는 것입니다.

- "창조의 왕관"은 사제문서의 원 역사에 따르면, 인간이 아니라 제7일인 안식일입니다. 거기서 주간에 축적된 쉼의 날이 중요한 것만은 아닙니다. 오히려 안식일은 먼저 하나님의 임재를 통하여 궁극적으로 거룩하게 되는 한 세계를 위하여 세계의 궁극

적인 완성을 위한 상징입니다. 모세가 시내 산에서 일곱째 날에 하나님의 영광을 바라볼 수 있었다면(출24:15-18), 이것은 어쨌든 이스라엘에 대한 하나님이 게시의 과정이 부수석인 안식일의 실현에서 그의 목표를 가진다는 것에 대한 분명한 암시입니다(아직 미래적으로). 유대인이 안식일을 지키고 있다면, 그들은 모든 생산 노동을 금하고, 홀로 우리의 삶을 지탱하며, 완성으로 초래할 수 있는 하나님께 영광을 드리고 있는 한, 이러한 목표를 증언하는 것입니다. 역시 기독인들이 이러한 사상을 수용하고, 신실하게 하나님의 나라를 증언할 수 있었던 것은 분명합니다. 즉 그들이 모든 우리의 삶과 노동과정의 무한정한 가속화를 저지하고, 우리시대의 사람들이 안식의 참된 가치를 발견하도록 노력할 때입니다. 우리는 다시 결정적인 것을 위한 순간을 가지는 자유로운 공간들이 필요합니다. 즉 만들지 않는 것이 아니라, 오직 하나님으로부터 선물될 수 있는 한 날에 그 모든 것을 위해서 입니다. 이것은 먼저 경제윤리적인 토론을 생각하는 것은 아닙니다.

### c) 시편 8편은 생각할만한 넓게 긴장된 인간의 상(像)을 그려줍니다.

최상의 품위가 여기 사라져가는 무가치한 것 옆에 있습니다. 인간은 하나님이 그의 것으로 기억하는 그 안에서 높여졌습니다. 동시에 인간은 모든 하나님의 피조물들 아래서 하나님을 부를 수 있으며, 역시 그에게 응답해야 하며, 책임을 다해야 하는 유일한 존재입니다.

"우리의 통치자이신 주여, 당신의 이름이 온 땅에 어찌 그리 영화로운지요, 당신은 하늘에서 당신의 높으심을 보여주십니다! 주의 대적으로 말미암아 어린 아이들과 젖먹이들의 입으로 권능을 세우심이여, 이는 원수들과 보복하는 자들을 잠잠하게 하려 하심이니이다. 주의 손가락으로 만드신 주의 하늘과 주께서 베풀어 두신 달과 별들을 내가 보오니, 사람이 무엇이기에 그를 생각하시며, 인자가 무엇이기에 주께서 그를 돌보시나이까? 그를 하나님보다 조금 못하게 하시고, 영화와 존귀로 관을 씌우셨나이다. 주의 손으로 만드신 것을 다스리게 하시고, 만물을 그의 발아래 두셨으니, 곧 모든 소와 양과 들짐승이며, 공중의 새와 바다의 물고기와 바닷길에 다니는 것이니이다. 여호와 우리 주여 주의 이름이 온 땅에 어찌 그리 아름다운지요."(시8:1-9).

### d) 새로운 인간에 대한 희망(단 7)

다니엘서 - 그것은 그의 원 저술에서 BC 2세기경에 유래하는데 - 우리는 최상의 논란소지가 있는 대개혁의 시대 덕분입니다. 그것은 적대적인 세계 권력들이 동등하게 바다에서 돌출하는 야생동물들처럼, 사람 앞에서 머리를 숙이는 모든 경배의 상실감에 대한 완전한 놀람을 묘사해 줍니다. 그리고 마침내 모든 경악하는 것들의 최후를 봅니다.

"내가 또 밤 환상 중에 보니 인자 같은 이가 하늘 구름을 타고 와서 옛적부터 항상 계신 이에게 나아가 그 앞으로 인도되매 그에게 권세와 영광과 나라를 주고 모든 백성과 나라들과 다른 언어를 말하는 모든 자들이 그를 섬기게 하였으니, 그의 권세는 소멸되지 아니하는 영원한 권세요, 그의 나라는 멸망하지 아니할 것이니라."(단7:13-14).

사람들은 이보다 더한 큰 모순을 상상할 수 있을까? 먼저 깊은 곳에서 권세를 가진 동물들이 그들의 발로 모든 것을 짓밟으며, 그리고서 하늘로부터 한 사람 같은 한 분이 오신다는 것! 먼저 '인자'라는 아람어 표시는 단지 일반 사람과 아무것도 전혀 다르지 않음을 뜻합니다. 그것은 하나님에게서 벌써 생각되었던 것처럼, 인간의 나라를 전제정치 이후에 하나님과 함께 무엇인가 새로운 것을 시작하는 것입니다.

예수님은 얼마 후에 다니엘서의 이러한 묵시적인 장면에 관계하였으며(마16:27), "인자"라는 표시를 자신을 위하여 요구하셨고, 그의 교회로부터 "참된 인간"으로 인정되었습니다. 다니엘이 실제적인 인간에 관한 환상으로서 본 것이 나사렛에서 예수님의 현세적인 길로 시작하게 된 것입니다.

### e) 예수님은 신약적인 이해에 따라 하나님이 원했던 새로운 사람입니다.

예수님은 그의 신적인 아버지의 무조건적인 사랑에 대한 완전한 신뢰

안에 살았으며, 이러한 사랑의 능력 안에서 자신과 다른 사람을 수용할 수 있었습니다. 신적인 사랑은 그렇게 그를 통하여 신실하게 우리 인간에게로 흐르며, 그의 인간존재의 실재에 우리를 참여하게 합니다. 우리는 그의 제자로서 새로운 사람이 되기 위하여, 우리 자신과 다른 사람을 사랑하기를 역시 그에 대한 믿음을 통하여 배우게 됩니다. 그래서 믿음은 하나님의 관심에 대한 신뢰가 충만한 대답으로서 새롭게 중심으로 옮겨집니다. 하나님의 자비를 의지하는 자에게 실수와 불안이나, 질병에서도 그 자비가 효력을 얻게 됩니다. "너의 믿음이 너를 구원하였으니 평안히 가라 네 병에서 놓여 건강 할지어다"(막5:34). 그 때문에 예수님은 그의 제자들을 "아바"(막14:36)라는 신뢰가 충만한 기도의 호칭과 함께 가족적인 결합에서 하나님께로 인도하며, 이러한 받을 가치가 없는 친절성이 역시 조건 없이 다른 사람들에게도 증언되도록 그들을 초대합니다. "너희 원수를 사랑하며 너희를 박해하는 자를 위하여 기도하라 그리하면 하늘에 계신 너희 아버지의 아들이 되리니"(마5:44-54). 거기서 예수님은 "큰 자들에게" 아이들과 같이 되기를 요구합니다. 그는 그렇게 분명하게 합니다. 즉 인간은 자신의 능력이나 업적으로 사는 것이 아니라, 하나님에게서 오는 자비로 살게 됩니다. 이러한 새로운 인간존재는 역시 존재의 잘못된 형태로부터 분명한 구분이 필요합니다. 인간은 그의 동질성을 이것이나, 저것에서 발견하는 것이 아니라, 하나님의 사랑으로 살게 되는 거기서 발견됩니다. "사람이 만일 천하를 얻고도 자기를 잃든지 빼앗기든지 하면 무엇이 유익하리요"(눅9:25). ✒ 예수 그리스도.

### f) 바울은 초대교회가 확증했던 것이 무엇이었던가를 말해줍니다.

하나님은 나사렛 예수 안에서 우리를 만나시며, 동시에 그는 많은 형제들 가운데 맏아들인 새로운 사람입니다(롬8:29). 예수 안에 있는 사랑처럼 하나님의 사랑이 그리스도로 생생하게 되었고 변화된 자는 새로운 창조가 됩니다(고후5:17). 그 모든 것은 이의(異意)가 없는 몽유적인 확실성에서 이루어지는 것이 아니라 모순과 어리석음의 위험아래에서 이루어집니다(고전1:21). 그러나 "새 아담"은 모든 것이 감행되고 믿음과 신뢰(롬3:21이하) 안에 기초하는 현세적인 삶의 정황(롬5:12이하)에서 가시화될 수는 없습니다. 그 안에서 인간은 그의 내적인 앎인 양심에 새로운 접근을 발견합니다. 그는 선의 길에서 비록 그가 그것을 구체적인 경우에 그들과 솔직하게 토론한다 할지라도(고전6:12, 10:23), 다른 것들의 평가에서 독립적인 것이 될 것입니다. 그렇게 남자와 여자, 또는 주인과 종에 따른 모든 계급은 없어지는 것입니다. 그리고 역시 성과를 통하여 인간에게 제공하는 모든 종교적인 등급을 바울은 "죄로서" 가면을 벗깁니다. 왜냐하면 인간은 그 안에서 다만 자신 스스로 살기를 원하며, 조건 없는 하나님의 사랑을 거절하기 때문입니다. 하나님은 역시 바울에게서 항상 "아무것도 없는 가운데서 있게 하는 존재에로 부르시는"(롬4:17) 창조자이십니다. 이러한 창조주 하나님은 그의 의(義)를 인간에게서 성취할 수 없는 것을 요구하는 것이 아니라 그가 우리를 의로 여기시는 그 안에서 그의 의를 증명합니다(롬3:25이하). ↗**칭의**

세례 가운데서 인간은 새로운 사람인 그리스도로 옷을 입습니다(롬6). 바울과 그의 학교는 새로운 옷을 입는 과정과 함께 그것을 분명하게 해줍니다. 즉 "너희가 서로 거짓말을 하지 말라 옛 사람과 그 행위를 벗어버리고 새 사람을 입었으니 이는 자기를 창조하신 이의 형상을 따라 지식에까지 새롭게 하심을 입은 자니라"(골3:9이하). 옛 사람은 삶의 변화로 벗어버릴 수 있으며, 의미변화 안에서 새로운 것으로 옷을 입게 될 수 있습니다(갈3:27이하). 이러한 새로운 사람은 스스로 새 창조처럼 체험하는 교회의 공동체 안에서 새로운 삶을 보이는 시작을 경험하는 것입니다(엡2:11이하).

### g) 성서의 인류학적인 근본개념

성서 본문들은 하나님 앞에서 인간의 전세성을 상수합니다. 인간은 특히 구약에서 생생하게 서술되었습니다. "마음, 혼, 육체, 영 그러나 역시 귀와 입과 손과 팔과 같은 개념들은 히브리어의 문학작품에서 자주 서로 교환적입니다." "본질적인 유기체와 함께 동시에 특징을 나타내는 자질들과 인간의 고유성들, 그리고 인간의 전형적인 관점들이 시야(視野)에 나타나는 것"은 성서적인 인간상에 속한 것입니다(Hans W. Wolf).

"육"은 현세적이며 현실적인 인간의 존재를 평가절하 없이 특징짓는 것입니다. 그것은 그의 아름다움 안에서 인간의 신체를 생각합니다. 그러나 역시 쇠약함과 죽어야 할 운명 안에서의 생각입니다.

"마음"(히브리어, 레브)은 그가 나아와 행동하는 인간의 중심을 표시합니다. 마음은 (로마네스크양식의 언어사용에서보다 다르게)인간의 의지와 그의 계획과 혼신의 노력의 자리입니다. 그 때문에 성서는 마음에서 역시 인간이 그의 책임에 대하여 언급할 수 있는 "장"(場)을 봅니다.

"영혼"은 구약의 인류학적인 중심 개념입니다. 상응하는 "네페쉬"라는 히브리어 낱말은 원천적으로 장기(臟器)를 표시합니다. 즉 경부(頸部), 인두(咽頭) 등 입니다. 거기서부터 나아와 모두를 위한 생명력이 왕성한 인간의 정신력인, 배고픔과 동경을 위한 말이 되었습니다. 특히 그것은 호흡의 과정과 밀접하게 연결되었습니다. 성서의 창조이야기는 그것을 다음과 같이 표현합니다. 하나님은 땅의 흙으로 사람을 만듭니다. 하나님이 그의 코에 생기를 불어넣을 때, 그는 살아 있게 됩니다(창2:7). 이야기는 "그렇게 인간은 생령이 되었다"는 문장에서 절정을 이룹니다. 그런 후에 인간이 생령(生靈)을 가진 것이 아니라, 오히려 그는 생령입니다. 영혼(靈魂)은 그의 몸 안에 있는 생명입니다. 거기서 호흡이 피조물의 생명체를 뜻하는 것은 역시 우리의 경험에서 직접적으로 분명해집니다. 현세적인 삶은 새로이 출생한 자가 그 첫 번 자립적인 호흡을 알리는 소리와 함께 시작합니다. 그것은 한 인간이 생명인 숨을 "한 번 내쉬는" 탄식과 함께 끝납니다. 숨을 들이쉼과 내 쉼은 맥박처럼, 생명의 요소적인 리듬들입니다. 그것들은 의식의 평면 아래에서 그들의 조정을 경험합니다. 기쁨과 자극, 그러나 역시 불안과 마비는 여기서 직접 쳐서 넘어뜨립니다. 이러한 윤곽에서 구약은 영혼을 신체적인 생명의 핵심으로 서, 그의 생명체의 원리로 이해합니다. 영혼은 인간에게 특히 의지의 결단들을 결 정합니다.

이러한 이해에 역시 신약이 연결됩니다. "사람이 만일 천하를 얻고도 제 목 숨을 잃으면 무엇이 유익하리요, 사람이 무엇을 주고 제 목숨을 바꾸겠느냐?"(마 16:26,비교, 눅9:25). 영혼은 여기서 전인격의 관점이나, 또는 전인격을 위하여 있는 생명입니다. 역시 "육신"(살)이란 개념은 특히 무상함의 관점 하에서 매우 사람처 럼 생각할 수 있습니다. "말씀이 육신이 되어, 우리 아래에 거하셨다"(요1:14)는 것 은 그리스도 안에서 하나님으로부터 받아들여진 것입니다.

신약이 몸과 영혼 또는 인간의 영에 관하여 말한다면, 한정된 면을 고 려하여 그것은 인간전체를 생각합니다. 거기에 상응하게 인간 전체는 하 나님의 실체에 관하여 믿음 안에서 감동되었습니다. "평강의 하나님이 친히 너희를 온전히 거룩하게 하시고 또 너희의 온 영과 혼과 몸이 우리 주 예수 그리스도께서 강림하실 때에 흠 없게 보전되기를 원하노라"(살전 5:23).

몸, 혼, 영의 삼중성 외에 바울에 의하여 다른 짝의 개념을 만나게 됩니 다. 육신과 영혼의 대립입니다. 육신과 영혼은 이러한 관점에서 인간의 서 로 보충하는 관점이 아니라, 대립적으로 관계하지 못하게 하는 두 가지 존 재방식입니다. "육신"은 여기서 동일한 의미로 죄와 함께 있습니다. 그것 은 하나님을 대항하여 세워지고, 거기서 기인된 행위를 가진 인간적인 의 지입니다. "영"은 인간이 하나님의 영으로부터 한정되고 거기서 행동하는 존재방식입니다.

"육신의 생각은 사망이요 영의 생각은 생명과 평안이니라. 육신의 생각은 하나님과 원수가 되나니 이는 하나님의 법에 굴복하지 아니할 뿐 아니라 할 수도 없음이라. 육신에 있는 자들은 하나님을 기쁘시게 할 수 없느니라. 만일 너희 속에 하나님의 영이 거하시면 너희가 육신에 있지 아니하고 영에 있나니 누구든지 그리스도의 영이 없으면 그리스도의 사람이 아니라. 또 그리스도께서 너희 안에 계시면 몸은 죄로 말미암아 죽은 것이나 영은 의로 말미암아 살아 있는 것이니라."(롬8:6-10).

"육과 영은 몸과 혼과 영의 통일가운데서(인간적으로), 항상 인간 전체와 관계합니다. 인간이 하나님께 대항하여 관계를 단절하는 곳에서, 그의 가장 고귀한 사상들과 업적들은 성서적인 판단에서 "육신적인" 것이 됩니다. 반대로 그가 하나님의 영으로 사는 곳에서, 역시 그의 일상의 혼신의 노력은 "영적인 것"입니다. 그리스도는 양자의 존재방식 사이의 대립 가운데 살아계십니다. 하나님께 항거하는 본질의 권세는 그의 삶에서 제거되지 않았습니다. 그러나 그것은 하나님의 영의 능력 안에서 한정되었습니다. 즉 "영은 생명입니다."

## 2. 성서 문서들의 증언 가운데서 인간 - 관계의 본체

인간의 고유한 목적에 대해 성서적 증언들의 총체적 배경을 묻게 되면, 인간은 첫 선에서 '관계 본체'로서의 모습에 이르게 됩니다. 인간은 이와 같이 바로 자신이 단지 자신과 일하는 스스로를 발견하는 것이 아니라, 자신으로부터 배우며, 하나님과 인간과 창조의 관계에서 발견하게 됩니다. 위대한 대화 철학자, 마틴 부버는 자아헌신(自我獻身)과 자아발견(自我發見)의 이러한 역설을 아주 아름답게 표현한 것인데 "나는 생성되는 중에 나와 너에게 말합니다. 모든 인간적인 삶은 만남입니다."라고 인간이 관계적인 존재임을 밝혀주었습니다. 인간의 본체가 결정되는 것은 3가지 종류의 관계인데, 즉 하나님과의 관계, 자기 자신과의 관계, 이웃과 자연피조물과의 관계입니다. 근본적인 관계는 하나님과의 관계입니다. 이것이 신적인 신뢰에서 나오는 신적인 사랑으로 인간이 사는 구원이라면, 그가 하나님의 사랑받은 존재임을 알기 때문에 그는 그런 자신을 받아들이고 인정할 수 있습니다. 왜냐하면 그가 하나님으로부터 사랑받고 있음을 알기 때문입니다. 이러한 확실성이 다른 사람들을 경쟁자로 두려워하는 것에서 사람들을 보호합니다. 그 확실성은 하나님의 관점에서 그의 이웃을 인지하는 것에서도 그를 자유롭게 합니다. 그래서 그는 이따금 아름답지 못한 모습의 배후에서 하나님으로부터 사랑받기를 원했던 사람들을 발견할 수 있을 것입니다. 역시 자연도 지금 갑자기 다른 빛으로 나타나 보입니다. 그것은 더 이상 전혀 당연한 것이 아니며, "자연적인 것"도 아니며, 그의 영광과 사랑을 통하여 우리에게 나타나는 "하나님의 창조"입니다. 우리들의 인간적인 죄는 이러한 조화의 관계구조에서 타락한 그 가운데서 보여 집니다. 불신앙과 불신을 통하여 하나님과의 관계가 파괴되었으며, 열등감과 자아도취를 통하여 자아관계가 파괴되었으며, 이기주의와 미움을 통하여 이웃의 관계가 파괴되며, 결핍된 경각심을 통하여 창조에 대한 관계가 파괴되었습니다. 죄는 본질에 있어서 관계의 상실입니다. 그 때문에 하나님은 그의 아들을 보내셨습니다. 그 아들은 하나님 안에서 참된 인간존재가 무엇을 뜻하는지를 앞서 사셨습니다. 그의 빛 가운데서 우리는 인간존재의 뒤틀림(굴절)을 인식하고, 동시에 그의 사랑이 우리를 구원(치유)할 수 있다는 것을 경험하게 됩니다. 비록 우리가 이러한 구원을 삶에서 항상 단편적으로 경험함에도 불구하고, 역시 우리 안에서 시작하신 그 선한 일이 언젠가 완성되리라는 것을 우리는 희망합니다. 예수님은 그렇게 우리의 믿음의 시작과 완성이십니다.

## 3. 인간에 관한 루터의 생각

종교개혁은 중세기 말 내개혁의 시대에 인간의 새로운 자각(自覺)을 자체적으로 초래하게 됩니다. 갑작스럽게 인간은 더 이상 세상의 중심에 거하지 않습니다. 왜냐하면 해를 가진 태양 중심의 세계관이 중심점으로서 그의 옛 거주지를 그에게서 빼앗아가기 때문입니다. 그는 우주 안에서 새로이 장소를 정해야 하며, 더 의식된 생활태도를 찾습니다. 그것은 개인화를 가속화하며, 더 정확한 자아인지는 양심(養心)을 강화하며, 참회(懺悔)의 의미를 고조시킵니다. 종교개혁자들은 인간을 향한 질문에서 항상 하나님의 관계와 세계와의 관계에 따른 질문을 알아차리게 됩니다. 루터는 그의 신학적인 확신들을 온통 인간에다 관계시켰습니다. 게다가 그는 몸과 영혼의 옛 도식인, 몸과 혼과 영의 도식을 다시 붙잡게 됩니다. 그는 이와 같이 양극(兩極)과 또한 삼극(三極)의 인간론을 사용합니다. 실제로 그가 신학적인 통찰에 근거하여 인간구조를 해석하는 것처럼, 양자의 경우에 더 흥미롭습니다. 거기서 그는 성서적이며, 특히 바울적인 인간론의 구별에 연결하고 있습니다.

### a) 몸과 영혼

"그리스도인의 자유에 관하여"란 그의 글에서 루터는 양극의 인간론을 발전시킵니다. 그것은 그가 그의 논문을 시작하는 유명한 이중적인 주제를 위한 범주를 형성합니다. 즉 "그리스도인은 모든 사물 위에 자유로운 주인이며, 그 누구에게도 속하지 않습니다. - 그리스도인은 모든 사물의 섬기는 종이며, 모든 사람에게 속한 자입니다"란 명제입니다.

이러한 양 문장들은 첫 모습에서 모순적입니다. 그것들은 서로 대립적으로 닫쳐진 것처럼 보입니다. 그것들은 그들이 저 여러 관점에서 인간에 관계된다는 것을 분명히 할 때, 양자가 동시에 성립될 수 있습니다. 우리가 각 사람에 의하여 두 공간들을 구별할 수 있다는 것이 전제됩니다. 내적인 하나는 '영혼'이며, 외적인 하나는 '몸'입니다. 인간의 내적인 공간은 자신의 삶이 '어디서'와 '무엇 때문에'에 대한 확신이 형성되는 영역입니다. 인간이 어떤 확실성에서 나아와 행동하는지, 그가 이루기를 원하는 것과 그가 어떤 목표를 겨냥하는지 - 그 모든 것을 반영하며, 그의 "영혼"에 자극합니다. 인간의 표면적인 공간인 그의 몸은 그가 그의 피조물인 이웃을 만나며, 그 이웃과 활동적으로 교통하는 영역입니다. 몸은 "행동의 근거와 수단으로서 이러한 유기체"입니다(K. Stock). 인간은 신체적으로 다른 사람들을 만나며, 그는 그의 삶을 사적 공간에서처럼 공적인 영역에서 형성합니다.

루터가 그의 논제 첫 부분에서 말하는 그리스도인의 자유는 하나님께로 향한 인간의 관계에서 자랍니다. 그것은 인간이 스스로 이룰 수 없는, 다만 하나님의 선물로서 믿음 안에서 이해할 수 있는 자유입니다. 기독교의 자유는 성령의 능력 안에서 하나님이 인간을 홀로 그리스도 때문에 받아들이는 것을 신뢰하는 "새로운 사람"의 자유입니다. 자유는 인간의 구원을 스스로 또는 인간의 행위에서 쟁취하려는 모든 헛된 시도들에서 해방되는 거기서 성립됩니다. 인간은 성공과 실적들을 통하여 하나의 이름을 만들지 않아야 합니다. 왜냐하면 인간은 하나님으로부터 언제나 하나의 이름을 이미 가지고 있기 때문입니다. 인간은 다른 이들의 수락 용의와 호감에 노예적으로 더 이상 의존되어 있지 않습니다. 왜냐하면 하나님은 "만일과 그러나"라는 말 없이, 다만 "예스"를 인간에게 말하는 것으로 충분하기 때문입니다. 인간은 하나님에 대한 신뢰 가운데서 세워진, 그리고 그 때문에 진실한 자율성으로 사는 것입니다. 인간은 계속적으로 결실 없이 자신 스스로를 맴도는 것에서 자유로운 몸이 되었습니다.

인간은 다른 이들과의 현실적인 만남에서, 자신에게 주어진 이러한 자유를 즐겨도 좋으며 또한 즐거야만 합니다. 그고 그가, 이미 그 사유를 발견하여 내적이며 신적인 풍요로 살고 있기 때문에, 자신을 - 스스로 종이 되고, 구부려 상하게 하는 것 없이 - 사랑 때문에 내려놓을 수가 있을 것입니다. 바로 그 사랑 안에서, 다른 이를 위한 무조건적인 현존재 안에서 그 때문에 믿음으로 얻게 된 그의 내적인 자유와 자율성을 보이는 것입니다. 그것이 루터가 말한 "기독인의 종의 신분"의 의미입니다. 다른 사람들은 "그가 영의 자녀"라는 것을 그렇게 보는 것입니다.

루터는 그의 논문 마지막에 아주 간명하게 요약해 줍니다. "모든 것에서 그리스도인은 자신 스스로 사는 것이 아니라, 그리스도와 그의 이웃 안에서 믿음을 통하여 그리스도 안에서, 사랑으로 이웃 안에서 살게 된 결과가 나타납니다. 즉 믿음을 통하여 그리스도 안에서 사랑으로 이웃과 사는것입니다."

### b) 몸과 혼과 영

몸과 영혼의 근본구별에서 루터는 이따금 "영"이란 표제어를 첨부합니다. 이로써 몸, 혼, 영 안에서 인간적인 삶의 결정적인 관점을 이해한 그의 총체성 안에 있는 삼극(三極)의 인간론이 생겨납니다.

루터는 성모 마리아의 찬송가에 대한 해석(1520)에서 그와 같은 구조를 발전시킵니다. 성 바울이 살전 5:23에서 말하기 때문에, 성서는 인간을 세 부분으로 나눕니다. 한 분 평화의 하나님이신 하나님, 그분은 너희를 전적으로 거룩하게 하시며, 그래서 너희의 온 영(靈)과 혼과 몸을 우리 주 예수 그리스도의 미래에 온전히 보존할 것입니다. "...첫 번째 부분인 영은 상상할 수 없는 불가시적이며 영원한 일을 파악하는 자질로써 가장 높고 깊고 고상한 그것 입니다. 그리고 영은 요약하면 믿음과 하나님 말씀 안에 거하십니다. ....두 번째 것인 혼은 본성에 따라 같은 영인데, 그러나 다른 역할 안에서 말하자면 그가 몸을 살아 있게 하며 그것을 통하여 작용하는 그 안에 있습니다. 그리고 이따금 생명을 위하여 성서 안에 수용되었습니다. ....세 번째 것은 지체(肢體)를 가진 몸입니다. 그것의 역할은 혼이 인식하고 영이 믿는 것에 따라 단지 연습하는것과 사용하는 것이 그것들의 역할입니다...."

루터는 "영"이란 말로써 인간 영혼의 결정적인 관점을 더 분명히 규정해 줍니다. 영혼은 하나님이 인간에게 부여하는 생명체입니다. 영은 장소에 국한되려 할 때, 사람은 그것을 먼저 인간의 마음에서 찾아야 합니다. 마음의 상은 루터에게서는 인간 전체가 결정된 인격의 중앙부와, 중심을 상징화합니다. 인간의 영은 동시에 마음에서 하나님을 통하거나 또는 권세들과 생각들을 통하여 채워진 자유롭게 된 공간입니다. 인간은 자신의 이해력을 통하여 인간은 홀로 하나님을 파악할 수는 없습니다. 인간은 자신의 영 안에서 오히려 하나님이 스스로 공간을 취하는 것에 오히려 더 의존되었습니다.

### c) 영(靈)과 육(肉)

몸과 영혼(마찬가지로, 영)은 인간의 구조에 대한 표현입니다. 거기서 인간은 몸과 혼과 영의 통일 가운데 존재하는 것이 결정적입니다. 그 외에도 루터는 바울처럼, 영과 육의 대립을 강조합니다. 양자(兩者)의 관찰방식에서 "영"이란 말이 나타납니다. 그렇지만 그것은 무엇인가 다른 것을 뜻합니다.

루터는 다시금 찬송가의 해석에서 마무리 합니다. "인간 전체와 함께 이러한 세 가지 각각은 역시 다른 방식으로 나누어졌습니다. 말하자면, 영과 육을 뜻하는 두 부분에서 입니다. 이러한 나눔은 본성에 따른 것이 아니라 방식에 따른 것입니다. 그것은 본성이 세 부분을 가진다는 것인데 즉 영, 혼, 몸입니다. 이것들은 모든 것과 함께 좋은 것이거나 나쁜 것일 수 있지만, 그것은 영 또는 육으로 존재하는 것을 뜻합니다."

인간의 가장 내적인 자리로서 영(靈)은 하나님과의 관계에 대한 결단이며 인간 전체에 해당하는 장(場)입니다. 그리고 여기에 최후에 단지 두 가지 가능성이 있습니다. 즉 인간은 자신의 주위를 맴돌기 위하여 스스로 결정하든지, 그래서 그는 하나님을 대항하여 자신을 닫아버리는 것입니다(그것은 바울의 표현방식에 연결하여 "육신적"인 존재). 또는 그리스도가 복음을 통하여 인간의 영 안에 거주하기를 수용하는 것입니다.

### d) 요약

루터는 인간에 대한 다음과 같은 중요한 관점들을 제시합니다.

- 인간은 몸과 혼(영)의 통일체로 사는 것입니다. 인간은 그의 몸과 함께 그의 이웃세계에 대한 관계 안에 사는 것입니다. 영혼으로서 인간은 하나님 앞에 있으며, 그가 그의 마음에서 궁극적으로 누구를 신뢰하는지에 대한 질문 앞에 서 있는 것입니다.

- 인간은 하나님과 그리스도에 대한 믿음을 스스로 끌어낼 수는 없습니다. 인간은 성령을 통하여 부름 받게 됩니다. 이러한 통찰은 동시에 인간적인 자유가 뒤따르는 것을 제한하지 않습니다.

- 그의 마음에서 인간을 결정하며 움직이는 것은 원칙적으로 그의 행동에 영향을 미칩니다. 먼저 그 안에서 몸과 혼의 통일체가 보여지는 것은 아닙니다.

- 신앙의 확실성에서 하나님과의 최후의 영원한 공동체를 목표하는 "새로운 인간"이 자라게 됩니다. 이러한 최종적으로 성취하는 공동체는 이러한 삶을 뛰어넘어 우리에게 약속되었습니다. 그러나 그것은 현세적이며 현실적인 삶에서 시작됩니다. 그리고 믿음과 사랑 안에서 이루어지는 성숙의 과정으로 시작합니다(성화).

- 루터가 영혼불멸의 철학적인 근거를 비판했음에도 불구하고, 그는 인간적인 성품의

영원한 목적을 확고하게 붙들었습니다. 이것은 물론 붕괴될 수 없는 이성본체(理性本體)의 형이상학적인 질(質) 안에 근거한 것이 아니라 창조하시는 하나님의 생명 안에 근거하고 있습니다.

## 4. 새 시대의 철학 역사에서의 인간상

계몽주의 시대에 이르기까지 새로운 시대의 과학적인 근본변화들이 그 안에서 작용하며, 본성과 그의 종교적으로 연류된 것들의 역사에서 인간의 관계가 벗겨지게 됩니다. 모든 것은 이성에 종속되었으며, 마찬가지로 그것은 인간신체의 해부학과 생리학의 모습에서처럼 대우주의 모습(갈릴레이, 케플러 등)에서도 그러합니다. 자신 스스로에 대한 인간의 질문은 하나의 새로운 세속적인 지평을 지닙니다. 사람들은 자연 연구가들을 "자연의 책에 대한 하나님의 최고의 사제들"(Kepler)처럼 존경하며, 그것으로써 근본적으로 변화된 인간의 자아평가를 위한 신호를 설정합니다. 인간은 지배적인 품격을 가진 이성의 본체(本體)로서 자신을 의식하고, 그의 창조주를 찬양합니다. 그러나 동시에 그의 죄성의 유보와 하나님의 은혜로운 애정을 위한 간청으로부터 작별하게 됩니다. 새로운 자의식에서 그는 그의 운명을 스스로 손에 쥐게 됩니다. 저 시대의 과학적인 진보는 물론 굴절된 채 머물러 있는 낙관주의로 인도합니다. 거기서 그는 철학적인 인간론의 정황에서 이것을 새롭게 해석하기 위하여 성서적인 동기를 수용하게 됩니다.

몇 가지 보기에서 이러한 발전은 분명하게 되어야 합니다.

레네 데카르트(R. Descartes: 1596-1650)는 무엇인가를 더 확실하게 알려는 그의 가능성에서 인간의 본체를 지정합니다. 자의식(自意識)은 그것을 위해서 생각하는 것을 뜻합니다. 생각은(특히 수학적이며 기술적인 이성의 표현으로서)이러한 인품을 만들게 됩니다. 이로써 그의 전체 안에서 신체와 (불멸한)영혼의 가장 표면적인 것에 이르기까지 부적절한 이중주의가 인간에게 첨예화됩니다. 인간을 완전하게 하는 도덕은 역시 종교로부터 배우며, 자연적이 자유에서 찰되 것끼 선힌 깃에고 ∩고 할 수 있는 그 안에서 후에 자리 잡게 됩니다.

불레이스 파스칼(Blaise Pascal: 1632-1662)은 "자아(自我)는 누구인가?"란 질문을 제기하고, 하나의 "키메라(그리스도 전설에 나오는 머리는 사자, 몸은 산양, 꼬리는 뱀) 신화"에서와 "패러독스"로 대답하는데, 뛰어난 세계 전체의 중심이요, 동시에 그의 강요가 외진 각도에서 진리의 책이요, 오류의 배수구, 모든 것과 아무것도 없는 그의 크기에서도 아니요, 그의 고난에서도 아니며, 천사로서도, 동물로서도 실제로 구체적이지 않은 것을 대답합니다. 인간은 먼저 그의 이성에서가 아니라 그의 마음에서 하나님을 경험할 수 있습니다. 그리고 단지 신앙은 몸과 정신과 사랑의 질서를 연결합니다. 왜냐하면 모든 이러한 대립은 예수 그리스도 안에서 화해되었기 때문입니다. 파스칼의 경건에 농축되어 있는 이러한 강한 종교적인 자아경험이 거대한 영향을 얻었으며, 기독교적인 개체화를 해방하게 합니다.

임마누엘 칸트(Immanuel Kant: 1724-1804)와 함께 우리는 하나의 사상가를 만나게 되는데, 그는 현대에 이르기까지 과도한 평가의 작용에 거의 영향을 미치지는 않습니다. 그의 사고를 맴도는 축들은 "자연법"과 "인간의 품위"란 양극단을 표시합니다. 그 어떤 시기에도 그는 자신의 주된 과제를 단지 수학과 물리학의 법칙연구에서 보지 않고, "내가 무엇을 알 수 있는지?", "내가 무엇을 해야 하는지?", "내가 무엇을 희망해도 좋은지?"란 질문의 대답에서만 보고 있습니다. 인간의 본질에 따른 그 뒤에 서 있는 근본 물음이 그 앞에 있던 파스칼처럼 비슷하게 해결할 수 없는 상반된 가치를 동시에 함유한 것으로 그를 인도합니다.

- 그는 인류를 종속(種屬)관계로서 낙관적으로 보며, "하나의 해결할 수 없는 완전함을 향하여 발전하는 것"으로 한정합니다. - 인간은, 다만 자체 안에 짊어지고 있는 한 목표입니다. "자연의 역사는 선(善)에서부터 시작합니다. 왜냐하면 그것은 하나님의 작품이기 때문입니다." 칸트는 루소에게서 "인간을 경외하기"를 배웁니다. 그것이 외부를 향하여 방향을 잡았던 자연 연구자의 모습인 칸트입니다.

• 도덕적인 주체의 내면을 지향한 모습을 가진 개인으로서 칸트는 인간이 모순을 간직한 것으로 봅니다. 즉 "선한 것 외에 악한 원리"에서 살고 있습니다. 칸트는 "철저한 악"에 대한 인간의 이러한 "성향"을 근절할 수 없다고 생각합니다. 사람들은 그 성향을 다만 항상 새로이 극복할 수 있으며, 그것은 인간이 시작할 수 있는 원초적인 상태입니다. 인간의 역사는 "악한 것으로부터 본성의 것보다 다르게 시작되는 인간의 작품이기 때문입니다."

칸트는 역시 인식 이론적으로 분명한 한계를 이끌게 됩니다. 즉 "나는 내가 어떠한 상태에 있는지, 나에 관한 그 어떤 지식도 가지고 있지 않으며, 단지 내가 나에게 스스로 나타내 보이는 것과 같은 그것입니다." 순수이성의 이러한 비판(1781)에서 칸트는 양쪽 다 관계합니다. 즉 하나님의 존재증명의 시도와 함께 하나님을 향하여 붙드는 것과 그것이 그에게 본성적으로 주어진 것처럼, 불멸의 영혼의 주장과 함께 인간을 향하여 붙드는 것입니다. 하나님의 존재도, 역시 불멸의 영혼의 존재도 증명되어질 수도 없는 것입니다. 칸트에 따르면 그것들은 "필요성이 선언될" 수 있으며, 되어야 합니다. "실천이성의 비판"(1788)은 하나님과 불멸의 영혼에 관한 확신을 전제하며, 더욱이 이 세상에서 인간의 선한 행위가 항상 불완전하게 머물기 때문이었습니다. 인간이 수행할 수 있는 것은 하나님이 언젠가 그에게 선물하게 될 영원한 구원을 그의 도덕적인 행위에서 품위를 가진 것으로 증명하는 것입니다. 칸트에 따르면, 이러한 사상에서 실천이성과 신앙의 희망은 일치합니다.

종교개혁의 신학은 그것이 인간과 그의 행위를 그의 영원한 목적의 표준으로 삼기 때문에 이러한 표현에서 물론 유보 없이 연결할 수는 없습니다. 루터는 정확히 이것을 "행함의 의(義)"란 주제어로 단정하고 비판하였습니다.

19세기 철학에서는 관점이 바뀌어 집니다. 하나님과 인간 사이의 관계에 대한 새롭게 사고하는 모든 시도의 이면에서 말씀에 대한 원칙적인 종교 비판이 목소리를 내게 됩니다. 세계 내에서의 인간의 입장은 하나님에 대한 그의 관계를 밝히지 않습니다. 즉 하나님의 피조물로서, 또는 여하튼 하나님의 계명들을 지향하는 정도입니다. 오히려 인간은 스스로 최고의 본체이며, 모든 종교들은 그 힌 닝으로 응집됩니다. 그리고 하나님은 마찬가지로, 여러 가지 신 형상들이 하늘에 대한 구별된 인간적인 염원들의 투영도보다 더 다르지 않게 머물러 있습니다. 철학자 루드비히 포이어바흐(L. Feuerbach: 1804-1872)는 그의 글 "기독교의 본질"(1841)에서 명백하게 이러한 사상들을 발전시켰습니다. 포이어바흐는 그의 생각할만한 인간학적인 토대 위에서 모든 종교의 환원과 함께 "순수한 사고전환"의 요구를 연결합니다. 지금까지의 철학적인 사고의 전통에서보다는 달리 개체인간과 자연의 부분으로서 이러한 것이 중심에 서 있어야만 한다는 것입니다. 인간의 의미 인식 가능성은 철학적인 사색의 자리에 등장해야만 한다는 것입니다(감각주의). 인간학은 포이어바흐에게서는 그것에 따른 자연과학적인 인간학입니다. 그 때문에 과학과 교양이 종교를 대체해야 한다면, 현세적인 행복을 향한 노력은 종교적인 구원을 동경하는 대신에 사회의 영역에 등장해야 합니다. 인간은 헤겔(G.F.W. Hegel: 1770-1831)에 의한 것보다 달리 신적인 정신의 변증적 발전의 내면에 원초적인 종속(種屬)의 본체로서 이해하는 것이 아니라, 그것들의 인식하며, 반응하는 정신은 동시에 유일한 정신인 개별 본체로서 본질적인 것입니다.

칼 마르크스(K. Marx: 1818-1883)는 이상주의에서 물질주의에로 이러한 발걸음을 실천으로 옮기며, 마침내 변화하는 행동으로 이끄는 철학적인 사색(思索)에서 구체적인 과학으로 향한 발걸음으로서 19세기 중반의 다른 사회비판적인 사상가들과 함께 물질주의를 이해하게 됩니다. 궁극적으로 기존하는 상태의 확인에로 이끌거나 또는 기여하는 이상주의적인 철학, 특히 헤겔에 대한 비난이 배경에 있습니다. 그것은 - 즉 인간의 관심 가운데서 환경을 바꾸는 일에 유효했습니다. 헤겔이 인간을 본질적으로 노동하는 본체(animal laborarens)로 주목했던 이후에, 그들의 영향력과 함께 삶과 인간의 상황과 대체로 경제적인 공간이 철학적으로 중요한 19세기의 경제적인 변화들은 마르크스와 함께 이루어질 것입니다. 그의 종교비판을 원리적으로 연결하는 포이어바흐 이면에 있는 마르크스는 세계를 구별하여 해석하는 것이 중요한 것이 아니라, 오히려 그것을 변화시키는데 이르는 것이 중요하다는 것입니다. 이러한 변화는 그의 자본주의 안에서 역시 계속해서 강화된 소외로부터 인간을 이끌어내야 하며, 지금까지 필요성의 나라를 대신하여 자유의 왕국, 공산주의를 제정해야 하는 것이었습니다. 마르크스는 변증적 발전의 헤겔적인 원리의 수용에서 창조, 타락, 구원의 기독교 3단계의 세속화를 통하여 여전히 더 많은 그의 역사철학적인 모델을 발전시킵니다. 즉 인간들은 현재적인 환경에서 특히 생산수단에 대한 참여를 알지 못한 채, 비 자유로운 생산자로서 그들의 노동력과 함께 자신 스스로를 매매하는 것이 필요 되었습니다. 그들은 생산과정에서 그들 본체의 돈의 익명의 권세를 통하여 소외되었습니다. "드러난 관심", "무감각의 현금 지불"은 인간과 인간 사이에 유일한 띠로서 남게 되었다는 것입니다. 그래서 마르크스는 그의 주된 작품 "자본론"(Das Kapital)에서 그렇게 기록했습니다. 무산계급은 혁명적인 행동에서 자본주의적인 체계를 폭파할 때, 그것은 계급으로서 힘을 가지게 되며, 동시에 전 인류와 모든 개별 개인화의 해방을 가능하게 합니다. 계급들과 국가는 사라지게 되었으며, 자유로운 개체들은 더 이상 물질적인 홍수 가운데 살지 않고, 역시 사랑으로 형성된 관계들 안에서 함께 살게 되는 것입니다.

마르크스는 이러한 주변에 자유화된 사람들을 새로운 인간인 "전체 인간"으로 불렀습니다. 공산주의에로 이끄는 변혁의 사건은 말하자면, 인간의 재통합이나, 되돌아옴을 가능하게 합니다. 즉 사유재산의 제거는 "인간적인 본체의 선점에로 인간을 위하여" 이끌게 됩니다(국가경제와 철학). 통치권과 지배하는 존재는 과거에 예속됩니다. 인간들은 "자유로운 연합"으로 다른 이들을 통하여 하나의 "전체적으로 발전된 개체들"과 함께 살게 됩니다. 역시 하나의 미래적인 새로운 세계와 그 안에 새로운 인간의 비전은 유대교적이며 기독교적인 유산을 많이 수용하고 있음을 쉽게 보게 됩니다.

프리드리히 엥겔스(F. Engels: 1820-1895)는 다윈의 진화론에서 감동을 받고, 역사의 발전과정을 사회주의 쪽으로 해석했으며, 마침내 공산주의에로 병행되어 본성에서 발전과정으로 인식하고, 그 때문에 그것의 불가피한 강제성을 강조하였습니다. 그것에 비하여 변증적이며, 역사적 물질주의의 조상들이 이것을 소개했었던 것처럼, 자본주의의 극복은 결코 당연히 성취되지 않으리라는 것을 실제가 인식하게 해 주었습니다. 그 때문에 레닌(Lenin: 1870-1924)이라 불렀던 울리아노브스 [W. I. Uljanows]는 혁명과 사회주의의 선두에 프롤레타리아(무산계급)의 선봉세력이며 정치적인 전위부대로서 소위, 당(黨)을 등장시켰던 것입니다. 이것은 러시아에서 볼셰비키라는 소수그룹의 자아이해를 형성했습니다. 바로 그들을 통하여 1917년 주도적으로 이끌었던 사회적인 대개혁(大改革)은 옛 희망이 관심을 갖게 되었던 "새로운 인간"에 관한 비전을 상세히 중심에다 세웠습니다. 압박받던 러시아의 백성에게서 새로운 사람이 부활하게 된 것입니다. 레닌 투쟁의 동반자 트로츠키(L. Trotzkij)는 1924년에 다음과 같은 것을 약속할 수 있었습니다. 즉 "인간은 변함없이 아주 강하고, 영리하며, 훌륭하며, 그의 신체는 더 조화로우며, 그의 움직임들은 더 리듬을 타며, 그 목소리는 더 음악적으로 될 것이며, ... 평균적인 인간의 전형은 아리스토텔레스와 괴테와 마르크스의 수준에까지 높여지게 될 것이며, 이러한 산맥들의 사슬 위에서 새로운 우두머리들로 솟아오르게 될 것입니다."

사회적인, 특히 경제적인 변화들의 토대 위에서 새로운 사람을 만들어 내는 목표와 약속에 대하여 통치자들은 노동자대표회의 모범에 따라 형성되고 지배된 사회를 확고하게 했습니다. 마르크스는 물론 소그룹의 활동을 기대한 것이 아니라, 세력을 가진 무산계급의 혁명을 기대했으며, 이러한 혁명에서 연대적인 행동의 감명 하에서 새로운 사람들에 대한 변화를 기대했었던 것입니다. 그러나 이 같은 양자의 기대는 일어나지 않았습니다. 새로운 인간에 관한 사상이 포기되지 않았어야 했다면, 해방하려는 혁명을 대신하여 "당(黨)엘리트의 교육독재"(I. Fetscher)가 필수적으로 등장해야만 했으며, 그래서 마르크스 이론에 따라 자유의 나라가 적어도 준비되었어야 하는 다양한 강요들의 새로운 체계가 생겨났던 것입니다. "새로운 인간"은 이따금 다만 분명히 모순적이며, 황량한 실재에 관하여 모든 것을 구별했었던, 힘들여 행한 선전에서나 예술작품들 안에 살아 있었던 것입니다. 그 안에서 표현되고 있는 좌절의 인식에서 20세기에 마르크스 철학의 여러 가지 재해석들이 제시되었으며, 인간의 실제적인 고향으로서 소외 없는 세계의 세속종교적인 유토피아에 대한 "희망 원리"라는 주된 작품에서 확고하게 했던 에른스트 블로흐(Ernst Bloch: 1885-1977)로부터도 그러했습니다. "새로운 인간"에 관한 성서적 은유의 세속적인 해석은 새로운 정신역사를 꿰뚫고 흐르게 됩니다. 그것은 희망으로부터 새로운 인간에로 나아가는 매력을 위한 증거물입니다. 그들의 사실상의 좌초는 새로운 인간에 관하여 하나님과의 관계없이 언급될 수 없다는 통찰을 신학적인 관점에서 또한 증명해 줍니다. 기독교 신앙은 예수 그리스도의 길 안에서 새로운 인간으로 묘사된 것을 봅니다.

막스 쎌러(M. Scheler), 헤무트 플레쓰너(H. Plessner) 그리고 아르놀드 게헬렌(A. Gehlen)의 이름들은 20세기의 철학적 인간학에 의미를 주고 있는 분들입니다. 그들은 생물학과 행동연구의 범주에서 인간의 특수지위를 이론화하기를 시도합니다. 그러나 - 아마도 게헬렌 편에 이르기까지 - 인간의 혼의 소유와 함께 영의 소유 안에서 기호된 형이상학적인 특수 지위의 이해에 관해서는 실제로 해결할 수가 없습니다. 신학적이 전통에 가장 가까이 서 있는 쎌러에 따르면 인간의 부여된 영성은 그의 세계를 향한 개방 가운데 나타납니다(1928, 우주 안에서 인간의 지위). 인간은 충동적으로 움직일 뿐 아니라, 그 같은 것의 내용과 관념들에 관심을 가집니다. 역시 충동 억제의 자질에서 그의 영성은 나타내 보이게 됩니다.

쎌러에게는 궁극적으로 인간의 특수지위를 표현하기 위해 하나님 사상이 불가피하게 남게 됩니다. 플레쓰너는 하나님의 개념을 기발함을 통하여 대체합니다.

고등하게 훈련된 동물은 그들의 중심을 자체 안에 스스로 가지며 인간은 자아 반영에 자질을 갖도록 자신 밖에 스스로 자신의 중심을 지니게 됩니다. 게헬렌은 쎌러의 세계 개방의 개념을 받아들이며, 영의 개념을 회피하기를 시도합니다. 그가 인간의 충동 억제를 영이 아니라, 인간의 생물학적인 구성으로 되돌리기 때문에 이것이 그에게서 성공합니다. 인간은 결핍의 본체이며, 그의 본능들은 큰 부분에서 재형성하게 되며, 그 때문에 인지들은 역시 명확한 본능의 반응들을 더 이상 작동하지 못하게 됩니다. 그것들은 그 때문에 독자적인 생활을 전개할 수 있으며, 중요한 일들에도 스스로 향할 수가 있습니다. 인간은 그의 행위를 통하여 그의 생물학적인 출발 상태의 단점들을 장점들로 바꾸게 안에서 바꾸게 합니다. 그는 언어를 통하여 감명받은 것들의 다양함을 질서 있게 하는 상징적인 우주 전체를 만들게 됩니다.

## 5. 19세기와 20세기 신학 역사에서의 인간상(人間像)

종교개혁이 신앙의 인식성을 새롭게 인식했었고, 임마누엘 칸트가 주관성에 의식되었다면, 객관적 진리의 정문에서 나아오는 모든 것은 비판에 빠지게 됩니다. 인간상(人間像)에 대한 질문은 그 때문에 신학적 입장의 총체적인 발단으로 대답하게 합니다.

베를린대학의 신학 교수였던 슐라이어막허(F. Daniel Shleiermacher: 1768-1834)는 특정된 신앙교리와 함께 자신을 동일시하는 책임에서 나아온 신앙을 도우며, 모든 사람의 근본정신상태로서의 신앙을 새롭게 발견합니다. 1799년 그는 세기의 전환에 "경멸하는 자들 하에서 교양 있는 자들의 종교에 대하여"란 강령에 일치하는 그의 유명한 글을 썼습니다. 종교는 인간의 직접적인 자의식에 힘입고 있으며, 그 때문에 그 자체 안에 고유한 가치를 가진다는 것입니다. 신앙은 - 과학적인 진리들에서는 독립적인 것으로 - 인간의 심성 가운데 있는 고유한 영역에서 기인하며, 인간의 모든 행동이 "밀접한 의존의 감정" 안에 동반되는 "거룩한 음악"이라고 하였습니다. 종교는 "영원한 본체 앞에서의 경외(敬畏)"나, "세계의 원천과 종말에 관한 이론"과 함께 쉽게 동등하게 놓을 수는 없습니다. 그 모든 것은 옹색한 축소일 것입니다. 인간의 자연적 종교는 우주의 놀라운 직관이며, 각자가 그 안에서 살기 위하여 하나의 종교공동체를 선택할 수 있는 구체적인 종교들 안에서의 교제로 실현됩니다.

코펜하겐의 신학자요, 프리랜서 작가인 죄렌 키에르케고르(S. Kierkegaard: 1813-1855)는 파괴를 위협하는 인간의 내적인 긴장을 특별히 강하게 느낍니다. 인간은 자기 주위를 맴돌 수 있거나, 그가 점점 더 그의 무상한 일에 의식될수록 가라앉을 수 있습니다("죽음에 이르는 병"1849). 또는 그가 하나님의 사랑을 내버려 두게 됩니다. 왜냐하면 "하나님이 필요로 하는 것은 인간의 최고의 완성"에 있기 때문입니다. 모든 인간은 그의 본체로부터 무조건적인 것에 대한 부분을 가지게 되며, 한 사람 안에서 영원한 것은 아무것도 없으며, 그래서 그는 대체로 의심할 수 없을 것입니다. 그 때문에 모든 의심의 순간에 구원의 가능성이 열려지는 것입니다. 신앙은 그 안에서 불안에 관하여 용인하는 용기가 될 것입니다. 왜냐하면 인간은 하나님 안에서 한 번 스스로 "투명해질 것"이기 때문입니다.

독일과 스위스의 신학자, 칼 바르트(K. Barth: 1886-1968)는 모든 주체성과 함께 비판적으로 결말을 짓게 합니다. 무엇보다도 1차 세계대전의 사건들은 그에게 하나님과 인간, 하늘과 땅, 시간과 영원의 무한한 간격을 분명히 만들게 합니다. 저 시대의 탈출 길이 없는 일반적인 소리는 그를 신학의 위기로 인도합니다. 신앙은 내적인 의식이나, 인간의 종교적인 경험으로 이해되게 하는 것이 아니라, 다만 인간이 하나님을 통하여 제기된 분명한 결단으로 이해되었습니다. 이러한 하나님은 우리가 어떤 신분에 있는지, 가지고 행할 수 있는지, 그 모든 것을 인간과 순수한 한계와 순수한 시작으로서 보다는 "온전히 다른 분"이십니다. 즉 "하나님은 무한한 질적인 차이에서 인간과 모든 인간적인 것들 이면에 위치하면서, 우리가 하나님을 부르며, 하나님을 경험하며, 모방하며, 경배하는 것과 결코 동일시할 수가 없는 분"이십니다(로마서주석 1918). 종교는 바르트에게서 "간격들에 도취 된 희미함"입니다. 그리고 종교적으로 의식된 인간존재는 다만 그의 하나님의 고독(孤獨)에서, "우리에게 설정된 사망의 선을 뛰어넘는 모습"일 수 있습니다. 그래서 바르트는 그가 "기독교와 국민성", "개신교와 독일인" 사이를 동일시하는 이음표에 대항하여 투쟁함으로써 독일에서 일어난 '고백교회'(die bekennende Kirche)에 그들의 신학적 무기를 제공하였습니다. 왜냐하면 그것은 하나님과 인간 사이에 궁극적으로 항상 잘못된 이음

표였기 때문입니다. 바르트는 그 당시 그의 논제들과 함께 다만 책상머리에서 사색한 것이 아니라, 국가사회주의(나치독재)의 시대에 사람에 대하여 윤리적 시험을 치르게 되었습니다. 그는 유일한 독일교수로서 나치독재적인 지도자가 모든 이들에게 강요했던 공무원 서약의 요구를 따르기를 거절했습니다. 그는 정치에서처럼 교회에도 열정적으로 대립 관계를 견지하였습니다. 즉 "기독교의 사명은 하나님의 인문주의에 관한 사명이라"고 하였고, 하나님 자신에 대한 인간은 하나의 수수께끼이며, 질문이며, 그 외는 아무것도 아니라고 하였습니다. 즉 항상 낡아진 인간 본체에 대하여 사색하는 것은 쓸데없는 것으로 여겼습니다. 그러나 "한 분 실제적인 온전한 사람이 있는데, 그가 유대인 예수입니다." 그는 "참된 하나님"이요, "참된 사람"입니다. 그러므로 인간에 대한 기독교의 생각은 보편적인 박애주의의 개념에서 나아갈 것이 아니라, 구체적인 사실, 즉 "모든 보통 인간들의 중심에 한 분 참 사람으로서 예수님이 있다는 것"에서 시작하는 것입니다. 그것은 모든 인간이 "예수님의 이웃임"을 뜻합니다. 그는 그것을 알지 못할 수 없거나, 진실로 소유하기를 원하지 않을 수 없습니다. 그러나 "그는 이러한 관점에서 그 어떤 선택을 갖고 있지 않지만, 우리는 그러한 이웃을 잊어버릴 수 있습니다." 그리스도의 인간됨에서 하나님은 사람을 그의 파트너로 언약의 동지로 선택하였습니다.

마르부르크의 신학교수, 루돌프 불트만(R. Bultmann: 1884-1976)은 종교개혁적인 칭의론으로, 인간에게 모든 잘못된 안전함의 요구들을 때려 부수기를 원합니다. 믿는 사람은 그 어떤 보증 없이 "텅 빈 공간"에 서 있습니다. 다른 이의 믿음에로 부름 받을 수 없습니다. "그렇습니다. 믿음은 우리를 위해 스스로 우리가 설정한 목표의 상태점일 수가 없으며, 항상 새로운 행위이며, 순종이어야 합니다." 그것은 다만 하나님에게서나 세상에서, 거짓말에서, 무(無)에서 나아오는 가능성이 있음이 인간에게 남아 있습니다.

죄는 망상이요, 자신의 힘으로 만들어보려는 삶이며, 하나님으로 사는 것이 아니라, 자기 스스로 살려는 것입니다. 불트만은 오래전부터 실천했던 (Thielicke) 신학의 양심에 대한 가장 노골적인 호소에서 나아와 거기서부터 그의 신학적 작업을 시도합니다. 그리고 신약 성서의 비신화화(非神話化)를 요구합니다. 그는 먼저 역사비평적인 성서 해석의 미해결적인 질문들을 받아들입니다. 그러나 동시에 믿음에서 모순의 확실성을 취하기를 원하며, 그것을 둘러싼 장벽들에서 자유하기를 원합니다. 말하자면, 현대인의 세계관과 신화적인 성서의 개념세계 사이의 모순에서 해방하기를 원합니다. 불트만은 강조합니다. "하나님에 대한 질문과 스스로 나에게로 향한 질문은 동일합니다." "하나님에 관하여 말하기를 원할 때, 사람들은 분명히 자기 자신에 관해 말해야 합니다." 그래요, 그런 뜻에서 신학은 인간학(人間學)입니다. 즉 "그것은 인간 밖에 있는 실재에서 일어나는 것이 아니라, 자의식(自意識)이 생겨나는 것입니다. 역사의 의미는 당신의 현재에 놓여 있으며, 당신은 그것을 구경꾼으로서 볼 수 있는 것이 아니라, 다만 당신의 책임 있는 결단들에서 볼 수 있습니다."

독일의 신학자요, 1933년부터 미국으로 갔던 폴 틸리히(P. Tillich: 1886-1965)는 현대인들이 하나님과 자신과 세계와 화해하기를 원했습니다. "해방"은 기독교 구원의 가장 중요한 면을 표현해주는 말입니다. 즉 틸리히는 기독교와 세속적인 문화 사이에, 종교와 정치 사이에서 하나의 교량(橋梁)을 건설하기를 원합니다. 왜냐하면 종교는 "우리에게 무조건적으로 행하는" 것이기 때문입니다. 그리고 하나님은 "존재의 힘"입니다. 하나님과의 통일은 창조와 함께 이미 붕괴되었으며, 먼저 더 후기에 "죄 타락"을 통해서는 아닙니다. 인간과 자연이 먼저 선하였으나, 결정적인 시점에 악하게 되었다는 생각은 추상적이며, 경험에서도, 계시에서도 근거를 삼기가 어렵습니다. 이러한 불가피하고, 항상 벌써 오직 존재를 통하여 주어진 비

구원적인 것으로 벌어진 틈, 그것은 모든 존재를 통하여 진행되는 것인데, 성서는 그것을 "죄"라고 부릅니다. 틸리히는 기독교의 죄 개념의 도덕적인 오해에 대하여 투쟁합니다. 죄는 인격적인 과오를 뜻할 뿐만 아니라, 우리가 책임적인 행동으로 참여하는 운명으로 또한 표현합니다. 이러한 붕괴의 시험에서 우리는 질문합니다. 그리고 하나님의 계시는 이러한 "소외(疎外)"에서 우리에게 대답하게 될 것이며, 인간존재는 질문과 대답의 끊임없는 과정을 뜻하게 됩니다. 즉 인간은 질문을 제기하며, 대답을 부정하며 그리고 대답의 감동 하에서 다시금 질문을 제기합니다. 틸리히는 질문과 대답 사이의 상대적인 관계를 "상호연관법(相互聯關法)"이라고 부릅니다. 그리고 인간을 특별히 진지하게 수용하며, 대답들(하나님의)은 형식적으로 (인간의)질문의 구조에 의존합니다. 인간 실존의 오랜 근원적인 근본 물음들은 그들의 대답을 예수 안에서 그리스도로 나타내 보이신 "새 존재" 안에서 발견합니다. 그분 안에서 소외는 극복되었으며, 그분 안에서 그들의 모습은 굴절되지 않은 하나님과의 통일을 발견했습니다. 그것은 우리 시대를 위한 기독교의 사명을 두 마디 말로 파악되었습니다. 즉 "새로운 창조"이며, "기독교는 기독교를 전파하는 것이 아니라 새로운 실재를 전파하는 것입니다."

20세기의 로마가톨릭의 신학은 결정적으로 인간학(人間學)으로 향하고 있습니다. 임마누엘 칸트의 인식론의 세분화된 수용에서, 한 사람이 기독교 사명을 위해 가지고 오는 집중력은 특히 전제조건들로 향하게 됩니다. - 그럼에도 불구하고 이러한 계시(啓示)는 다만 신앙교리들의 전달로서 더 길지 않으며, 그렇게 신 스콜라주의적인 신학이 아니라, 오히려 하나님과의 삶의 공동체의 상품으로서 이해되어져야 합니다. 특별히 인스브룩과 뮌헨의 신학교수, 칼 라하너(K. Rahner: 1904-1984)는 인간은 동일하게 "백지장"(tabula rasa)으로 주목하는 것과 그의 피조물의 전제조건들은 신적 은혜의 가정을 위하여 의미가 없을 것이라는 것을 반박하게 됩니다. 이그나티우스 로욜라(Ignatius von Loyola)신학의 소홀히 여겼던 신비적인 관점의 수용에서 라하너는 인간과 하나님 사이의 관계의 초월적인 근본토대에 대하여 관심을 가집니다. 그의 초월적인 인간학은 그것들의 존재에 대한 절대적인 개방성에 솔직하게 나타나는 원칙적으로 "비정의성"(Undefinierbarkeit)에서 나아갑니다. 이러한 개방에서 라하너는 바로 인간의 본체로서 하나님에게서 나아와, 그에게 "예와 아니오"로 대답하는 한 사람으로서, 그는 "말씀의 청취자"라는 것을 바라볼 수 있습니다. 바로 그렇게 인간의 영속적인 정의는 생겨나지 않습니다. 왜냐하면 인간은 대답될 수 없는 질문이기 때문입니다. 그리고 그의 완성과 구원은 사람들이 다만 사랑의 실천을 통해서, 그리고 이해의 원함의 이론을 통해서 완전해질 수 없는 하나님의 무 이해의 사랑 안에서 이러한 그의 무이해와 무 대답의 사랑하며 경배하는 승인입니다. 인간은 라하너를 위해서 그의 신학적인 노력들의 중심에로 옮기며, 그래서 신학이 철학적인 인간학을 서로 한정 짓도록 합니다. 즉 "신학은 스스로 철학적인 인간론을 포함하고 있습니다.... 우리는 어떤 경우에도 지금 피할 수 없는 그의 상황, 인간 안에서 기독교의 사명이 해당하는 것과 또는 인간 안에서 그들 도래의 장소와 전제조건들로서 스스로 만드는 것에 대한 진술 그리고 인간에 대한 모든 진술들을 만들게 됩니다. 그리고 각자는 여기에서 그의 자아이해를 말하려는 인간으로서 그가 인식될 수 있는지가 질문되었습니다." 인간의 이러한 자유는 하나님에 대한 그의 개방으로서 이해하는 것입니다. "그리고 이러한 의미에서 각자는 실제로 철저하게 하나님의 초자연적인 자아전달의 사건으로서 이해되어야만 합니다. 역시 모든 인간이 사람들에 대한 하나님의 이러한 자아전달을 수용한다는 의미에서가 아닐 때입니다." 인간은 라하너가 적절하게 말할 수 있었던 것처럼, 이와 같이 "하나님에 대한 철저한 질문"이 아니라면, 그래서 예수 그리스도는 "하나님의 사람"으로서 대답인 것입니다. 우리의 질문은 구체적이며 역사적인 시대에서 하나님과 함께 스스로 대답 되있습니다. 여기에 인간이 하나님에 관하여 미미하게 생각하기 때문에, 자신에 관하여도 미미하게 생각하기를 거절하는 사람에게 신학의 인간학적인 목적성을 위한 가장 깊은 근거가 놓여 있습니다.

뮌헨대학의 신학교수인 볼파르트 판넨베르그(1928년 출생)는 "종교가 인간의 본성에 속했다"는 거기서 시작합니다. 그것을 위해서 4가지 근거를 말합니다. (1) 종교는 인류의 가장 이른 시기에서부터 시작이래로 보편적으로 준비되었다는 것입니다. (2) 그 안에 세계의 개방성, 기발함, 또는 인간의 자아초월성 그리고 그의 하나님 개방성 등이 드러난다는 것입니다. (3) 개인적인 삶의 역사에서 그것은 원초적 신뢰로서 나타나며, 개인적 정체성을 구성한다는 것입니다. (4) 인간이 생각하고 인식하는 모든 것에서 인간은 의미에 대하여 질문하며, 궁극적으로 우주적인 지평을 가진 그것입니다. 즉 "사람들은 현세적인 삶의 유한성에서 인간존재의 목적이 궁극적인 성취에 이르지 못한다는 것을 하나의 보편적으로 증명할만한 인간학적인 조사결과로 표시해도 좋을 것입니다." 그 때문에 그것은 "어쨌든 그의 목적의 성취와 그의 존재의 전체에 죽음을 뛰어넘어 나아와 자신을 소개하는 것은 인간존재의 구조에서부터 인간에게 필수적"입니다. 특별히 인간적인 희망은 인간이 어떻게 "특별한 방식으로 하나님에 관계되었는지"를 보여줍니다. 인간적인 희망에서 "하나님에 대한 참여"가 이루어집니다. 다만 그렇게 인간은 그의 자신의 유한성을 뛰어넘게 됩니다. 이것은 벌써 신적인 창조목적 안에 기초되었으며, 먼저 미래적으로 실현됩니다. 인간은 그의 하나님의 형상을 항상 자신 앞에 "무엇보다 먼저 실현하는 목적으로서" 갖게 되는 것입니다. 이로써 예수님의 부활은 죽은 자들로부터 하나의 중심적인 의미를 얻게 되는데, 더욱이 이중적인 방식에서입니다.

인간학적으로 근거할만한 진리로서 문화적인 전통 안에서 하나의 부활의 기다림이 있을 때만 이해되었습니다. 그리고 그것은 이러한 기다림의 근거를 역사적 사건으로서 동시에 확인합니다. 예수에게서 일어나는 것은 인간에게서 일어나는 것을 선취(先取)합니다. 즉 "도래하는 하나님"은 "세계의 궁극적인 미래"입니다.

## 6. 인문과학적 인간상(人間像)의 관점들

성서적이며 신학적 전통의 인간상은 인간의 생물학적인 면을 간과한다고 말할 수는 없습니다. 히브리어 성서는 위에서 보여준 것처럼, 인간의 영혼과 후두(喉頭)를 위한 유일한 용어("네페쉬")를 사용합니다. 마찬가지로 인간학적 중심개념인 "몸" 역시 인간적인 몸체에 대한 진술을 포함합니다. 우리 시대에 자연과학들의 엄청난 발전을 통하여 물론 강조점들은 위치를 바꾸었습니다. 인간적인 삶과 공동생활의 자연적이며 유기체적인 토대는 점점 더 해독되었습니다. 거기서 이끌어진 논리적인 귀결들은 영향을 미치며, 인간에 관한 우리의 상(像)을 바꾸어놓고 있습니다.

물론 생물학의 인간상은 연구 분과의 수 없는 개별 결과들에서 그들 해석을 위한 단초(端初)들을 획득하며, 총체적인 모습에서 퍼즐처럼 부분 결과들을 삽입하게 하는 모델을 발전시키는 역시 하나의 시도입니다. 그것은 각자 과학적으로 작업했던 인간상의 매력을 해결합니다. 그러나 그것 역시 그것들의 한계를 보여주며, 신학적인 인간학이 사색에 기인하는 동안 인간상이 대략 생물학에서 제공했던 결정적인 요소들을 잘못된 가정 앞에서 보호합니다. 실제로 그것은 그것들 안에 흐르고 있는 한정된 근본 가정들에서 인간적인 실재의 모든 서술이 그렇게 유도되었습니다. 이점에 있어서 다음과 같은 통찰들은 한정된 통찰방식의 범주에서 그럴듯함을 가진 모델로서 이해하는 것입니다. 그러나 그것들은 인간적인 실재에 대한 다른 접근들과 함께 대화를 위하여 개방적으로 유지합니다.

### a) 모든 생명은 유기적이며, 주체적입니다.

스스로 준비하는 생존 기간의 과정처럼, 그렇게 생명은 우리에게 운반됩니다. 만일 생명이 자체 스스로 작용되는 것처럼, 그것은 그렇게 색깔과 형태의 수백억 개로 번영합니다. 그것은 유전자와 세포로서 스스로 자동적으로 재생산하거나, 또는 변화하는 자질을 가집니다. 가장 중요한 것은 생명이 – 그의 개별 조직화의 형태로부터 독립적이며 – 자체 안에 한정된 개체본질에서 항상 중심에 둔 것으로서 만나게 됩니다(H. Plessner). 그것은 항상 다만 심리적이며 화학적인 과정보다 더한 것으로 보입니다. 비록 이것이 아마도 다만 인간 안에서 스스로 의식되었다 할지라도, 말하자면 "스스로" 있는 것처럼 보이는 것입니다. 우리가 거의 인격적으로 "자연"이라 부르는 그것이 그 안에 구성됩니다. 즉 생명은 그의 자체 스스로에 관계된 개별본체 안에서 행동합니다. 그리고 그 어떤 유기체도 오로지 물질입니다. 그것은 단지 더 높이 발전된 동물과 인간에게 해당하는 것이 아니라, 모든 생명에 대한 것입니다.

### b) 계통역사의 영장류(靈長類)로서 인간

인간은 그의 계통-역사에 따라 직립 원시인의 중간단계를 넘어서(인간을 닮은 것들이 7백만에서 3백만 년까지 살았다) 대략 2500만 년 전에서 2백만 년까지 인류의 총칭(인간들의 종류)으로 발전했던 영장류들(첫 번째, 최상의 것)에 속합니다. 이러한 인류의 총칭들은 이미 바로 설 수 있었으며, 그 때문에 사람들은 이러한 인간의 전형을 "직립인간"(homo erectus)으로서 표시하였습니다. 직립인간은 본질적으로 직립원시인보다 더 크며(1.85m), 분명히 광범위한 두뇌의 양을 가지며(아프리카의 직립인간에 의하여 900/1000cm²까지), 돌작업도구를 이용하며, 언어발전을 위한 유리한 위치에로 그의 후두(喉頭)를 옮깁니다. 이러한 발전을 위한 근거들은 논쟁적으로 남아 있습니다. 과학은 대략 200000만 년 전 '호모사피엔스'(homo sapiens, 지혜를 가진 인간)로 정착시키고, 과학은 9만년 이래로 현대적인 인간들에게 위치를 알아내게 됩니다. 그의 두뇌는 3가지 층을 가진 건축물 안에 반영되는데, 즉 생성의 역사적인 형성과정에 대립하여, 2억 년 전 시대(파생동물부분)에서 나머지로부터 원 시대적 젖 먹이 동물들의 유산을 거쳐(특히 공격성의 프로그램에서처럼 자발적인 행동방식)더 높은 젖 먹이 동물들과 함께 최근의 공동적인 대형 두뇌에 이르기까지입니다. 모든 의식된 삶의 과정들의 중심으로서 후자의 것은 분명 동등하지 않게 더 강하게 발전했습니다(총량의 7/8).

### c) 그의 결점들은 인간의 기회입니다.

이러한 특별하게 크고 정교하게 생겨진 두뇌는 새로 탄생된 사람에게는 그 어떤 도움도 받을 수 없는 현저한 대립 관계에 놓이게 됩니다. 그 안에 인간의 생물학적인 기회가 기초되어 있습니다. 왜냐하면 인간이 아주 약한 몸으로 저항력이 없이 너무 일찍 세상에 나오기 때문에 - 상응하는 젖 먹이 동물과 비교할 때, - 그리고 그에게 이것들이 본성에서 함께 얻지 않으면 유산의 큰 부분이 결핍되기 때문에, 그는 그의 자질의 많은 것들을 먼저 그의 생애 첫해의 "환경자궁"에서 획득해야만 합니다(A. Portmann). 다만 그의 본능의 적은 것은 이러한 결핍본체인 인간(A. Gehlen), 즉 이러한 조기출산(A. Portmann)을 기획해야 합니다. 그의 매우 큰 두뇌와 너무 거대한 학습능력은 그의 충동력의 대부분을 마비시키게 되며, 그를 동시에 충동행위와 학습행위 사이에서 결정해야만 하는 항상 새로운 강요를 통하여 불안하게 합니다. 역시 그의 기초적인 생물학적인 자질들은, 말하자면 그의 감관유기체와 그의 운동능력들은 거의 특수화되지 못했습니다. 그는 세계의 불확실하고 어쩔 수 없는 것처럼 깨어 그렇게 유연하게 만날 수 있은 것입니다. 충동력의 연약함에서 그의 비밀처럼 "세세개방성"(Gehlen)은 세계 주변을 온전히 기후와 문화경계지역에서 올바르게 발견하기 위하여 그에게 모험적인 기회를 가능하게 합니다. 인간이 더 강하게 정신적인 자질을 발전시키고 있던 동안에, 그에게 불리한 생물학적인 출구상태(결핍본체)가 장점으로 이용되었던 겔렌(Gehlen)의 주제 이면에 물론 서로의 발전이 중요하도록 제기합니다. 인간이 한정된 점으로부터 그의 "정신성"을 발전시킬 때(생물학적이며 유전적인 행동의 결정적인 요소들) 그리고 역시 양적으로 충동구속력이 감소했을 때, 그는 궁극적으로 결코 결핍본체가 아니었으며, 벌써 항상 증대하는 지적능력과 감소하는 본능구속력에 의하여 서로 평준화된 본체였습니다. 결핍본체로서 인간에 관한 겔렌(Gehlen)의 말은 이러한 배경에서 적어도 오해가 되는 것입니다.

그렇게 인간은 문화에 의존되었으며, 문화는 땅의 그 밖의 어떤 생명체들과 같지 않게 앞서 초래됩니다. 다만 그는 표면적인 실재의 "놀라운 분야"에로 성공적으로 나아갈 수 있습니다. 문화는 분야에서 두 번째 자연이 될 것입니다.

### d) 역사적으로 의식된 생명체

특수성은 단지 확산된 청소년 시기뿐만 아니라 역시 인간의 연령은 특수성들을 잘 보여줍니다. 두뇌는 아주 오랜 기간 삶의 행위와 학습행위에 놓여 있었기 때문입니다. 많은 문화들은 존경과 기대와 함께 나이와 그의 지혜를 만납니다. 예술과 과학에서 궁극적으로 유효한 진술은 이따금 성과가 따릅니다. 삶은 목표를 지향하며, 원형으로 준비되지 않은 것처럼, 그 안에 특별한 암시가 놓여 있습니다. 인간의 엄청난 생물학적인 성과의 계속적인 비밀은 하나 또는 두 세대가 서로 사는 것이 아니라 세 세대나 더 많은 세대가 사는 그 안에 근거합니다. 그렇게 이전 세계와 이후 세계가 서로 연결됩니다. 인간은 그의 과거와 그의 미래를 의식적으로 인지합니다. 하나의 역사의식적인 생명본체가 됩니다. 그가 어제나 내일의 불안에 대한 연결 때문에 오늘을 놓치는 위험이 놓여 있습니다. 그 안에 그러나 역시 그가 동물과는 달리 미완성 적이며, 생물학적으로 젊게 머무르는 기회가 그 안에 놓여 있게 됩니다.

### e) 인간의 언어

그것은 그의 생물학적인 근본원칙에서 귀결됩니다. 그것은 신체적인 적응이 아니라, 정신적인 논쟁입니다. 그것은 그에게 동물적인 알림의 표시처럼 천성적인 것이 아니라, 먼저 저 문화의 정황에서 배워졌으며, 재빨리 세계해석의 수단에서 오로지 정보운반자로부터 돌연변이 하는 것입니다. 그의 언어보다 인간의 인간됨에 기여하는 것은 아무것도 없습니다. 왜냐하면 그는 대화의 본성을 가진 관계의 본체이기 때문입니다. 인간은 홀로 번영할 수가 없습니다. 그는 그의 생물학적인, 즉 그것은 역시 그의 유기적이며 신체적인 발전을 위하여 음식을 필요로 하는 것이 아니라 교제가 필요함을 뜻합니다. 인류 종족 특유의 재고조사들은 인간이 끊임없이 공동체(교제)가운데 사는 것을 보여줍니다. 그것은 가족보다 더하며 하나의 발생지보다 다릅니다. 그것은 인간에게 언어와 풍습과 권리와 종교와 기술의 전통을 위한 공간을 제공합니다. 물론 역시 적은 충동이 단지 이러한 공간을 보호합니다. 그는 오히려 사회교육을 통하여 안전하게 유지되어야 할 것입니다.

## 7. 기독교 창조신앙의 관점들

신학의 인간론은 인간학적인 통찰들을 아는 것을 제한하지 않습니다.

그것은 삶의 경험들과 과학적 결과들이 서로 어떻게 해석하게 하는지 오히려 자체이 대하 제공을 만들게 합니다. 신체의 인간론은 하나님의 입김을 내 세우고, 인간은 스스로 자신에 대하여 말해줄 수 없다는 진술을 생각합니다. 이러한 말씀들의 의미와 목표는 인간의 인격과 그들의 삶을 하나님의 생명과의 관계에서 밝힐 수 있는 것이기 때문에 초월합니다. 다음의 4가지 보기들은 신학이 경험적 인간론과의 대화에서 제시할 수 있는 것을 모범적으로 보여주어야 합니다.

### a) 하나님의 피조물로서의 인간

성서적 인간론의 이러한 핵심사상은 인간존재의 해석에 다음과 같은 관점들이 기여할 수 있을 것입니다.

- 진화론에서 생물학자들이 자연의 "자아체계(自我體系)의 역동성"을 인정하며, 물리학자들이 물질에서 "흘러나온 정신"(H. P. Duerre)을 인정한다면, 그들은 과학적 지식들이 신앙에 원리적으로 모순적이어야만 하는 것이 아니라 인간실존의 종교적인 해석이 가능해 지도록 분명하게 합니다. 그들은 인간이 비밀이요, 기적이며, 대답되지 않는 질문으로 이해하고 있는 동안에, 그들은 학문적인 질문들이 의미 있게 보완되었던 철학적이며 종교적인 의미해석의 시도를 인정합니다.

- 다른 과학자들은 "정밀조정"의 현상, 즉 이와 같이 인간적인 삶이 단지 가능할 수 있었던 사실을 암시해주고 있습니다. 왜냐하면 자연은 그들의 자연법칙의 근본토대 안에서 그리고 그들의 실제적 형성 안에서 이러한 것(적어도 잠재적인 것)에 "놓여있기" 때문입니다. 자연의 내면에 이와 같이 "인간학적 원리"가 있는가? 하나의 강한 인간학적 원리로부터 나아간다면, 진화는 "순수하게 우연적인 일"이 아니라 하나님이 창조에서 하나의 구체적인 목표에로 향하여 인도하시는 과정의 구성요소인 것입니다. 인간은 우연적인 아이보다 더한 것일 것이며, 그는 하나님으로부터 그처럼 원하고, 사랑받던 피조물이 분명할 것입니다. 신학의 전통은 하나님이 창조를 처음에 생명으로 부르셨을 뿐만 아니라, 그 창조를 현저하게 생명으로 보존하시며, 지탱하며, 동반하시는 것에 관한 것으로 '창조의 연속'(creatio cintinua)에 관하여 말해 줍니다.

- 물론, 진화론적인 과정의 무신론적인 해석은 가능합니다. 그렇다면 인간의 기원은 우연일 것이며, 더욱이 우연한 것 외는 아무것도 아닐 것입니다.

- 엄격하게 과학적 범주(우주론과 진화론)에서 인간의 유래와 미래에 대한 질문의 대답은 개방되어 있어야 합니다. 바로 그 때문에 신학과 과학과의 대화는 참으로 의미를 가지 게 됩니다. 기독교 신학은 과학이 이념화되는 위험에 있는 거기서 항상 다시 질문하는 동안, 과학의 과제를 비판적인 대상으로 삼는 것입니다. 그것은 더 이상 "사실들"에 의하여 머무는 것이 아니라, 사이비 과학적 이념의 출세조력자가 되는 것을 의미합니다. 그것은 자연과학자들이(예를 들어, Dawkins), 과학적 인식의 강요하는 결론으로서 무신주의를 자리 잡도록 시도하는 거기서 그러한 경우가 될 것입니다. 반대로 과학이 합리적인 해석의 가능성에서 나아와 해석의 필요성들을 만드는, 즉 이러한 것이 '창조과학주의' 사상에서 통상적으로 나타나는 것처럼, 거기서 신학에 비판인 질문들을 제기하는 과제를 가지게 됩니다. 그것은 과학적인 하나님의 반박처럼, 우주론적이거나, 생물학적인 신 존재증명을 정확하게 줄 수 없는 것입니다.

## b) 하나님 형상으로서의 인간

'사제문서'의 전통적인 계층은 성서 안에 이러한 신학적 사상을 가져왔습니다. 다음과 같은 해석의 모범들은 하나님의 형상으로서의 인간이해를 제공해 주고 있습니다.

- 인간에게 하나의 특별한 지위가 귀속됩니다. 더욱이 진화론연구의 인식은 모든 본성의 생명체들에 의하여 그의 출생지로 인간을 되돌렸으며, 그러나 인간이 간단히 이러한 관계 안에서 동일하게 취급하는 그 같은 연구는 역시 논쟁되고 있습니다. 인간은 거기서부터 질적으로 구별됩니다.

- 인간은 진화과정 안에서 그의 책임을 인식하며, 창조사건의 범주에서 스스로 조형적으로 작용하는 과제와 함께 하나님의 대리자로 자신을 봅니다.

- "동일형상"은, 그러나 그의 '원형상'에 대해서는 개방적으로 머물러 있습니다. 이러한 관계는 믿음과 신뢰의 태도에서 실현됩니다. 인간이 이러한 관계에서 자신을 분리시켜, 그의 "하나님의 개방성"을 부인할 때(Pannenberg), 그는 인생의 목적을 놓치게 되

며, "하나님의 복합체"에 패하고 말 것입니다(H. E. Richter). 그것은 인간이 자신의 현 존재를 감당할 수 없이 상승시킴을 뜻합니다. 왜냐하며 인가이 스스루를 시으로 맡 들고 있기 때문입니다. 그것이 인간의 하나님의 형상에 관한 말을 표현하기를 원했던 것처럼, 이러한 지향점은 초월자에게서 성취된 인간존재에 구성적으로 속합니다. 그것은 모든 생명을 묘사하는 것처럼, 비밀한 것의 존경과 숭배를 뜻합니다.

### c) 죄인으로서의 인간

이러한 진술은 전통적 개념에서, 그러나 그 때문에 결코 적지 않게 분명한 경험을 언어로 표현한 것입니다. 다음과 같은 제시들은 인간 존재의 해석에 해당합니다.

- 인간은 하나님 형상에 대한 그의 목적을 항상 다시 놓치게 됩니다. 동물과의 차이에서 인간이 그 자신과 총체적인 진화과정을 위기로 몰아가며, 가능한대로 자신 스스로를 파멸시키도록 파괴적으로 행동할 수 있습니다.

- 기독교 신앙은 인간을 현실적으로 보며, 계속적으로 진행되는 인간개선의 낙관적인 모습에 대항합니다. 그것은 개별 역사적이거나 종속(種屬)적 역사로 생각된 것일 것입니다. 인간은 "고귀하고, 협력적이며, 선" 할 수 있습니다. 그러나 동시에 악하고, 냉랭하며 파괴적일 수 있습니다.

- 인간이 행하기를 원하는 선을 그는 자주 행하지 않으며, 그가 원하지 않는 악을 빈번하게 행합니다(비교, 롬7). 인간은 이러한 모순을 의지의 결단을 통하여 극복할 수 없습니다. 즉 그는 그에게 온전히 실수 없는 태도가 가능하지 않는, 오히려 부여된 존재로 탄생되었습니다. 죄는 개인적인 태도를 특징지을 뿐 아니라, 총체적이며 인간적인 실재를 또한 특징짓게 합니다.

- 죄의 결과는 죽음입니다(롬6:23). 거기서 죽음은 간단히 끝이나, 완성을 생각하지 않으며, 궁극적인 좌초(坐礁)와 파멸(破滅)을 생각하게 됩니다. 그것에 대한 기독교의 표지(標識)는 그리스도가 죽으신 십자가입니다. 좌초는 이 세상에서 신적인 사랑에 위협이며, 십자가는 예수 그리스도의 부활의 빛 가운데서 죽음으로부터 동시에 죽음을 초래하는 권세들의 극복의 표지입니다. 마지막에 이것은 전통적인 표현을 생각하는데, 즉 그리스도는 인간의 죄를 자신이 취하시고, 우리를 위하여 고난을 받으시며

대속의 죽음을 죽으신 것을 뜻합니다.

**d) 하나님은 인간에게 은혜로우시며, 그에게 새로운 희망을 허락하십니다.**

성서의 원 역사에서 이미 하나님의 형상과 개인적 좌절 사이에 내적인 모순이 반영됩니다. 동시에 그것들은 노아홍수 이후에 무지개의 표시 아래에서 이러한 자체 안에 모순적인 인간에 대하여 알리는 하나님에 관하여 이야기 합니다. "그리고 하나님이 그의 마음에 말하기를: 내가 다시는 사람으로 말미암아 저주하지 아니하리니, 이는 사람의 마음이 계획하는 바가 어려서부터 악함이라 내가 전에 행한 것같이 모든 생물을 다시 멸하지 아니하리니, 땅이 있을 동안에는 심음과 거둠과 추위와 더위와 여름과 겨울과 낮과 밤이 쉬지 아니하리라"(창8:21-23). 그 안에서 또한 인간적 존재의 해석의 모범들을 발견합니다.

- 인간이 자신과 그의 목적을 놓친다는 것은 그에 대한 최후의 말이 아니며, 인간적 발전의 가능한 좌절이 절대적인 끝이 아닌 것입니다.

- 악한 것과 애정이 없는 태도는 원칙적으로 극복되었습니다. 이것이 이루어지는 하나님에 대한 신앙고백은 인간적인 파괴성을 새로운 빛 가운데로 옮기며, 악이 부분적으로 극복되도록 인간을 도우십니다. 인간은 자신의 업적 결과로서 믿음에서 이것을 경험하는 것이 아니라, 선물로서 경험하게 됩니다.

- 인간은 자신과 그의 이웃을 위해서 희망해도 좋을 것입니다. 왜냐하면 그 자신의 실재가 좌절과 죽음을 통하여 최종적으로 서술되지 않기 때문입니다. "부활"은 죽음의 "저편"에 있으며, 이미 주어진 것에서 유도되지 않는 생명을 허락하는 하나님의 권세의 작용을 위한 표지입니다. 인간은 우주의 생성이 놓여 있는 총체적인 과정의 작품에서 창조주의 사랑과 신뢰를 알게 됩니다.

## 8. 인간의 비인간화(非人間化)에 반하여 - 인간학(人間學)과 현대 윤리적인 도전들

우리 시대의 많은 어려운 윤리적인 물음들은 인간품위의 개념에 대한 이해에 중요한 역할이 귀속되는 단지 기독교적으로 세워진 인간학의 지평에서 다루어질 수 있을 것입니다. 여기서 단지 인간적인 삶의 시작과 함께 결부된 직무이 무변저으ㄹ 시자디었습'ㅣ다. 병의 비ㅈㅣ끡과 함께 섁합된 질문들은 물론 온전히 비슷한 성서에 있습니다. 잉태와 출산과 관련하여 오늘날 특별히 다음과 같은 질문들이 격렬하게 토론되었습니다.

- 골수조혈세포 연구: 태아들에서 골수조혈세포를 얻기 위하여, 이와 같이 다수의 힘을 가진 세포(라틴어, pluripotent)들 그리고 여러 세포의 전형들에서 구별할 수 있는 세포들이 파괴되어져도 좋은지? 골수조혈세포연구는 그것들로써 미래에 어려운 질병들을 치료할 수 있기를 바라고 있습니다.

- 우위이식 진단법: 여기서 아주 어려운 유전병의 가능성이 주어졌을 때 태아들이 시험관에서 기술적으로 생산되었습니다. 그렇게 생산된 태아는 사전에 의심이 확인될 때 희생되었습니다. 그가 건강할 때 아이는 대리출산모의 역할로 대체되었습니다. 역시 여기서 태아들의 그러한 파괴가 윤리적으로 정당화되는지의 질문이 제기됩니다.

- 출생 전 진단법: 벌써 등장된 임신 이후에 태아가 어머니의 몸에서 어려운 질병이 발견되는지가 진단되었습니다. 어떤 치료적인 가능성이 주어지지 않기 때문에, 출생 전 진단법은 질병의 경우에 해당되는 부모는 낙태가 이루어져야 하는지에 대한 거부할 수 없는 질문에 직면합니다. 물론 사람들은 그러한 경우에 강하게 장애가 되는 아이와 함께 산모의 생명의 진지한 위험이 표현되는지 심사숙고해야 할 것입니다. 그러나 만일 출생 전 진단법이 앞서부터 가능한 낙태를 목표하며, 이것이 의사로부터 충고된 것이라면, 여기에 건강하고 행복한 삶에 관한 결정적인 이상이 기독교 윤리에 다리를 놓을 수 없는 대립관계로 빠져들게 되리라는 질문이 제기됩니다. 사람들은 그러한 실천에서 장애된 인간의 생명가치가 아직 충분히 인정될 수 있는지?

모든 이러한 질문들에서 근본적으로 인간학적인 숙고들이, 특히 인간적인 삶이 어디서 실제로 시작되는지에 대한 물음이 작용하게 됩니다. 인간의 생명은 생물학적인 관점에서 정자와 난자의 수정으로 시작합니다. 질문은, 사람이 어떤 인간의 생명과 완전한 인간 품위 사이에 구별해야 하느지에 있습니다. 실제로 사람들은 이따금 어떤 경우에도 인간이 그의 인격존재를 완전하게 발전시켰던 거기서 완전한 인간품위가 먼저 주어졌다는 것에서 나아갑니다. 태아의 인간품위는 나이로부터 그것에 따라 조건적인 것이 될 것입니다. 유효한 낙태 실제와 법 부여에 대한 영향이 가지는 인간 품위에 관한 이러한 이해는 순수하게 공리주의적입니다. 그것은 합목적성을 지향하였음을 뜻합니다. 한 사람의 생명권은 한정된 질적인 것들에 의존하여 만들어졌습니다. 인간(태아)은 더 이상 무조건적인 자아목적이 아니라 "관심의 신중한 고려" 때문에 희생되어질 수가 있습니다. 출생 전 진단법에 의한 질문은 더 예리하게 제기됩니다. 즉 재료(삶의 가치적인 부모의 생명)는 다른 재료(아이의 생명권)에 반하여 방향이 바뀌어졌습니다.

기독교의 인간상은 인간의 품위가 그에게 하나님으로부터 선물된(하나님의 형상) 그 무엇이라는 확신에 뿌리를 가지고 있습니다. 이러한 인간품위는 생산에서 죽음에 이르기까지 모든 인간의 생명에 적용합니다. 그것은 오인될 수 있는 것이 아닙니다. 그것은 한정된 질에 결부된 것도 아닙니다(건강, 완전히 개인적인 자율성 등등). 그것은 그 때문에 경험적으로 증명할 수 있는 것도 아닙니다. 기독인들은 그들이 아무것도 아니거나, 그것에 관하여 단지 적게 보는 거기서, 모든 인간의 생명의 단회성과 하나님의 원함을 "믿습니다." 이러한 확고한 입장과 함께 앞에서 제시된 윤리적 질문들은 재빨리 대답되지 않습니다. 태아의 파괴, 낙태 등등은 한정된 상태 하에서 필요할 수 있습니다. 그러나 그것은 죄에 대한 죄책을 신중하게 고려하는 거기서 항상 진행되어야 할 것입니다. 건강한 생명이 항상 최고로 중요한 재산보다 더한 것으로 주목되며, 질병과 약함과 장애된 생명이 최저치로 주목하는 사회에서 기독인들은 중대하는 비인간화에 대향하여 나타나는 그것이 시대의 계명입니다.

인간학적 질문방식은 형성 현실적입니다. 나는 어디서 온 존재이며? 나는 어디로 가고 있는가? 나는 누구인가? 과학적이며 철학적인 질문들 역시, 이따금 실존적인 배경 없이 이루어집니다. 마침내 자체 삶의 설계를 위하여, 내가 단지 우연한 자연적인 진화과정의 생산물인지, 나의 생명에 스스로 의미를 부여해야 하는지, 또는 모든 자연적인 것 안에, 그 가운데, 그 아래에서 아직 한 다른 어떤 이가 잘 조절하고 있는지? 등의 다른 모든 것들에는 무관심합니다. 역시 내가 유전자와 두뇌 또는 초기 유아적인 영향이 쉼 없이 미리 결정된 것인지의 질문은 나의 삶의 이해에 깊이 영향이 주어졌습니다. 인간학적 물음에 의해서 단지 그 무엇이 중요한 것이 아니라, 처음과 마지막으로 역시 항상 나라는 자신이 중요한 것입니다.

인간은 기독교 신앙의 복된 소식에 따라 인간으로서 다만 예수 그리스도로부터 올바르게 이해하는 것입니다. 예수님은 모든 참된 인간존재의 원형상이십니다. 그는 참된 인간적인 인간입니다. 인간적인 삶이 하나님과의 관계로부터 흐르는 관계적인 사건으로 묘사될 때 인간의 삶은 단지 기능적이라는 것을 보여줍니다. 예수님이 자신과 다른 사람을 사랑하도록 능력을 주셨던 하나님의 사랑은 우리에게 다시 사랑의 자질과 관계의 자질이 되게 해야 합니다. 거기서 예수님은 단지 원형상이거나 모범상이 아닙니다. 그는 부활하시고, 그의 영을 통하여 우리 아래에서 현재적인 주님이시며, 역시 이러한 인간존재의 내적인 충동력이 되십니다. 바울은 그렇게 기록하였습니다. "첫 사람 아담은 산 영(靈)이 되었다함과 같이 마지막 아담은 살려주는 영이 되었나니"(고전15:45). 이러한 비밀은 정통(동방)교회의 부활절의 성화상(아이콘)에 아주 아름답게 묘사되었습니다. 거기서 사람들은 그가 아담과 하와처럼 - 인류의 대리자들인 - 그들을 낙원으로 인도하기 위하여 손을 잡는 부활하신 그리스도를 보게 됩니다. 기독인들은 그렇게 그리스도가 인류를 완성으로 인도하신다는 것을 믿는 것입니다. 그는 인류를 낙원의 삶으로, 적어도 불완전한 상태에서 벌써 지금 시작하는 한 생명을 보여줍니다. 예수 그리스도는 우리 인간존재의 시발자이시며 완성자이십니다. 그는 벌써 언제나 하나님으로부터 오시기 때문이며 하나님이 우리에게 스스로 오시는 그분이기 때문에, 즉 하나님의 아들이십니다.

참된 인간존재의 이러한 상(像)은 교회의 복된 소식을 모든 영역들 안에서 영향을 미치게 합니다. 그것은 여러 구별된 지평들에서, 그리고 다양한 방식으로 그것을 증언하며, 예수 그리스도를 통하여 참된 인간됨의 열려진 길에 관계하도록 다른 사람들을 그리로 초대합니다.

다음의 4가지 예들은 성서적인 기독교의 인간상(人間像)이 어떻게 교회 일상의 삶을 형성하게 하는지를 보여줍니다. 유아들의 세례, 영혼의 돌봄, 봉사와 선교 등에서입니다.

### a) 유아들의 세례

그것은 인간적 삶의 상반된 감정의 병존(竝存)과 관계됩니다. 교회 안에 영접을 형성하는 출발의식(儀式, ritus)으로서, 그것은 양면을 표현하는데, 즉 인간의 존엄성(尊嚴性)과 좌절(挫折)에 관한 것입니다.

- 인간의 "존엄성"(품위)은 그의 하나님의 형상 안에 기초하며, 각자 성격적으로 또는 직업적으로 정의되는 선 선행(先 善行)이 없이 가장 이른 시기에 아이로 우리 앞에 등장합니다. 세례의식에서 하나님이 우리에게 예수 그리스도 안에서 증명해 주신, 그 사랑이 모든 우리의 행위들에 앞선다는 것이 특별히 분명하게 됩니다.

- 인간의 "죄"는 인간적인 생생한 삶의 철저한 부정과 함께 세례의식이 그것을 구체화하는 것처럼, 그의 운명적인 좌절에서 우리를 만납니다. 역시 여기서 유아들의 세례

는 개인적인 과오나 죄책감 때문이 아니라는 것, 역시 개인적인 오명의 청결 때문이 아니라, 단순히 "결핍의 본체"인 인간 때문이라는 것이 분명합니다. 인간은 그리스도와 함께 새로이 부활하기 위하여 세례를 통하여 동시에 죽음에 장사되었을 때(롬6), 그것은 하나님의 선한 창조 안에서 생명에 상응하는 "세계와 하나님의 개방성"을 그에게 만들게 합니다.    ↗ 세례

## b) 목사의 교구와 상담소에서의 영혼의 돌봄

이것은 인간의 전체적인 상을 실제화하며, 그를 몸과 영혼으로 분리하는 것은 아닙니다. "영혼의 돌봄"(Seelsorge)이란 말은 이러한 사역이 다만 인간의 내적인 관계로 향하는 것처럼 오해되어서는 안 됩니다. 선 결정과 선입관 없이 교회의 이러한 사역은 각 사람에게 파트너 관계에서 상대적으로 등장하여, 개인적 발전의 고유한 길에서 하나님의 선한 피조물로 그를 보게 됩니다. 영혼의 돌봄은 삶의 용기를 일깨우며, 자아신뢰를 강화하며, 믿음을 도우며, 말하자면 배후에 계시는 하나님의 사랑과 삶의 의미에서 신뢰를 도우기를 원하는 것입니다. 그것은 체념이라는 암세포의 전이(轉移)에 대항하여 투쟁하는 일입니다(G. Hennig).

↗ 영혼의 돌봄

## c) 디아코니아(섬김)

디아코니아 역시 인간전체에 대한 노력이며, 동시에 이편(현세)의 삶이 중요하다는 것을 분명하게 해 줍니다. 병원들, 사회적인 임시병동들, 양로원과 구호시설들과 이웃협력단체들은 전체적인 인간상을 추구하기를 시도합니다. 디아코니아는 육체적인 질병들이 영적인 원인들을 가질 수 있다는 것을 알고 있습니다. 모든 경우에 질병들은 영적인 영향을 받게 됩니다. 봉사의 섬김이 이웃을 돌볼 때, 그 어떤 생존능력도 갖지 못했을 수 있는 인간의 공동체를 돕는 것입니다. 그것이 전 세계적으로 발생한 대참사

에 대한 협력과 위기사태 개입에 책임을 진다면, 그것은 우리가 오래전 유엔의 인권헌장이 표현하고 있는 것처럼, 인류의 가족 안에서 살고 있는 그러한 경험에 상응하는 일입니다.　　／다아코니아

### d) 선교

선교는 선교하기를 원하는 사람들의 두뇌들 안에서 어떤 인간상이 거주하는지 가장 빠르게 나타납니다. 그들이 하나님과 인간들에 대한 소식을 가져오는지? 또는 그들이 정신적이며, 실제적인 식민주의적인 것들을 운반하는 것인지? 모든 사람들의 하나님의 형상성에 관한 확신인 기독교 선교의 본질적인 근본 동기는 지난 세기에 항상 더 많이 관철되었습니다. 확실히 그들 자체의 확신에 적합하게 강요하는 회심의 의도성이 없이 그리스도인들은 다른 종교들과의 대화 가운데서 나아갑니다. 그들은 인간의 인간됨에 관한 복음의 소식이 예수 그리스도 안에서 알게 되는 것처럼, 다른 나라들의 언어 안에서 그들의 원천적이며 문화적인 구성에 더 가까이 번역하게 하며, 거기서 열려진 귀를 발견하는 것을 놀랍게 체험할 수 있을 것입니다.　　／선교

교회는 다만 교회 내적인 실제의 영역에서만 아니라, 역시 윤리적인 토론에 있어서도 인간적인 삶의 잃어버릴 수 없는 품위를 위해서 등장합니다. 우리들의 현대적인 삶의 여러 영역들에서 인간적인 삶은 무자비하게 도구화되었습니다. 즉 인간은 더 이상 목적 자체가 아닙니다. 그는 지울 수 없는 인간적인 품위를 가진 더 이상의 존재는 아닙니다. 그는 단지 아직 한 가지 가치를 가지고 있는데, 이러한 가치는 그의 생명력과 노동력에서, 아름다움과 지적능력에서, 성과와 결산에서 추론하게 하지만, 먼저 사회를 위한 그의 필요성에서는 아닙니다. 약하고, 장애이거나, 병적인 삶과 그러한 것으로 발전시키지 못하거나, 그의 가장 좋은 시간을 벌써 포기

하는 삶은 재빨리 옆으로 밀쳐졌으며 제외되었습니다. 삶의 한계에서 특
별히 새명이 탄생에 의한(출생과 주음에서, 보기시새 하는 실류목이 세기
됩니다. 즉 벌써 태아들이 완전한 인간적인 품위를 가지는지? 그리고 그들
은 벌써 처음부터 이러한 것을 가지고 있는 것인지? 또는 그들에게 하나의
그러한 것이 먼저 점차적으로 자라게 되는 것인지? 그래서 초기단계에서
그들의 죽임은 - 적어도 이것이 더 높은 관심에 도움을 준다면 - 아직 대변
할만한 것으로 보이는지? 하나의 비교할만한 윤리적인 충돌의 경우는 병
으로 죽음에 이른 사람에 의해서도 보여 집니다. 언제 사람들은 생명을 유
지할만한 기계를 중단해도 좋은지? 특히 누가 그것에 대하여 결정할 수 있
는지? 어디서 인간의 생명은 끝나는 것인지? 뇌사(腦死)의 경우에도 그리고
만일 그것에서도 그러하다면, 그의 인간적인 품위와 관련하여 이것은 무
엇을 뜻하는지? 장기기증이 중요하다면 긴급해질 수 있는 하나의 질문입
니다. 결과적으로 가장 어려운 질문: 요청에 의한 죽임은 무엇인지? 능동
적이며, 수동적인 안락사와는 무슨 관련이 있는지? 이러한 질문들의 대부
분은 작은 긍정이나 부정으로 대답되는 것은 아닙니다. 구별적인 윤리적
관점들이 고려되어야만 합니다. 그러나 역시 항상 그런 것처럼, 그것은 기
독교 윤리의 인간고유의 특성이며, 항상 다시 인간의 품위는 오인되지 않
아야 한다는 것을 암시해 줍니다. 그것은 획득될 수 있는 것이 아니며, 그
때문에 역시 잃어버려지게 해서도 안 됩니다. 그것은 하나님이 우리를 그
의 형상으로 만드신 그 안에 근거하고 있습니다. 교회가 이것을 모든 윤리
적인 토론들에서 항상 다시 강조하여 제기하는 동안에, 그것은 항상 더 강
하게 자체를 파악하는 생명의 비인간화를 방어하게 될 것입니다.

**[ 참고도서 ]**

• 디어셜(Dierscherl, E.) : 신학적인 인간학의 윤곽, 2006.

• 게헤렌(Gehlen, A.) : 인간, 1986.

• 케슬러(Kesseler, H.) : 진화와 새로운 통찰에서의 창조, 2009.

• 퀸즈렌(Küenzlen, G.) : 새로운 인간, 1997.

• 무드(Mood, J.) : 우연과 필요성, 1971.

• 판넨베르그(Pannenberg, W.) : 신학적 관점에서의 인간학, 1987.

• 포르트만(Portman, A.) : 살아있는 것으로부터. 인간에 관한 과학의 시도, 1973.

• 리히터(Richter, H. E.) : 하나님의 복합성. 출생과 인간의 전능함에 대한 신앙의 위기, 1997.

• 쇼베르트(Schoberth, W.) : 신학적인 인간학의 개론, 2006.

## 2.2 죄와 죄에 대한 책임

### 인지 ───────────────────────────

우리들의 일상적 언어사용에서 오늘날 '죄'(罪)라는 말은 거의 나타나지 않습니다. 만일 그것이 나타난다면, 먼저 성도덕(性道德)의 한정된 이해 위에서 풍자(諷刺)하는 모습으로 희화(戱畵)하면서("도대체 사랑이 죄일 수 있는가?") 또는 칼로리 목록서나 교통법규위반목록에 관계된 무엇인가 우스꽝스러운 일들에서입니다. 결과적으로 오늘날 간혹 환경문제에 대한 범법행위(犯法行爲)와 관련하여 죄(罪)에 관하여 더 진지하게 언급되기도 합니다.

거의 잃어버린 '죄'(罪)라는 개념에 대립하여 온전히 '죄책(罪責)'이란 개념은 도처에서 사용되고 있습니다. 누군가 또는 그 무엇이 항상 죄의 책임을 짊어지게 됩니다. 우리는 책임을 지우기 위하여 단지 그를 찾는 것입니다. 또는 무조건 문제의 해결에 기여하지 못하는 것이 무엇인지, 하나의 원인을 들추어냅니다(예를 들어, 우리들의 아이교육, 우리들의 유전적인 영향, 적자가 발생한 실재, 종종 하나님께도). 그러나 적어도 우리들의 "채무상환(債務償還)"에 있어서 그러합니다. 흔하지 않게 실수한 자를 강렬하게 찾는 배후에는 속죄 제물의 메커니즘이 놓여 있습니다. 죄책은 자신 스스로에게서 보다는 더 잘 다른 이에게서 찾아졌습니다. 죄책, 책임, 구금 등 어떤 경우에라도 그것은 사회적 공동생활의 법(法)입니다. 만일 청소년들이 폭력으로 약한 자들을 짓밟고, 사람들이 서로 거칠게 폭력으로 위협한다면, 우리는 이유와 죄책을 찾게 됩니다. 그렇지만 우리는 죄에 대하여 질문하지는 않습니다. 개인의 개별적 상해들을 보면서도, 국제적 범죄의 행위에 있어서도 우리는 죄에 관하여 말하지 않습니다. 사람들이 상대적으로 약탈하며 남용하는 곳에서도, 부부가 서로, 부모들이 아이들에게, 청소년들이 교사들에게, 가진 자들이 아무것도 갖지 못한 자들에게, 권세자들이 그들에게 고백했던 자들에게, 약탈하고 남용하는 곳에서 전적으로 죄책이 인정되었고, 폭력의 폭발들과 인간의 상처들에 대한 경악들이 분명히 드러남에도 불구하고 우리는 죄라는 말을 사용하려는 생각을 전혀 하지 못합니다.

죄(罪)라는 말의 손실(損失)은 우리들의 인식의 좁아짐과 궁핍해짐과도 관계가 있습니다. 우리는 하나님 앞에 서 있으며, 단지 그분과의 재결합에서만 성공적인 삶을 발견하는 기회를 가질 수 있는 인간으로서 우리 자신을 더 이상 보지 않습니다. 기독교 복음의 소식은 인간에게 새로운 죄책 감정을 주입하기를 원하지 않습니다. 그것은 하나님을 놓치거나 또한 삶의 충만을 소홀히 하고 있는 그 사람에게 구원의 인식을 일깨우려는 것입니다. 한 인간이 넘쳐흐르는 하나님의 사랑과 자비에 따라 그의 지금까지의 삶을 놓친 것으로 인식하고, 온전한 마음으로부터 되돌리기를 원한다면, 그러한 인식은 - 그것이 그렇게 고통스러울 수 있지만 - 궁극적으로 하나의 기쁘고 약속이 충만한 일입니다.

## 방향

성서적 전통의 역사들은 죄와 죄책(罪責)에 관하여 인간을 나쁘게 하고, 인간적 악행의 사실주의(寫實主義)를 돌보려는 것이 아니라 죄를 극복하고 사람들을 새롭게 하려는 것입니다. 그들은 죄용서의 관점에서 이야기해 줍니다. 이러한 관점들은 우리의 마음을 끌게 하는 가치를 가진 것들입니다.

### 1. 하나님 앞에서 인간의 자아인식(自我認識)으로서 죄 고백 -
보기: 다윗과 밧세바

성서적 전통은 가장 내적으로 자아 파괴적인 죄의 권세가 한 왕에게서

이루어졌던 예를 잘 알고 있습니다. 다윗왕은 이전에 아름다운 밧세바와
긴 음이 였습니다, 이아기는 이렇습니다쩌하며, 그는 - 그러한 행위가 까시
적으로 한 왕에게는 합당한 것처럼 - 그것을 숨기려 했습니다. 이와 같이
그 왕은 요압장군에게 밧세바의 남편 우리아(Uria)를 전쟁에서 전투부대의
맨 앞줄에 세우기를 요청했습니다. 그 일은 이루어졌고, 우리아는 죽었으
며, 밧세바는 죽음을 애도하였습니다. 그런 후 다윗은 그녀를 아내로 삼았
습니다. 그리고 그녀는 그에게서 아들을 잉태했습니다. 사람들은 그렇고
그렇게 잘 된 것으로 생각할 수 있습니다. 그러나 다윗의 행위는 주님(하나
님)께 악을 저지른 일이었습니다(삼하11:27). "그리고 주님은 다윗에게 나단
선지자를 보냈습니다."(삼하12:1). 나단 선지자는 다윗에게 새끼 양 한 마리
를 가진 가난한 자와 그 가난한 자가 가진 유일한 양마저 뺏어 치부하여 많
은 양을 가진 부자에 관하여 비유로 이야기하였습니다. 다윗은 그 이야기
로 크게 격분했으나, 그를 감동케 하였습니다. 그때 선지자는 다윗에게 사
실을 말하게 됩니다. "당신이 바로 그 사람입니다". 그의 설교에서 선지자
는 다윗이 왕의 품위를 받아들였던 은사의 풍성함과 언약들에 대하여 왕
을 기억하게 하며, 다윗의 대답은 "내가 우리 주님께 죄를 지었습니다"라
는 그의 고백이었습니다(삼하12:13).

### a) 죄책(罪責)의 관점

견해는 다윗이 불의를 행한 것을 앞서 대략 알지 못했다는 것이 아닙
니다. 그것에 비하여 분명히 숨기려 한 행위들의 상세한 묘사입니다. 즉
그는 아이가 그에게서 탄생한 것을 숨기려 하였고, 그것이 실패할 때 우리
아를 죽이게 하는 것이었습니다. 간음과 살해가 불의하다는 것을 설명자
는 전제합니다. 그는 또한 다윗이 그것을 알고 있었음을 전제합니다. 다윗
은 도덕적이며, 문화적이며, 법적인 규범들과 그 시대의 법들을 잘 알고 있
었습니다. 그러나 그는 그것들을 무시한 이러한 방식에 책임이 있는 것입

니다. 탈선, 간음, 숨김의 시도, 살해를 꾸밈 - 다윗이 빠져들어 간 죄책 관련의 이러한 순서는 강제성을 띠었던 것으로 여겨집니다. 그는 정당성과 법과 규범을 무시하기 때문입니다. 설명자는 여기서 다윗이 자신의 소원과 욕망이 성취되기를 지향했던 일이 거부되도록 이의(異意)를 제기할 수 있었을 내적인 법정(法庭)의 양심에 관하여 말하지 않습니다. 왕은 무엇인가를 제거하고, 그가 법과 권리를 통하여 책임이 있는 자기 자신에게 의존된 모든 분들과 관련들을 거기서 부러뜨리는 것입니다.

### b) 하나님 앞에서의 관점

먼저 나단 선지자의 설교를 통하여 다윗은 자신이 행한 것에 대하여 분명히 의식하게 됩니다. 설교는 무엇보다 자신이 행한 일을 참으로 깨닫게 합니다. 이러한 불의와 죄책은 다만 다윗, 밧세바 그리고 우리아에게 해당하는 비열한 짓과 위법(違法)보다 더합니다. 그것은 분명 하나님에 대한 모욕이며, 생명의 모독이며, 사랑의 모독이라는 것, 다윗이 모든 생명과 사랑의 관계들로부터 스스로 고립되는 즉 그가 비유를 통하여 촉발되었고, 경험하는 자비와 삶의 강렬함을 인식했을 때 깨닫게 됩니다. 지금 그는 - 되돌아보면서 - "내가 주님을 대항하여 죄를 지었습니다"라고 고백할 수 있을 것입니다.

다윗이 기록했던 시편의 기도(시편51편)는 죄책과 범법 행위에 관한 이러한 통찰을 다음과 같이 말해주고 있습니다.

"하나님이여,
주의 인자를 좇아 나를 긍휼이 여기시며, 주의 많은 자비를 좇아 내 죄과를 도말하소서, 나의 죄악을 말갛게 씻기시며, 나의 죄를 깨끗이 제하소서, 대저 내 죄과를 아오니, 내 죄가 항상 내 앞에 있나이다.
내가 주께만 범죄하여 주의 목전에 악을 행하였사오니, 주께서 말씀하실 때에 의로우시다 하고, 판단하실 때에 순전하시다 하리이다.

내가 죄악 중에 출생하였음이여, 모친이 죄 중에 나를 잉태하였나이다. 중심에 진실함을 주께서 원하시오니 내 속에 지혜를 알게 하시리이다.

우슬초로 나를 정결케 하소서, 내가 정하리이다. 나를 씻기소서 내가 눈보다 희리이다. 나로 즐겁고 기쁜 소리를 듣게 하소서, 주의 얼굴을 내 죄에서 돌이키지 마시고, 내 모든 죄악을 도말하소서

하나님이여,

내 속에 정한 마음을 창조하시고, 내 안에 정직한 영을 새롭게 하소서, 나를 주 앞에서 쫓아내지 마시며, 주의 성신을 내게서 거두지 마소서, 주의 구원의 즐거움을 내게 회복시키시고, 자원하는 심령을 주사, 나를 붙드소서, 그리하면 내가 범죄자에게 주의 도를 가르치리니, 죄인들이 주께 돌아 오리이다. 하나님이여 나의 구원의 하나님이여, 피 흘린 죄에서 나를 건지소서, 내 혀가 주의 의를 높이 노래하리이다."(시51:1-14)

시편은 죄 가운데서 한 생명의 전도(轉倒)와 일그러짐을 인식하게 하며, 물론 한 사람의 관점에서 그렇습니다. 그것은 죄와 죄책 안에서의 삶보다 더 많이 알게 됩니다. 시편은 죄책과 죄와 함께, 죄들의 비관주의와 죄책의 관점들로써 시작하지 않습니다. 위대한 죄들의 시(詩)는 하나님의 인애와 자비에 대한 호소로 시작합니다. 즉 "하나님은 인애로 나에게 은혜로우시며, 위대한 자비로 나의 죄들을 도말해 주십니다"라고 부르짖는 간청입니다.

불의와 악행과 범법 행위와 많은 부정적인 것들에 관한 경험이 기도자에게서 언급되는 것이 아니라, 먼저 부정적인 것을 예리하게 인식하게 해주는 풍성한 인애와 자비가 질책하고 있는 것의 경험을 말하는 것입니다. 이러한 반대적인 모습의 방향이 의미를 가집니다. 왜냐하면 그것은 죄책감을 크게 불러일으키도록 하는 것을 중히 여기는 혹평적 비관주의와 도덕주의를 막아 줍니다. 여기서 인식의 질서는 거꾸로 입니다. 여기서 누구도 자신 스스로를 파문시켜 자신의 과거와 자신의 행위들과 위법 행위를,

눈과 손에 놓여 있는 그것을 응시하지 않습니다. 오히려 하나님의 관용과 자비가 기도자를 활동 가운데로 데려갑니다. 그러한 부르심은 자아의 죄의식도 도덕적인 자기검토도 아니며, 사람들이 정밀하게 밝혀내기를 시도하는 행위들의 목록작성도, 분석적인 되돌아봄도 아닌, 내적인 전향도 아닌, 자체의 의식적이며 무의식적인 동기의 깊이와 깊지 않음에서 기도하는 자에게 자신 스스로의 인식의 길을 가리키는 것이 아니라, 자신 밖에 서 있는 관점을 보여줍니다. 나는 누구인지? 하나님의 역사의 부르심에서 기도자는 그가 인식할 수 있는 전망을 얻게 됩니다. 여기에 하나님의 인식과 자아인식이 교차되어 있습니다. 그리고 기도하는 자아는 자신 스스로 한정되지 않으며, 자체의 내향성처럼 그에게 앞지르는 충만을 인식합니다. 하나님의 관용과 자비의 인식전망의 특성은 그의 행동들에도 불구하고, 인격체로 존속되게 하는 그것이 그에게 신뢰를 알선합니다. 관용과 자비의 빛은 그들의 행동과 활동 전에 인격에 임하게 됩니다. 그래서 사람들은 말할 수 있을 것입니다. 즉 그것이 인격과 행동 사이에 임하게 되며, 그래서 그들이 바로 서며, 그들의 행동들이나, 비 행동들에서 나아오며, 행한 것들이나 행하지 않은 것들에서, 도덕적인 것과 비도덕적인 것들에서 벗어날 수가 있는 것입니다. 우리가 예수님의 전통에서 아는 모든 것에 따르면, 나사렛 예수는 관용과 자비의 독특한 능력을 소유하였으며, 추방하고, 제한시키고, 왜곡시켰던 것들에서 사람들을 해방시킵니다. 그렇게 예수님은 사람들에게 "다시는 더 이상 죄를 짓지 말라!"(요8:11)라는 말씀을 했던 것입니다.

죄에 대한 인식은 명백한 범법과 범죄를 더 큰 관계에서 다시 한 번 경험하게 합니다. 다윗은 하나님 앞과 먼저 경험하는 하나님의 관용의 배경에서 자신과 자신의 행동을 인식합니다. 그렇게 먼저 그에게 그의 욕망과 행동의 차원이 싹트게 됩니다.

## 2. 죄 타락에 관한 원 역사

믿음을 가진 사람은 - 나폈과 같이 - 모순 가운데 있는 인간으로서 자신을 경험합니다. 그는 자신과 하나님과 그의 이웃을 사랑하도록 결정되었다는 것을 이해하기 시작합니다. 그렇지만, 동시에 그는 항상 다시 하나님에 대한 신뢰가 충만한 관계를 벗어나 있다는 것을 인지합니다. 왜냐하면 그는 그의 삶의 행복을 자신 스스로 만들 수 있다는 환상에 굴복하기 때문입니다. 성서의 이야기는 인간적인 현존재의 이러한 근본상태를 죄의 타락 이야기의 형태로 설명해 줍니다(창3). 아담과 이브의 이야기와 함께 암담한 전 시대 안에서 단 한 번의 역사적인 사건이 서술된 것이 아니라, 모든 인간들에게 해당되는 상황서술이 주어진 것입니다. 아담과 이브, 그것은 바로 나입니다. 그들의 이야기는 우리 모두의 삶에서 항상 다시 새롭게 반복됩니다. 우리가 다만 우리 위에 스스로 앉아 있는 그 곳에서, 벌써 낙원 밖에 있는 동안에 하나님이 모든 인간들의 한복판에 있는 그곳이 낙원이라는 것을 이야기로 구체화 시켰습니다. 성서적 언약역사의 맥락에서 사람들은 예언적 이야기로서 낙원의 역사를 읽어야만 합니다. 창세기 2장이 이야기하는 낙원은 창조의 시작에서부터 우리의 삶 가운데 놓아주었던 신적인 목적을 표현해 줍니다.

- 인간들은 하나님 앞에서 생명은 선물로서, 삶의 허용으로 입증하는 보호공간 안에 살고 있습니다. 동산에는 삶의 수단들이 보증되었습니다. 즉 "너는 동산 안에 있는 모든 나무들의 열매를 먹어도 좋다."(창2:16). 물론 이러한 동산으로부터 하나의 놀고먹는 동산에 관하여 이야기되지 않았습니다. 그 동산은 건설되며, 보존되어야 하며, 그 동산에는 경계선이 그어져 있었습니다. 인간들이 죽음에서 보호되도록 한 나무의 열매를 먹는 것은 금지되었습니다(창2:17).

- 이러한 낙원의 상황에서 파괴적인 불신이 불쑥 나타나게 됩니다. 왜 그랬을까요? 이 질문은 대답되지 않았습니다. 인간 사이에 왜 불신이 나타나는지, 우리가 실제로 말할 수 있는 것처럼 그것은 아주 적게 대답될 뿐입니다. 뱀에 관한 말이 있습니다. 그

것은 악마를 가리켜야 하는 것인지? 그것은 인간 안에서 되살아나는 욕망을 위하여 상징으로 있어야 하는 것인지? 그것은 다른 신비적인 모습을 가리켜야 하는지? 질문들은 미해결로 머물러 있어야 합니다. 신적 계명에 나타나는 불신은 구체적으로 이해할 수 있습니다. "너희가 동산 안에 있는 모든 나무의 열매를 먹지 말라고 하나님이 말하였느냐?"(창3:1). 지나친 과장은 인간과 신적 계명 사이에 나타나는 불신을 부채질 합니다. "너희가 결코 죽지 아니하리라, 오히려 너희가 그것을 먹는 날에는 너희 눈이 밝아져 하나님과 같이 되어 선악을 알 줄을 하나님이 아심이니라"(창3:4-5). 경계를 뛰어넘음은 앎의 확대입니다. 무엇이 선하고 악한 것인지를 아는 것은 선하고 악한 행위의 도덕적인 판단이 아니라 삶의 성취에 대한 포괄적인 앎을 생각합니다. 성서는 욕망의 성취가 앎을 중재하며, 동시에 인간들이 원천적인 하나님과의 결합에서 "타락하는" 분리에 영향을 미친다는 것을 이야기 합니다.

- 그들은 그들 스스로가 발가벗은 자임을 알게 됩니다. 그들은 웃음거리가 된 자신을 숨기게 됩니다. 두려움이 그들 안에 있는 생명을 깨어버리게 합니다. 먼저 계명에 대한 칭호와 기억이 그들로 하여금 죄책을 인식하게 합니다. 그리고 지금 그것은 인간적으로 죄책과 함께 모든 인간적인 서로에게 떠미는 놀이가 시작됩니다. 아담이 질문을 받았을 때, 그는 그 죄책을 하와에게 미룹니다. 실제로는 하나님께 미루는 것입니다. "하나님이 내게 배필로 주셨던 저 여자...", 그리고 하와는 죄책을 다시 뱀에게로 되돌리게 됩니다.

- 지금 계속되는 처벌의 말씀들은 열매를 먹었음에도 불구하고 원천적으로 위협된 죽음이 시행되지 않았던 "다행스러운 비일관성"에 대해 실제사정을 알지 못하게 하지는 않습니다. 죽음은 지금 - 신의 부재 안에서 - 화(禍)로서 이해되었습니다. 그 화는 삶의 노동의 수고의 부분으로, 동시에 이러한 노동의 최후가 놓여있는 것으로 서술되었습니다. 죄책과 죄에 대한 벌과 그것의 결과는 동산에서의 추방을 통하여 나타나는 최종적인 분리입니다. 성서 역사는 이러한 분리에도 불구하고 하나님의 돌봄에 관하여 독특한 방식으로 이야기 합니다. "그리고 주 하나님은 아담과 그의 여자에게 털옷을 만들어 그것을 그들에게 입혔습니다". 소위 추방은 또한 인간을 위한 보호조치로서 이해될 수 있습니다. 그것을 통하여 가능한대로 자신을 무제한적 존재로 이해하던 인간이 다시 한계가 설정된 것임을 확인하게 됩니다.

우리가 이러한 역사의 경험을 개념적으로 파악할 때, 우리는 이해할 수 없이 머물러 있는 하나님과의 원천적인 분리로서 죄를 표현할 수 있습니다. 죄는 하나님과 같은 존재가 되기를 원하는 것이며 하나님을 무시하는 시도입니다. 루터가 말했던 것처럼, 위기들은 하나님이 하나님이라는 그 본성으로부터가 아니라, 그들 스스로가 하나님이기를 원하는 그것입니다. 그 때문에 "죄의 타락"은 기독교 신앙의 관점에서 나아와 프리드리히 쉴러, 이상주의 철학자 임마누엘 칸트와 프리드리히 헤겔 등이 말하는 것처럼, 인류 역사에서 가장 성공적이며, 위대하게 일어난 사건으로 표시될 수 없는 것입니다. 비록 자신에 대한 스스로의 앎이 결코 죄가 아니라 할지라도 또한 거기서 죄가 될 수 있습니다. 즉 하나님의 것과 창조를 자기 것으로 삼고, 이와 같이 모든 것을 자체의 전능의 망상에다 종속시키는 일이 이루어지는 그곳에서 죄가 되는 것입니다. 이러한 관점으로 관찰할 때, 계몽주의는 전적으로 하나의 이중적인 현상인 것입니다.

창세기 1-11장의 원 역사가 그들의 파괴적이며, 운명적인 공동의 만남을 이야기하는 자신을 유일하게 이해하는 인간의 한계위반은 언제나 불신앙과 연결됩니다.

- 이브와 아담은 뱀의 말을 듣고, 금지된 과실을 먹게 됩니다(창3장).
- 가인은 그의 형제 아벨을 죽입니다(창4장).
- 인간들은 자신의 위치를 스스로 뛰어넘으려고 애를 씁니다. 그것이 바벨탑의 사건입니다(창11:1-9).

## 3. 죄의 본질 - 무(無)관계성의 능력

하나님의 역사의 관점에서 죄는 저편에서 법과 도덕에 관하여 생명과 사랑과 하나님의 모욕이며, 장애요소와 불신앙으로 보여 집니다. 관용과 자비의 관점에서 죄의 무관계성은 모든 관계들의 깨어짐과 죽음의 경향과 함께 무분별한 자아전망을 보여줍니다.

시편 51편의 본문은 대체로 히브리어 성서처럼 죄책, 죄, 범죄, 불법행위 등 다양한 개념들을 칭하고 있습니다. 삶이 반대로 이루어지며, 사람을 스스로, 그의 이웃을 그리고 사회적인 환경을 파괴하는 그것은 항상 다시 거두어들이는 죄책이요, 삶의 질서와 구원의 질서에 대항하는 반항이며, 생명 길의 이탈로서 악한 것임을 입증합니다.

여러 가지 개념들에서 생명을 지탱하는 관계들의 붕괴를 표현하는 의식적이거나 무의식적이거나, 의도적이거나 강제적으로 일어나는 생명의 파괴와 자아파괴를 말하고 있는 것입니다. 죄는 그를 둘러싼 모든 것과 그를 만나는 모든 것이 스스로 상처받고 파괴되도록 그것들에 근거하여 인간이 다만 자신 스스로 그리고 그 외의 그 누구도, 무엇과도 관계하지 않는 그 관계들의 깨어짐입니다.

성서의 전통이 생명(삶)에 관하여 말하는 거기서 하나님에 관하여 말하고 있습니다. "나를 찾으라, 그러면 너희가 살리라"(암5:4). 하나님에 대한 관계가 과거로 빠져가는 곳에서 삶의 관계는 왜곡되었으며, 사랑은 상처를 받았습니다. 만일 이러한 것이 무한정한 자기중심적 태도 안에서 하나님과 이웃에 대한 관계가 붕괴될 때, 그러한 일은 바로 도덕적인 선한 행동들에서도 일어날 수 있습니다. 다만 자신의 관용과 덕행의 명망을 세우려 하며, 선물을 받은 자들에게 자존심을 상하게 하며, 모욕감을 느끼게 하거나 의존적인 관계에 있게 하는, 허위의 헌신적인 기부금을 누가 알지 못하는지? 그것에 대하여 부유하고 가난한 국가들 사이에서 협력수단들의 위탁에 의한 것처럼 개별적인 삶의 자선행위의 실천 안에 모범적인 것들이 있습니다.

인간관계들의 해침과 생명과 사랑의 붕괴가 사람을 대항할 뿐 아니라 또한 하나님을 향하고 있습니다. 왜냐하면 그 안에 하나님처럼 되려는 것을 요구하고, 바로 자신 스스로를 그렇게 해치는 스스로의 절대화가 일어나고 있기 때문입니다. 하나님과 같은 존재, 그것은 인간이 스스로 창조주로, 그들 스스로의 책임지이며, 뮤뮤이며, 심판자요, 구원자로 설정하는 생명의 헌법기관으로 묘사합니다.

그들은 자신을 문자적으로 그들의 그 어떤 선한 것에 이르지 못하며, 그들의 그 어떤 선한 것에 이를 수도 없는 운명의 주인 자리에 앉게 되는 것입니다. 왜냐하면 그들은 자체 안에서 스스로 감추어졌으며(=다만 나는 자신 위에 스스로 선다), 그 때문에 모든 것은 자신 스스로에서 기다려야만 하기 때문입니다.

죄는 나의 삶의 근거이신 그분(하나님)에 대한 신뢰의 거절입니다. 그것은 루터가 인식했던 것처럼, 모든 다른 계명들이 거기에 달려있는 첫 계명에 대항하는 모순입니다. "나는 주 너희 하나님이다. 너는 나 외에 다른 신들을 너희에게 두지 말라는 첫 계명이 무엇을 뜻하는지? 우리는 모든 것들 위에 계신 하나님을 두려워하고, 사랑하며 신뢰하는 것입니다." 루터는 그 때문에 불신앙이나 자기 자신에 대한 굴곡을 죄로 표시하였습니다.

하나님을 통한 한계 없이 인간은 삶의 파괴를 통해서나 삶을 만들고 조정하는 수고를 통하여 잘못 선택합니다. 삶의 관계들의 파괴는 단지 개별적인 행위로서 결코 자기를 표현하지 못합니다. 그것은 더 많이 번지게 됩니다. 왜냐하면 그것은 인간을 내면에서 나아와 붙잡고 있기 때문입니다. 죄는 삶의 불만과 삶의 적대감같이 확대되기 때문입니다. 그리고 모든 행동과 행위를 사로잡고 있기 때문입니다. 그렇게 그것은 개별적인 행위 안에서 힘으로 작용합니다. 그 때문에 우리는 지배적 삶의 파괴적인 힘으로서 단수형 안에서 "죄"에 관하여, 개별적인 행위들로서 복수형 안에서 "죄들"에 관하여 말하게 됩니다. 사도 바울은 인간을 부자유와 불안 안에서 붙들리게 된 죽음의 압박 관계로서 이러한 것들에 나타나는 힘을 표현합니다(롬5-7). 거기서 나아와 사도가 다음과 같이 말하는 자아 상실이 뒤따르게 됩니다.

"내 속 곧 육신에 선한 것이 거하지 아니하는 줄을 아노니 원함은 내게 있으나 선을 행하는 것은 내게 없노라 내가 원하는 바 선은 하지 아니하고 도리어 원치 아니하는바 악은 행하는 도다. 만일 내가 원치 아니하는 그것을 하면 이를 행하는 자가 내가 아니요, 내 속에 거하는 죄니라. 그러므로 내가 원하는 한 법을 깨달았노니 곧 선을 행하기 원하는 나에게 악이 함께 있는 것이로다. 내 속사람으로는 하나님의 법을 즐거워하되, 내 자체 속에서 한 다른 법이 내 마음의 법과 싸워 내 지체 속에 있는 죄의 법 아래로 나를 사로잡아 오는 것을 보는 도다. 오호라 나는 곤고한 사람이로다 이 사망의 몸에서 누가 나를 건져내랴"(롬7:18-24).

개별적 행위들은 이해하게 하며 한계를 짓게 합니다. 게다가 무엇인가 그렇게 다시 일어나지 않도록 용서를 구하고, 확실하게 해 줄 한 분이 서 있을 수 있습니다. 이것은 고립 가운데서 자체의 상상적인 관심으로 몰아가는 삶을 파괴하는 권력을 어떻게 너희가 만나는 것인지?

시편 51편의 기도자는 행위들을 지배적인 압박 관계로 인식합니다. 되돌아보는 순간에 그에게 옛 의복들처럼 그가 벗어던질 수 있다는 것, 오히려 그의 행위가 과오를 저질렀던 그의 존재의 결론이라는 것이 분명하게 될 것입니다. 그는 자신을 처음부터 죄인이었던 한 사람으로 보고 있는 것입니다. "보라, 나는 죄인으로 탄생되었으며, 내 어머니가 나를 죄 가운데서 잉태하였습니다." 숙명과 액운처럼, 죄의 권세는 개체의 이면에 있습니다. 홀로 자신 스스로 진작(振作)할 수 있을, 그리고 있다고 생각하는 저들의 거짓말을 벌하는 것입니다. 내가 칼로리 목록 표를 주목할 때, 가능한 대로 케이크 한 덩어리를 먹을 수 있거나, 먹을 수 없는 것처럼 그렇게 내가 할 수 있거나, 하게 할 수 있는 그 무엇으로서 죄는 입증되지 않습니다.

죄는 오히려 인간의 존재와 활동 안에서 힘 있게 행하며, 항상 새로이 삶의 ~~관계를 더 붕괴되는 늘어납니다, 사람은 어떻게 삶의 파괴와 스스로에 파~~ 괴적인 경향에서 벗어날 수 있을까요?

## 4. 죄의 능력 - 무엇이 유전죄(遺傳罪)인가?

죄는 개별적인 행동보다 더한 것입니다. 그 죄는 인간에게, 그들의 존재와 행위로서 시공간을 넘어서 포괄하는 힘의 관계처럼 작용합니다. 신학의 전통은 이러한 정황을 시편 51편의 언어 사용에 대한 부름과 로마서 (5장)에서 사도바울의 실행 하에서 "유전죄"란 개념으로 표시하였습니다. 우리가 그 개념을 그들의 죄에 따라 신체적으로 상속된 생물학적 개념들과 연결한다면 아무리 유전죄가 어거스틴 이래로 언제나 인간의 죄가 특별히 성적 욕망에 근거했다는 이러한 생각들과 연결되게 했다 할지라도, 이러한 개념은 낯설고 이해되지 않을 것입니다. 그러나 그렇게 죄에 관한 성서적인 말로 이해하는 접근은 잘못 놓여진 것입니다. 그 때문에 성서적으로 변명하고 오늘날 이해할만한 죄의 능력을 말하기위해 유전죄의 신학적인 개념이 대체로 적합한지는 질문입니다.

죄가 우리에게 모방을 통하여 오는지 또는 번식을 통하여 오는지? 그것은 북아프리카의 감독 어거스틴(Augustinus)과 영국의 수도승 펠라기우스(Pelagius, 418년 이후 사망)사이에 논쟁의 질문이었습니다. 펠라기우스는 죄가 항상 단지 자유로운 결단 안에서 개별적으로 저질러진 행위이며, 그것은 단지 나쁜 예를 통하여 작용한다는 견해를 대표하였습니다. 그래서 죄 없음이 이와 같이 가능하다고 했습니다. 죄의 뿌리가 하나님과의 관계에서 보지 않는 이러한 가르침에 대항하여 어거스틴의 표현이 제기되는데, 즉 죄는 인간의 번식을 통하여 중계된다는 것이었습니다. 그의 입장은 물론 성적인 기쁨이 죄라는 그 시대의 육체를 적대시하는 조류들과 함께 결합되었고, 거기서 역시 문제가 되었습니다(다음 5장에 비교). 펠라기우스를 상대하여 죄의 과격성과 불가피성을 분명히 표현하는 어거스틴의 가르침에 대해서는 의미 있는 것이었습니다. 즉 죄는 벗어날 수가 없는 것입니다.

루터는 "유전죄"라는 개념 대신에 인간의 죄 또는 근원적인 죄의 개념을 사용했습니다. 성서에서의 죄의 개념은 생물학적 유전사상을 필요로 하지 않습니다. 사람들은 인간들이 아담처럼 그리고 동시에 그와 함께 경계를 뛰어넘음에서 유혹을 통하여 자신 스스로 소홀히 하고, 그것으로써 구원하는 삶의 관계들을 파괴했던 그 한 역사의 영향과의 관계에서 살고 있다는 생각과 함께 먼저 그들에게 접근할 수 있습니다. 죄 타락(창3장)에 관한 이야기는 동시에 생명과 하나님의 소홀함인 보편적이고 세계적이며, 인간적인 자아과오의 경험을 이야기 합니다. 그 안에서 그 어떤 사람도 예외 없이 운명적인 얽혀있음이 보여 집니다. 사도 바울은 만일 그가 모든 사람들을 지배하는 죄와 죽음의 관계를 분명히 할 때, 이러한 경험에 연결합니다(롬5:12).

이러한 맥락에서 구조적 죄에 관한 언어방식은 인간의 존재와 행위를 넘어서 사회적 관계의 구조들 안에서 작용되는 죄에 속한 것입니다. 이러한 의미에서 남미와 아시아의 해방신학자들은 전적으로 개체들의 죄책이 거부되어서는 안 되는 불의하며 핍박받고 있는 사회적인 관계들 안에서 사는 죄에 관하여 말합니다. 여성 신학자들은 이러한 관계들에서 성차별의 구조적 죄에 대하여 질책합니다. 즉 그들은 그들 사회가 여성들에 관한 불의한 취급을 단지 그들 성에 근거하여 영향을 미치도록 그 자체에서 형성된 사회적 관계들을 뜻합니다.

죄의 힘의 성격과 우주성은 이러한 개념을 통하여 죄인의 현존재를 밝히며, 개체들의 죄책이 부정되는 것 없이 유전 죄라는 개념에서 언급됩니다. 바로 그들의 우주성과 힘 안에서 죄는 수수께끼입니다. 죄는 항상 전제조건에서도 죄입니다. 그것은 다른 원인에서 밝혀낼 수도 없습니다. 그것들을 다른 사람들에게 떠넘기는 모든 길은 단절되었습니다. 그러나 아 닦은 기독교적 생각에서 그리스도 이면에 서 있습니다(롬5.12 이하) 이러한 상대관계를 통하여 죄책과 죄의 운명 관계는 제거되었습니다. 죄는 더 많 이 은혜의 이면에 머물러 있습니다. 모든 인간들의 죄책적인 과오는 하나 님의 불쌍히 여기심과 의를 통하여 더 많이 제시되었습니다.

서구적인 죄책 문화가 책임감을 갖게 하려고, 유전죄에 관한 말과 함 께 인간학적인 비관주의가 표현되었습니까? 이와 같이 여기서 악행의 실 제주의(Realismus)가 중요합니까? 하나님 앞에서 인간적인 상황의 목적으 로서 다만 그들 스스로 때문에 죄에 관하여 말한다면, 이러한 질문들은 용 납되어야만 합니다. 그것에 반하여 기독교 신앙의 고백에서 죄에 관한 말 이 있다는 사실이 말해줍니다. 왜냐하면 그 말은 그들의 극복과 인간의 해 방에 관한 것이기 때문입니다. 죄는 이와 같이 자비의 실제주의의 관점의 순간에 있습니다. 그러나 그것 역시 교회공동체의 삶에서 죄와 죄책과 함 께 대화를 위한 결과들입니다.

## 5. 죄와 성 생활

이미 4세기경, 교회와 신학은 죄를 욕망(Kupiszenz)으로 결정하였습니 다. 거기서 죄는 성 생활에 근사치로 보여 졌거나, 전적으로 죄의 표현으 로서 성욕을 주시하게 되었습니다. 죄는 대체로 도덕적으로 오해되었으 며, 인간의 선한 피조성의 부분으로서의 성 생활은 비방되었거나 부정되 었습니다. 인간 사이의 관계 사건으로서 성 생활은 도덕적인 규범들을 통 하여 다스려진 당시의 문화적인 여러 가지 풍습들에 지배를 받게 됩니다. 성 생활은 그 자체가 죄지은 것처럼 설명하는 자는, 전 삶의 영역을 부적 격화 하기 위하여 죄라는 개념을 오용하는 것입니다. 물론 성 생활의 인간 사이의 영역, 역시 관계들의 상해와 파괴로서 죄가 발생하는 특별히 위험스러운 영역입니다. 인간들이 서로 힘을 다 소모하는 곳에서 관계들은 파괴적이 되는 것입니다. 거기서 욕망의 죄에 관하여 언급되어야만 합니다. 그 일로 욕망이 특별히 성적인 것에만 결코 한정되지 않으며, 모든 삶의 파괴가 자신의 합체, 소유의 원함을 통하여 한정되는 것과 함께 생각하는 것입니다. - 에릭 프롬(E. Fromm)은 이와 관련하여 소유 지향에 관한 것을 밝히면서 다음과 같이 말합니다.

성 생활의 부정적인 판단으로부터 그리고 창세기 3장의 놓친 해석에 관하여 교회의 역사는 항상 다시 여성들이 특별히 죄를 지은 것으로 판단되었습니다. 그것을 통해서 심각한 불의가 발생되었고, 근절할 수 없는 선입관들이 견고하게 되었습니다. 이러한 사건 정황을 남녀 여성해방주의 신학자(die feministischen Theologen)들이 정당하게 암시해 주고 있으며, 대체로 역할에서 - 성적인 특별한 죄스러운 행동이 있는지를 질문합니다. 물론 지금 그러한 인식에서 나아와 여성들이 전통적으로 남자들처럼, 그 같은 사회에 반하는 행동으로 기울어지지 않는다면, 여성들이 원칙적으로 남자들보다 덜 불경스러우며, 오히려 선하다는 것이 반대로 결정되었다면, 죄의 이해는 새롭게 신학적으로 놓친 도덕주의와 함께 바뀌어 졌습니다. 하나님 앞에서 인간적인 자기주장의 죄는 남자들과 여자들에 의하여 함께 가장 경건하거나, 또는 도덕적으로 가장 탁월한 행위들에서 나타납니다. ↗ 사랑, - 동반자와 부부, 부모와 아이들.

## 6. 죄와 질병

신약의 곳곳에서처럼 구약에서도 질병은 행동의 관계에 적합하게 죄의 징벌로서 이해되었습니다. 그것은 고대 동양적 환경의 이해에 상응합니다. 이로써 죄와 죄책은 질병의 이유에 대한 물음을 위한 해명의 원리가 될 수 있습니다. 예수 그리스도의 복음을 통하여 이러한 질병과 죄책의 동시적이며, 기계적인 연결은 극복되었습니다. 마찬가지로 그것은 복음을 향하여 시대를 뛰어넘어 오늘날까지 견뎌내었습니다. 그래서 항상 다시 병자는 그들의 죄책에 대한 물음과 함께 고통을 받았습니다. 그것에 상응하게 이미 구약(욥의 책)에서 그리고 신앙에서 예수님을 통하여 그 위니한 죄 사건 관계가 극복된 것에 대하여 충분히 암시될 수 없었습니다.

욥은 그의 소유의 손실과 그의 자녀들의 죽음과 몸이 일그러지는 질병(욥1-2장)의 치명타를 입었습니다. 그의 재앙은 알려지지 않은 욥의 책임에 원인이 있으며, 그 재앙의 해결은 욥이 겸손을 보이고, 그의 죄책을 인정해야 한다는 권고와 함께 그의 친구들은 욥을 위로하려 했습니다. 그러나 욥은 동의하지 않았으며, 친구들의 권고에 응하지 않았고, 오히려 하나님을 굳게 붙잡았습니다. 그리고 그는 권리를 요구하며, 고난에 대항하며, 그의 질병에도 불구하고 그에게 죄책이 없음이 분명하다는 것을 강조하였습니다. 그는 이해되지 않는 고난의 무의미로 고통을 받았습니다. 그러나 행동과 정황의 관계에 대한 항거에서 하나님에 의한 정당화되는 용납을 통하여 위로와 새로운 의미가 그에게 열려졌습니다. 욥은 죄 없이도 고난 받는 자인 것입니다.

요한복음은 출생에서부터 맹인이 된 사람에 관한 이야기를 말해줍니다. "선생이여, 누가 죄를 지었습니까? 그가 맹인으로 태어난 것이 그 자신의 죄 때문입니까? 아니면, 그의 부모의 죄 때문입니까?"라는 질문에서 예수님은 대답합니다. "이자의 죄도 아니며, 부모의 죄 때문도 아닙니다. 그것은 분명히 하나님의 일이 그에게서 이루어져야 합니다"(요9:1-3). 예수님은 병자에게로 다가가서, 그가 눈을 뜨도록 고쳐주었습니다. 마찬가지로 예수님은 죄인들과 교제 가운데 있었습니다. 그리고 그들에게 죄를 용서해 주었습니다. 왜냐하면 그는 그들에게 긍휼을 베풀었기 때문입니다.

질병은 이처럼 밝혀지지 않는다 할지라도, 하나님께 호소될 수 있을 것입니다. 그리고 이 호소의 대답을 경험하게 된다는 것이 신앙의 약속입니다.

# 7. 악의 권세들

인간들은 항상 다시 죄와 죄책에 관한 행위자이거나 제물로서뿐 아니라, 엄청난 힘에서처럼 악에게 유기된 자신을 보게 됩니다. 그들은 성서적 하나님 상(像)을 특별히 우대하는 것처럼, 해방의 전망에서와 자비의 현실성에서 머물러 있는지? 만일 그리스도인들이 이성적 근거들로서는 설명될 수 없는 엄청나고 어두운 사건들 이면을 보고 있다면, 그들이 알기 때문에 이따금 "악마"에 관해 말하게 됩니다. 그것은 모든 악한 행동들과 통상적인 경험들의 단지 총합보다 더 중요합니다. 그들은 인간의 가능한 것을 뛰어넘어 나아오는 폭력에 관한 것처럼 말합니다. 기독교회가 악마에 관하여 말한다면 하나님과 그의 창조를 대항하며, 인간을 노예화 할 수 있는 악하고 파괴적인 힘의 현존재를 생각합니다. 사람들은 이러한 권세를 인격적이거나 또는 비인격적인 것으로 소개해야 하는지?

악한 것의 배후에 목표 지향적인 의지, 즉 멸망의 차가운 조직이 숨어 있는 것처럼 종종 그렇게 보여 집니다. 성서는 이러한 이유에서 의지를 가지며 인격에 비교될 만한 정신적인 힘으로서 악을 보게 됩니다. 그것을 위하여 여러 가지 이름이 사용되었습니다. 즉 악마(희랍어, 디아볼로스=뒤죽박죽이 되게 하는 자, 혼잡하게 하는 자), 사탄(히브리어, 고소하는 자, 그들의 죄책 때문에 하나님 앞에 사람들을 고발하는 자), 적(마 13:39), 이 세상의 제후(요12:31) 등 입니다. 악은 이따금 무능한 모습으로 사람들 이면에 서있는 이름 없는 권세로 경험되기 때문에 기독교 신앙은 악이라고 부르는 좋은 근거를 가집니다. 의식 가운데 드러내고, 거론된 것이 폭로되었으며, 그의 능력의 한 부분이 상실되었습니다. 그리스도가 악의 권세를 극복한 것에 대한 신뢰에서 기독인들은 주기도문에서 "우리를 악에서 구원하소서"라는 기도를 하게 됩니다.

성서적 실재 이해는 불가시적이며, 정신적인 권세들을 생각하며 그리고 성서적인 신앙역사는 실재의 통일을 위하여 투쟁되었던 분명한 흔적을 보여줍니다. 하나님의 활동의 영역에서 그 어떤 것도 떨어져 나갈 수가 없으며, 그것에서 이 무엇도 빠져나갈 수가 없습니다. "그 보시에서 두려워 행하지 않은 불행한 것이 있는가?"(암3:6, 출4:11, 비교)라고 아모스 선지자는 가장 표면적인 결과와 함께 질문합니다. 욥과 그의 고난의 후기 역사는 어려운 삶의 위기들이 어떻게 한 사람을 깊은 신앙의 위기에로 몰아갈 수 있는지에 대하여 고전적인 예표(豫表)가 되었습니다. 욥기서의 고전적 개시 장면은 욥에게 일어난 깊은 고난, 사탄과 하나님의 아들들에게서의 고소에로 되돌아갑니다. 그러나 욥은 실망하지 않습니다. 그리고 그의 아내에게 질문합니다. "우리가 선한 것을 하나님께 받았으면, 악한 것도 역시 받아야 하지 않을까?"(욥2:10). 그는 악마적인 시험에 직면하여 그의 신뢰를 하나님께 두었습니다. 사람들은 고난 가운데서 그들의 신뢰를 상실하고, 배후에 숨어 있는 하나님의 자애로운 얼굴을 눈감게 되면 믿음 역시 위험하게 되는 것입니다. 하나님은 다만 사랑일 뿐 아니라, 그는 더한 창조주이십니다. 인간은 삶의 행복한 중심에서 하나님을 만나며, 신비스러운 가장자리에서 비밀이 가득한 경계선에서도 만납니다. 기독인들은 그러한 어두운 시간들에서 그리스도에게로 피할 수가 있습니다. 그의 순간을 악한 것에 고정시키는 자는 멸망에 위협받을 것입니다. 그러나 그리스도 안에서 은혜로운 하나님을 인식하는 자는 희망을 창조해 낼 수 있습니다.

니케아 신앙고백은 그 때문에 하나님을 "모든 것을 가시적인 것과 불가시적인 것"의 창조주로 부르며, 옛 사도적 신앙고백도 마찬가지로 창조주를 말합니다. - 그러나 그 어디에서 악마에 관해서는 말하지 않습니다! 이로써 다음과 같이 표현합니다. 보이지 않는 악마적인 권세로 하나님을 대적하는 것이며, 그것은 하나님으로부터 만들어졌지만, 그러나 하나님을 대항할 수는 없습니다.

## 8. 용서를 통한 새로워짐

　성서의 전통은 인간의 용서와 회복 때문에 죄와 죄책에 관하여 말합니다. 고유한 자아를 바라봄은 수렁에서 나아와 자신의 머리카락을 당기는 것과 자신을 스스로 새롭게 하는 노력을 재삼 다짐하는 동안, 하나님의 자비의 관점은 용서를 위한 간청을 유발합니다. 시편 51편의 기도는 죄와 죄에서 자유 하게 됨을 위한 것과 마찬가지로 개념들과 관념들의 많은 수를 사용합니다. 불법 행위는 해결되어야 하며 없어져야 합니다. 가능한 대로 그는 처방된 것으로 생각되었습니다. 씻음과 정결은 죄책을 통한 더럽힘을 꾸짖는 것입니다. 죄는 하나님의 심판 아래에 놓여 있습니다. 액운이 가득한 죄책의 관련에서 의식적 정결은 자유롭게 되어야 합니다. 기도자는 하나님이 그의 얼굴을 죄들 앞에서 숨기시고, 그것들을 없애 주시기를 간청합니다. 여러 가지 생각들의 배후에 인간은 궁극적으로 자신 스스로, 그들의 삶을 새롭게 할 수 없다는 경험이 서 있습니다. 왜냐하면 그들의 행위는 그들의 파괴적인 작용을 그들이 피할 수 없는 단순히 한 존재의 표현이기 때문입니다. 동시에 시편은 관용과 자비의 위로가 - 친절한 호칭, 화해하는 손길인데 - 인간이 그렇게 변화하며, 그들이 지나간 범행을 뒤로 하게 하며, 파괴적인 자아 파멸과 세계 파멸이 그들에게서 감소되는 신뢰를 유도합니다. 그것은 기도 가운데서 "하나님이여, 내 안에 정결한 마음을 창조하시고 내 안에 새롭고 정직한 영을 주소서"라고 간명하게 표현됩니다. 인간들이 그들 안에서 삶의 파괴와 존재의 깨어짐에서 자유하게 된다면 동일한 상태에 머물러 있을 수 없으며, 전적으로 새롭게 되어야 합니다. 기도자가 정한 마음에 대한 간청을 더욱 기도하게 되면 주기도문 안에서 우리는 용서에 대한 간청을 더욱 기도하게 됩니다. 나는 감정과 이성과 의지를 가진 마음, 그 마음입니다. 하나님은 죄로부터의 해방과 새로운 방향을 약속하십니다.

"또 새 영을 너희 속에 두고 새 마음을 너희에게 주되 너희 육신에서 굳은 마음을 제하고, 부드러운 마음을 준 것이며 또 내 신을 너희 속에 두어 너희고 내 율례를 행하게 하리니 너희가 내 규례를 지켜 행할지라"(겔36:26-27).

죄의 경험과 새 창조의 사건에서 나아와 한 인간의 삶에서 교량을 깨닫게 하는 통찰 방식이 암시합니다. 인간의 이성과 마음의 파괴적인 경향들이 관용의 순간을 통하여 깨어졌으며, 인간이 그것들에서 스스로 작용된 죄의 영역에서 끌려 나와 신적인 자비의 권세의 영역으로 옮겨질 때, 그것들은 극복되었습니다.

## 9. 대행 - 예수 그리스도의 십자가

이사야 선지자의 책에서 죄용서와 새롭게 됨이 어떻게 이루어질 수 있는지, 역시 하나의 다른 관념이 나타납니다. 거기에 우리를 위하여 질병과 고통을 짊어지며, 우리를 위하여 대리적 역할자로 등장하는 하나님의 종에 관한 말이 있습니다. 즉 "우리가 평화를 갖게 되도록 그에게 징벌이 내려지며 그의 상처를 통하여 우리가 치유되었습니다"(사53:5).

이러한 생각과 함께 초대교회의 가독인들은 예수 그리스도의 십자가의 사건을 이해하기를 힘썼습니다. 고문(拷問)의 도구와 사형(死刑)으로서 십자가는 죄와 죄책, 삶의 파괴와 죽음의 본질입니다. 모든 관계들을 파괴하는 죄의 힘은 죄 없는 한 사람이 죽음으로 심판되는 거기에서 바로 분명해질 것입니다. 그 때문에 그것은 "우리를 위하여 죄가 되었던"(고후5:21) 예수 그리스도에 관한 것을 뜻합니다. 그러나 파괴가 지배하는 거기에 새로운 생명의 관계들, 즉 의를 창조하기 위하여 하나님이 스스로 죄와 생명 파괴와 죽음, 즉 죄의 영역에서 움직이시고 죄의 권세가 극복되도록 하셨기 때문에, 사도 바울은 새로운 부활의 시각에서 말하는 것입니다. 거기서 나아와 그리스도는 "우리의 죄를 위하여"(고전15:3) 죽으셨다는 고백이 따르는 것입니다. 사람들이 생명의 관계들을 끊어버리는 그곳에 누군가 등장하고, 생명의 장애 요소와 애정 없는 태도와 불신앙에 근거하여 살아가는 그 틈 사이에 누가 등장하는 그것은 생명의 관계들을 새롭게 합니다. 바로 예수 그리스도의 등장을 통하여 죄와 죄책의 죽음의 경향은 중단되었습니다. 죄가 생명을 파괴하기 때문에 사망이 죄의 대가(롬6:23)라는 것을 사도 바울이 확인했던 것처럼, 그렇게 예수 그리스도의 십자가는 십자가에 달리신 후에 모든 죄책과 죄에서 나아와 새로운 생명이 시작하는 참된 생명나무로 이해하게 합니다. 이러한 생명나무는 사람들이 그밖에 운명적인 죄책과 얽혀듦에 관하여 말해야하는 곳곳에 서 있습니다.

예수 그리스도의 십자가에 등장은 복음서들의 이야기에 따라 현세적인 예수님이 죄인들과 대화했던 것처럼, 그 안에서 독특한 방식으로 이미 선취(先取)되었습니다. 예수님은 그들과 교제했으며, 그들을 그렇게 죄의 억압의 관계에서 끌어내었습니다. 예수님은 세리들과 죄인들과 식탁에서 교제하였으며(마2:15-17), 그렇게 가장자리에서 위협받는 자들에 대한 사회적이며 종교적인 고립을 깨뜨렸습니다. 파괴된 생명의 관계들에 근거하여 잃어버린 자들을 찾는 일이 예수님이 오신 목적이요 그 내용들 입니다. 그의 복음전파는 잃어버린 자들을 위한 하나님의 돌봄을 우리에게 가까이 가져오는 것입니다(눅15). 간음한 여인을 향하여 "더 이상 죄를 짓지 말라"고 하신 예수님의 요구는(요8) 모든 사람들이 손가락질 하는 그 여인을 예수님이 죄인들의 교제 가운데서 하나님 앞에 세우고("너희 가운데 죄 없는 자가 그 돌을 그녀에게 던지라"), "더 이상 죄를 짓지 말라"는 말씀으로 그 여자를 저주하지 않은 후에 잇따르게 되었습니다. 이러한 말씀은 그녀를 고립의 상태에서 해방시키고, 그녀와 앞서 그녀에게 손가락질 했던 자들이 죄 용서로부터 살게 되는 그들의 공동체에 포함되게 하였습니다.

그럼에도 예수님의 이러한 요구는 살아있는 자와 그의 말씀을 접하게 ~~된 이들을 향하고 있는 것입니다. 그러나 하나님 나름이 서는 위한 에~~ 수 그리스도의 등장에 관해 아무것도 듣지 못한 사람들이나, 자신을 위한 그의 대속의 죽음을 거부하는 사람들과는 어떻게 되는 것입니까? 그리고 죽은 자들과는 어떠합니까? 죄와 죽음과 악마에 대한 예수님의 승리는 전체적인 것이 아닌지? 또는 그 죽음은 그에게 한계를 가진 것인지? 등이 질문입니다.

사도신경은 이러한 질문에 다음과 같이 대답합니다. "죽음의 나라에 내려 가셨습니다." 이 조항으로써 기독인들은 그리스도의 승리가 어떤 한계에 직면한 것이 아니며 - 죽음도 그러하다는 것(극복됨)을 고백합니다. 그리스도는 "옥에 있는 영들에게"(벧전3:19) 설교하십니다. 즉 그는 죽음의 나라요, 믿는 자들을 위하여 지옥으로 들어가십니다. 그의 승리는 그의 말씀이나 또는 그의 제자들의 증거를 대하지 못한 죽은 자들에게도 작용하십니다. 그렇게 그들은 예수님을 만납니다. "내가 죽은 자들과 함께 기도하였고 보라 당신 또한 그렇게 거기 계시나이다"(시139:8).　╱ **예수, 그리스도.**

## 10. 죄책과 죄책 감정

알려진 규범이나 계명/법의 위반으로서 죄책은 누구에게나 인식하며 이해되는 것입니다. 그럼에도 죄책에 관한 판단은 주관적이며 온전히 구별됩니다. 셀프서비스 상점에서 과자와 담배 또는 술병을 양심의 동요 없이 가져가는 나쁜 일을 저지른다면, 그들이 이웃에서 껌을 훔쳤다면, 다른 이들은 도적으로 몰 것입니다. 그들이 어떤 사람을 분명한 양심의 고통이 없이 때려눕히려는 폭력행사를 강하게 준비하는 동안에, 그들이 학생 동료 한 사람을 감언으로 속였기 때문에 다른 이들은 자신 스스로에게 책임을 씌울 것입니다. 모든 자체의 행위와 허용이 비판적으로 판단하는 내면의 법정(法庭)의 양심은 개별적으로 온전히 구별되게 형성되었습니다. 교육자들은 대체로 오늘날 젊은 사람들이 책임을 인지하고 사회법의 충돌들을 느끼지 못하거나, 무관심하게 지나치는 것에 대하여 민감해지도록 책임 능력에 대한 긴급하며 필수적인 교육에 관하여 말하게 됩니다. 죄책에 대한 민감성은 책임의 인수를 위한 전제조건입니다.

죄책(罪責)에 대한 민감성은 프리드리히 니체(F. Nietze)를 통하여 비판된 기독교 종교의 생명 적대적인 도덕주의로부터 엄격히 구별하는 것입니다. 니체는 인간의 순종을 요구하며, 죄의식을 통하여 인간이 겸손해지기를 기독교의 하나님이 폐지했을 때, 인간은 다만 자의식으로 살 수 있다는 생각을 하게 된 것입니다. 즉 기독교 신학은 그 이면에서 인간들이 먼저 한 분 하나님에 따라 인간적인 모습이 되는 것을 유효하게 합니다. 그 하나님은 그들을 종적인 굴복을 강요하지 않고, 그들에게 자비를 베푸시면서 예방하는 분이십니다. 자비가 임하게 하는 사람들은 니체가 하나님의 제거를 통하여 이르기를 원했던 초인들이 되는 것이 아닙니다. 그러나 그들은 영접한 관용을 위하여 그리고 인간성에 대한 결핍을 위하여 깨어있는 직감력을 얻게 됩니다.

다른 한편 그들의 양심과 자아판단(判斷)에서 그들이 전적으로 자유롭지 못하며, 죄책의 불안에서 거의 질식하도록 죄책감에 대한 책임을 지우는 사람들이 있습니다. 지그문트 프로이트(S. Freud)의 종교비판의 출발점은 바로 이러한 현상이라 할 수 있습니다. 프로이드는 그의 환자 중 많은 사람들에 의하여 죄책 불안을 분석하였습니다. 그 불안은 그것의 금지와 제시를 스스로 더 이상은 자유로이 판단할 수 없는 것을 한 인간이 그의 초자아 - 양심에 내면화했던 미숙아적 의존에서 그들의 원인은 초부성(超父性)에서 갖는 것입니다. 그것은 마치나 벌주시는 아버지다운(또는 어머니다운) 감시자의 엄청나게 큰 눈이 모든 삶의 상황에서 한 가지를 문자적으로 문서화 하는 것과 같은 것입니다.

프로이드는 이러한 비판을 기독교 종교의 하나님의 관념에다 옮겨 놓았습니다. 그리스도인들은 이러한 비판을 조심스럽게 생각해야 하는 모든 근거를 가지

고 있습니다. 왜냐하면 하나님 앞에서 두려움이 위협하는 불가피한 것들이 나타
나는 곳곳에 기독교이 하나님 상(像)은 배급되었으며, 위시들은 새생의 불안에 붙
들리게 되었습니다. 기독교의 복음전파와 신학은 프로이드적인 종교비판을 이점
에 있어서 수용하며, 하나님의 개념으로서 비판적으로 생각되었으며, 그러나 그
것에 반하여 인간을 죄책에서 바로 세우며, 눈으로 직접 보도록 인도해야만 하는
예수 그리스도의 하나님은 다른 것입니다.

죄책감들에서 강요적이며, 노이로제에 결부된 사람들은 영적인 돌봄
의 위로와 동시에 심리치료와 의술적인 상담이 요구됩니다. 죄용서의 위
로는 치료를 대체할 수 있는 것이 아닙니다. 그밖에 강요적인 죄책의 불안
들은 항상 종교적으로 근거하고 있는 것이 아닙니다. 그러나 항상 그것들
은 사람을 자유롭지 못하게 하며, 그 때문에 가능한 한 극복되어야만 합니
다. 심리치료는 자주 불안과 죄책의 감정들과 합리적인 대화에로 이끌 수
있습니다. 기독교의 전파는 그들 편에서 죄지은 인간들을 하나님의 영접
을 약속하고, 그들에게 새로운 삶의 관계를 전하도록 빚을 지게 될 것입니
다.

## 형성

"하나님은 용서해야 합니다. 그것은 결과적으로 그분의 일입니다." 하
인리히 하이네(H. Heine, 1797-1856)는 임종의 침상에서 그것을 그렇게 말해
야 했습니다. 이 문장은 이따금 비웃는 모습으로 인용되었습니다. 하나님
의 자비에 대한 믿음은 실제로 자신 행동의 진지한 변화에 대하여 노력하
는 대신에 모든 것을 까다롭게 굴지 않도록 언제나 그쪽으로 다시 이끌 수
있습니다.

본회퍼(D. Bonhoeffer)는 이러한 관계에서 "값싼 은혜"에 관하여 비판적
으로 말합니다. "값싼 은혜는 투매상품으로 헐값으로 팔아치운 용서, 위

로, 성례 등을 뜻합니다. 즉 그것은 분별없는 손들로, 생각 없이 무한정으로 쏟아 부어버린 교회의 무한정한 저장실로서 은혜를 가리킵니다. 값이 없는 은혜 역시, 비용을 지불하지 않은 은혜입니다." 사람들이 믿음을 이론적 원리로서 또는 가르침과 교리(Dogma)로만 이해하는 곳에서 은혜는 값싼 것이 될 것입니다. 사람들이 죄를 고백할 때, 그의 죄가 용서될 수 있다는 것이 이론적으로 전달되었습니다. 사람들에게 이용되고, 그러나 즐겁게 계속 죄를 짓는 죄용서의 자동주의가 그렇게 생겨나게 됩니다. 그렇지만, 성서적으로 이해된 믿음은 다릅니다. 성서에서의 믿음은 하나님과 인간 사이에 살아있으며, 신뢰가 충만한 관계의 사건입니다. 실제로 하나님과의 관계 안에 있는 사람은 신적인 자비를 이기적인 삶의 변화를 위하여 특별허가증으로 남용할 수가 없습니다. 그가 십자가에서 인간적인 죄가 반영되며, 예수의 하나님은 그럼에도 그의 사랑에 우리를 확고하게 붙잡기를 방해하지 않았던, 실존적인 경악을 인식하는 곳에서, 그것은 자신의 죄에 대하여 구원하시는 놀람에로 이르며, - 그리고 그에게 돌이킴과 새로운 방향으로 향할 능력을 선물하시는 하나님에 대한 간청에 이르는 것입니다.

이러한 방식으로 사람들은 하인리히 하이네의 문장을 머리에 담고, 다음과 같이 말할 수 있을 것입니다. 다만 하나님의 용서를 믿는 자는 그의 죄에 자신을 내세우며, 그의 삶을 바꾸는 용기를 가지게 됩니다. 말하자면, 우리의 삶에서의 모델은 어두운 면들을 밀어냄이며, 다른 것들에 대한 투영이며, 속죄양의 메커니즘 입니다. 사람들이 자신을 진실로 거울에 비춰보기는 쉽지 않습니다. 왜냐하면 그러한 바라봄이 재빨리 자아(自我)경멸(輕蔑)과 열등함의 감정들로 이끌기 때문입니다. 그러나 우리는 바로 아무것도 아닌 존재로 있기를 원하지 않으며, 우리는 그 어떤 무엇으로 존재하기를 원합니다. 즉 자신에 대하여 자랑스러워할 수 있는 사람들입니다.

그 때문에 하나님의 자비는 인간이 자신을 그의 죄에 대항하여 당당히 세울 수 있는 근거입니다. 왜냐하면 이러한 사랑의 빛 가운데서 모든 죄의 위반 행위에도 불구하고 하나님으로부터 용납되었으며, 사랑받게 되었음을 느끼기 때문입니다. 하나님은 인격과 행위 사이를 구별하기 때문에, 인간은 보편적으로 자신을 부정해야만 하는 것 없이 그의 어두운 면들과 자신이 비판적으로 논쟁할 수 있는 것입니다.

이러한 관점들 역시 사회적인 관계들의 인식을 바꾸게 합니다. 각자 인간적 비관주의에 대항하여 하나님의 자비의 현실주의를 강조합니다. 기독인들은 인간적이며 사회적인 결핍들에서 하나님의 자비를 통하여 새롭게 된 삶의 경험에 관하여 모든 예리함으로 인지할 수 있으며, 그들의 극복을 위해 그렇게 노력할 수 있을 것입니다. 기독교회 공동체의 교육은 대체로 죄책이 인지되고, 죄책 인지의 자질이 발전되도록 양심을 일깨울 수 있습니다. 죄책을 위하여 사람들을 민감하게 하는 것은, 다만 각자 자신 스스로가 이웃이라는 거짓을 깨뜨리기 위하여 삶의 모순, 사랑 없음과 불신앙의 덮개를 벗기는 것을 뜻합니다. 삶의 관계들을 파괴하는 것에 대한 무관심의 극복이 중요합니다. 그러나 모든 것은 어떤 사람도 그의 죄책에 대하여 언제나 분명하게 되도록 고정시키지 않았다는 것이 또한 그렇게 이루어져야 합니다. 인간은 그의 행위보다 더한 존재입니다.

용서는 죄책을 통하여, 마음이 상한 자들과 외면했던 자들과의 교제를 통하여, 화해할 수 없는 자들과의 화해를 통하여, 새로이 빚지게 되는 자들과의 인내를 통하여 그 참된 모습을 얻게 됩니다. 그 때문에 죄지은 자들에 대한 영적인 돌봄은 기독교 공동체의 가장 우선적인 과제입니다. 기독인 각자는 게다가 자질을 가졌으며, 임무가 주어졌습니다. 기독교회는 용서하는 영적인 돌봄의 목사직들의 기관을 위하여 특별한 책임을 짊어지고 있습니다(전화, 영혼 돌봄, 교도소의 영적 돌봄, 중독자 상담).

용서하는 영적인 돌봄의 문서적인 예를 도스토예프스키가 그의 소설 "로디온 라스콜니코프: 죄책과 속죄"에서 손야(Sonja)의 모습으로 이야기합니다. 그녀는 이중 살해자인 라스콜니코프에게 경청합니다. 그녀는 그에게서 다른 이의 역사의 이야기를 통하여 하나의 새로운 삶의 통찰을 얻게 됩니다. 말하자면, 나사로의 부활에 관한 이야기였습니다(요11). 손야는 자신을 법정에 세우려는 민첩한 동작의 살해자에게 그녀의 신뢰를 통해 지지합니다. 라스콜니코프는 7년간의 유배 생활을 하게 됩니다. 손야는 그를 따라갑니다. 그녀의 사랑은 그를 자아파괴적인 고립에서 자유하게 합니다.

용서하는 영적인 돌봄은 인간을 그들이 새롭게 용서에서 뒤따르는 삶의 기쁨에 참여될 수 있도록 고립상태에서 자기 스스로를 구해내기를 항상 힘써야 합니다. 물론 그것에 대하여 라스콜니코프의 이야기는 어떤 의심도 허용하지 않습니다. 용서의 영접과 새로운 생명으로 향한 길은 길고 수고스럽습니다. 그리고 그 길은 전혀 인간이 마음대로 처리할 수 없는 일입니다.

**[ 참고도서 ]**

• 베르거(Berger, K) : 무엇 때문에 악마가 거기 있습니까?, 1998.
• 부란덴부르거(Brandenburger, E.) : 악한 것, 1986.
• 크리스티안센(Christiansen, L) : 사탄주의. 악의 유혹, 2000.
• 쾨베를레(Köberle, A.) : 칭의와 성화, 1987.
• 마르부르크 신학 연감, 20권, 죄, 2008.
• 무르만(Murmann, U.) 편집 : 악마에게서 나와. 관능적 쾌락, 인색함, 그리고 다른 죽을 죄들, 2007.
• 슈나이더프룸메(Schneider Flume, G.) : 시편에서의 신앙 체험, 1998.
                                       : 죄인의 정체성, 1985.
• 타메드(Tamed, H.) : 하나님께서 어떻게 그것을 허락하실 수 있습니까?, 1988.

# 3. 예수 그리스도

## 3.1 나사렛 예수 - 그리스도

### 인시

동시대의 사람들은 주의 깊게 인식할 수 있었을 것입니다. 그러나 예수님에 대해서는 교회와 신학적인 교육 장소들에서는 주제 밖의 일이었습니다. 특별히 성탄절과 부활절과 같은 거대한 기독교의 축제들이 있을 때, 예수는 도대체 누구였으며, 그의 현대적인 의미에 대하여 질문하는 물음들이 일반잡지들에서 다루어졌습니다. 그 안에서 다루어진 예수님에 관한 상(像)들은 여러 가지였습니다. 그것은 현실 사회적인 상황과 종교적인 맥락에서, 그리고 저술가들과 독자들이 필요로 하는 것들로부터 영향을 받았습니다. 예수님은 사람들이 그를 필요로 하는 것처럼 그렇게 묘사되었습니다. 이러한 예수님의 상(像)들은 이와 같이 실제 우선적으로 그들 창조주의 투영(投影)들 입니다. 이따금 그것들은 교회적인 도그마(교리)와의 철저한 대립 관계에서, 그리고 "공적 직무처럼 만들어진 교회" 안에서 존재합니다.

"위험한 예수"라는 책에서 하일리겐탈(Heiligenthal)은 구별된 관심으로 유도된 예수님의 상(像)들을 소설로 만들었습니다. 전체적으로 다음의 것들이 다루어졌습니다.

**예수님은 위대한 유대인** - 유대교 내에서 개혁운동을 시작하였고, 기독교와 유대교 사이에서 은사적인 지혜와 윤리적인 가르침을 결합할 수 있는 분.

**예수님은 소외된 자들의 변호인, 해방자** - 자비와 평화와 사랑을 설교하며, 가난한 자들에게 동등한 자격에 대한 희망을 약속하며, 교회의 권세와 계급에 철저하게 질문을 던지신 분.

**예수님은 혁명가** - 정의를 위한 투쟁자로서 불의에 대항하여 투쟁에 호소하며, 사회적 권력의 구조들에 철저하게 질문을 제기하는 분.

**예수님은 도덕적인 모범** - 윤리적인 인간으로서, 채식주의자로서, 평화주의자로서 또는 보편적인 인간 사랑의 대리자로서 인간완성의 이상을 체계화하는 분.

**예수님은 심리치료자** - 전체성으로 발견하며, 심리적인 문제들의 해결에 의하여 깊은 종교성의 선지자로서 인간들을 도울 수 있으며, 불안해방, 폭력해방 그리고 인간 사랑과 같은 원리들을 체계화하는 분.

**예수님은 여성해방운동가요, "새로운 사람"** - 그의 인격에서 남성적이며 여성적인 관점을 통합하며, 미래의 창조적 남성성을 대표하며, 가부장제의 극복자이며, 여성운동의 선도자로서 표시될 수 있는 분.

**예수님은 슈퍼스타요, 내리막길에 있는 자요** - 굳어진 사회구조를 대항하여 행동하고, 위선적 도덕에 대항하여 투쟁하는 분.

**예수님은 다원 문화적이며, 종교적인 자유 정신가** - 공인되지 않은 인도(印度)에서의 체류에 의하여 종교적인 원 지식에 봉헌되었으며, 하나님의 참된 본체와 자체 인격에 지식의 길을 중재하는 분.

**예수님은 은사주의자** - 억제할 수 없는 카리스마에 대하여 조종하며, 삶을 인정하면서 신체적인 것과 감관적인 것들에서 자유 하는 분.

예수님은 청년 남자로서 인도(印度)에 있었으며, 십자가의 달리심에서 살아남아, 그 후 그리로 되돌아갔었다는 추정에서처럼, 이러한 상(像)들은 종종 전설로 전해졌습니다. 예수님의 생애에서 나타나는 틈은 그렇게 - 복음서들은 유아기의 역사를 짧게 이야기해주며, 짐작키로 30-35세의 나이에 순회설교자로서 그의 행위들을 덧붙이며 - 사색들을 위한 공간을 허용합니다. 이미 나사렛 예수가 인간적인 삶을 살았던 시기에 그에 대한 다양한 여론들과 상(像)들이 발견된 것으로 예상합니다. 그렇게 어떤 이들은 선지자로 기적의 치료자로서 경배하며, 다른 이들은 실을 감는 직공으로, "대식가와 포도주를 즐기는 분"으로 그리고 "세리와 죄인의 친구" 또는 불안조성자로 비판할 수도 있었을 것입니다. 십자가에 달리심과 부활 경험 이후에 기독교회 공동체의 시작과 함께 확신들이 표현하는 것처럼 통치권자의 타이틀이 그에게 첨가되었는데, 나사렛 예수는 하나님이 기름 부어주신 자, 곧 그리스도(메시아)입니다. 여러 종교회의에서도 인간 예수님은 항상 배경에서 인간이기보다는 그의 신성(神性)이 더 많이 전면에 등장하게 됩니다. 그러면 나사렛 예수는 투영(投影)들과 염원의 상상(想像)들을 위한 그 어떤 임의적인 표면을 제시한 것인가? 나사렛 예수의 삶에서 진실한 예수의 전파나 또는 전기적인 세부사항들이 분명하게 된다면, 기독교의 확정적인 토대들이 무너지게 되리라는 것 때문에 교회가 그리스도를 보호하기를 시도하는 것인가? "예수의 은밀한 일"(1991) 또는 단 브라운(Dan Brown)의 "독신"(Sakrileg, 2003)과 같은 베스트셀러들은 그것을 넌지시 비추어 주고 있습니다. 더욱이 논쟁의 여지가 있는 예수님의 상(像)들에 대한 토론은 지난 여러 해 동안에 대체적으로 감소되었습니다. 그렇지만 그것은 미디어산업의 생산물들에서 '이러한 예수가 누구인지?'란 물음이 남아 있는 현실성을 보여줍니다.

## 방향

나사렛 예수의 흔적을 찾으러 간다면, 동시에 우리는 언제나 그에 대한 신앙고백의 흔적을 발견합니다. 왜냐하면 오늘날까지 그의 인격과 그의 소식에 관하여 비교할 수 없는 강한 매력이 나와 있기 때문에, 전적으로 채색되지 않을 그에 대한 진술 역시 존재하지 않습니다. 예수님의 현세적인 삶을 되돌아봄은 그에게서 나아 온 영향력을 결코 외면할 수 없을 것입니다. "예수 그리스도"라는 두 단어의 표현방식에서 우리가 지금 눈여겨보아야 할, 두 가지 접근이 서로 엮어져 있습니다. 즉 하나는 예수에 대한 역사적 질문이며, 다른 하나는 기름 부음 받은 자, 하나님의 아들, 그리스도로서 해석하는 신앙고백입니다.

## 1. 역사적 예수와 전파된 예수

예수님의 생애가 출생에서부터 죽음에 이르기까지 기록되었거나 또는 필름으로 영상화했을 그리고 그 때문에 세마포를 두른 역사적 예수를 시중들 수 있을 사람은 우리 중에서 아무도 없었습니다. 복음서들 역시, 그 어떤 객관적인 예수님에 대한 설명을 제공하지 못합니다. 그것들은 그리스도를 믿음으로 고백하는 신앙의 관점에서 그의 삶을 바라보았던 자들의 확신에서 영향을 입은 것입니다. 두 가지 중요한 질문들이 여기서 제기됩니다.

(1) 온통 역사적 예수에 대한 원천자료들을 통하여 진행하는 것이 가능한가?
(2) 이러한 시도가 대체로 필요하며, 의미 있는 것인가?

### a) 역사적 예수를 찾아내는 일이 과연 가능한가?

연구에서 이러한 질문은 구별하여 대답 되었습니다. 19세기 예수-생애-연구의 첫 단계는 아주 낙관적이었습니다. 그 이유는 곧 개별적인 연구가들이 "역사적 예수"에 관하여 발전시켰던 상(像)들이 과학적인 질(質)에서 의심을 가질 만큼 서로 구별된 것을 보여주었기 때문입니다. 알버트 슈바이쳐(A. Schweitzer, 1875-1965)는 첫 주자로서 "예수-생애-연구"(1913)에서 이전에 각 연구자들이 이루어놓은 연구들에 의하여 하나님상과 인간상에 상응하는 예수의 상을 보여줍니다. 그것은 순환논법이 중요하였습니다. 즉 "참된 예수"의 주체적으로 전제된 상(像)에 상응하는 것이 역사적일 수 있으며, 좋은 것이며, 그로 인해 바리새-빔이 뮤세했습니다 신화와 편집의 나눔이 주관적으로 성공을 거두었지만, 그러나 실제로 증명할 수 있는 표준을 따라서 이루어진 것은 아니었습니다. 여기서 분명한 것은 방법론의 결핍이었습니다. 마지막에 이러한 첫 단계의 방법에 대한 거대한 각성이 일어났습니다. 그러한 어려움에서 새로운 방향을 제시한 신학자가 불트만(R. Bultmann, 1884-1976)입니다. 그에게서 현세적인 예수는 더 이상 신학적으로 헤아리지 않았으며, 오히려 단지 믿었던 예수와 전파된 그리스도가 그에게 중요했습니다. 그리스도 사건의 신약적인 해석, 즉 그것은 "케리그마"(Kerygma, 선포)인데, 그것이 결정적인 구원사건이 된다고 보았습니다. 그것에 대하여 다음의 두 번째 단계에서 지금 놀라운 방법으로 역사적인 예수에 대한 질문이 다시 계속되었습니다. 불트만의 제자들은 - 모든 이들에 앞서 있던 자인 케제만(E. Kaesemann)의 역사적 예수와 믿어진 그리스도 사이에 그 어떤 류(類)의 연속성이 없다면, 단지 신화 가운데 있는 복음을 풀어낼 것을 생각하였습니다. 사실(Fact)이 거의 완전하게 해석 뒤에서 사라진다면 사람들은 어떻게 역사 속에서 신적인 행위에 관하여 말할 수 있을까? 모든 것은 단지 인간적인 구성(構成)이며, 역시 투영(投影)이 아닌지? 19세기 것과의 구별에서 지금 분명한 방법론적인 기준이 요구되었습니다. 가장 중요한 기준은 거기서 소위 '비유성의 기준'이었습니다. 단지 예수님이 유대교와 후기 초대교회로부터 구별했던 그것은 원천적이며 예수의 것으로서 효력을 가져야 했습니다. 유대교와 관련하여 그것은 3가지 문제를 가집니다.

(1) 사람들은 실제로 그 당시 유대교가 어떻게 보였는지를 알고 있었던가? 그래서 여기서 서로 비교할 수 있을지? 대체로 대략 유대교와 같은 "그것이" 있었는가?

(2) 사람들이 유대인 예수를 그의 유대교적 맥락으로부터 구분한다면, 아주 감소되며

불분명한 예수가 생겨나는 것은 아닌지?

(3) 그밖에도, 예수가 그렇게 그의 유대교 배경에 대립하여 위험스러운 방식으로 어떤 역할을 하지 않았다면, 그래서 방법론에서 반 유대교의 근본 관계가 말해져야 하는지?

초대 교회공동체와 관련하여, 예수가 후기 교회의 신학적인 경향들로부터 구별되는 그 무엇이, 그러나 반대로 일치하는 것이 자동적으로 비역사적인 것이어야만 하도록, 더욱이 역사적인 명백함을 가지는 것을 주목합니다. 스스로 "그 새로운 것"은 이따금 조건에서, 역시 그렇게 근원에 대한 단편적인 연속성에 놓여 있습니다. 사람들은 이러한 단계에서 예수의 생애를 서술할 수 있을 것이라고 더 이상 믿지 못했지만, 반면 그의 생애의 핵심적인 것은 드러낼 수 있을 것이라는 점을 확신하였습니다.

세 번째 단계에서 역사적 예수에 대한 무엇인가 계속 경험할 수 있으리라는 신뢰가 성장했습니다. 사람들은 중대되는 외경 자료들을 끌어들였고, 사회학적이며 문화인류학적인 방법론과 함께 더 강하게 작업했습니다. 특히 새로운 기준들을 발전시켰습니다. 결정적인 기준은 지금 "명백한 기준"입니다. 즉 그 당시 유대교의 맥락에서 이해되고, 동시에 초대 기독교의 생성을 밝힐 수 있는 그것은 역사적일 수 있다는 것입니다. 물론 많은 첨가된 재료적인 기준은 적어도 어떤 개연성과 함께 역사적 예수에 대한 무엇을 진술할 수 있기 위하여 총체적으로 함께 대화에 가져와야만 했습니다.

## b) 역사적 예수를 재구성하려는 것이 대체로 의미 있는 것인가?

믿음을 가진 사람은 신약이 우리에게 예수님에 대해 결정적인 신앙의 관점으로 증언하는 것을 의심해서는 안 됩니다. 믿는 사람은 본래의 것은 언제나 곧 알게 되는 것이 아니며, 역사적 사건의 본질을 알기 위하여 특별한 통찰과 특별한 지식이 필요하다는 것을 압니다. 믿음은 그 때문에 복음서들이 증언에서 성령이 이어올 볼 수 있습니다. 주시네렛 예수의 비밀을 위해서 먼저 마음의 눈을, 후에 태어난 자들에게도 열어주었던 영(靈)의 사역입니다. 그 때문에 믿는 자를 위하여 바로 하나님의 영(성령)으로 "해석된 예수님"은 참된 예수입니다. 역시 그 믿음은 이러한 그리스도의 다양한 증거로 잘 교제하게 되며(하나가 아닌 네 가지 복음서들), 그렇지만 그것은 여러 사람들이 여러 접근을 필요로 하며, 신앙 진리의 충만함이 이따금 변증(辨證)적이거나, 상보적(相補的)인 모습으로 표현되게 한다는 것을 알게 됩니다. 그럼에도 역사적 예수와 후에 그리스도가 전파된 것 사이에 차이점을 알려는 일은 참된 믿음을 위해서 또한 계속될 수 있습니다. 믿음은 대체로 하나님이 역사에서 구체적으로 행하신 것을 새롭게 배우게 되며, 하나님이 이와 같이 사람을 그의 육체적이며, 현세적인 존재 안에서 인지되게 하신다는 것도 배우게 됩니다. 두 번째로, 믿음은 다양한 신약적의 편집 과정에 근거하여 예수 안에서 우리에게 오신 하나님의 말씀이 변화하는 시대들과 도전들에서 언제나 새롭게 재해석되어야 한다는 것을 알게 됩니다. 하나님의 말씀은 정체되어 있는 규모가 아니라 살아 역사하는 것입니다.

믿음에 대하여 회의적으로 거리를 두는 사람들을 위해서 짐작하기로는 역사적 예수를 찾는 것이 여전히 더 중요할 것입니다. 그것들은 이따금 이러한 분이 존재하리라는 것을 결코 원치 않았던, 그 예수에게서 나아와 기독교 안에서 무엇인가 만들어지지 않았나 하는 것을 짐작합니다. 그러나 오늘날 사람들은 기독교 신앙을 결코 자연스럽게 증명할 수 없습니다. 아마도 사람들은 예수 사건의 기독교적 해석이 적어도 가능한 것임을 과학적인 해석의 범주에서도 명백히 논증할 수 있을 것입니다. 어쨌든 분명한 것은 사실 상태가 모순이 아닌, 그러한 가능성에 대한 것입니다.

신학적 해석을 위해 성서적 논증을 따라 역사적인 나사렛 예수를 찾는다면 신약학자 베르거(K. Berger)와 함께 다음의 관점들을 생각해 볼 수 있을 것입니다.

- 기독교는 그의 총체적인 역사에서 역사적 예수님의 생애 흔적들을 통하여 영향을 받게 되었습니다. 우리 역시 이러한 영향의 역사 안에 있습니다.

- 기독교의 원천은 교회 공동체의 소식 안에 놓여 있지 않고, 구체적이며 이해할만한 역사적 사건에 달려 있습니다. 즉 인간의 활동과 죽음, 나사렛 예수와 부활한 자의 나타남입니다.

- 복음서들은 공동적인 관심을 가진 것입니다. 즉 구원에 관한 소식의 역사성 그리고 더욱이 나사렛 예수의 생애에서. 이것은 복음서들 안에서 역사적으로 부여된 것들에 대한 거대한 구성요소를 보여줍니다.

- 예수님의 제자들은 독립적인 예수 전승을 위한 역사적인 보증들입니다. 예수님은 그의 권세를 제자들에게 계속적으로 부여하였습니다. 예를 들면, 베드로는 그의 사명에 대하여 말할 수 있었습니다. "우리는 유대와 예루살렘에서 그가 행하신 모든 것들에 대한 증인들이다"(행10:39).

- 어떤 기간에서도 초대교회에서 예수님의 생애에 대한 가르침 없이 복음전파는 주어지지 않았습니다.

- 예수님의 권능이나, 또는 그로부터 요구된 영적인 질에 대한 논쟁 가운데서도 - 온전히 확실하게 부활 전에 - 그의 메시아에 대하여 질문되었습니다. 이러한 영은 부활사건 이후에도 동일한 분으로 계십니다.

- 바울은 예수님의 모방 가운데서 사도로서, 그분 자신의 권능을 얻게 되며, 더욱이 역사적 예수를 얻게 됩니다. 즉 그는 그의 연약함을 찬양합니다(고후11:30, 12:9), 그리고 연약함 가운데서 십자가에 못 박히신 그의 주님에게 상응합니다(고후13:4). 그는 삶의 위험에 빠지게 되며(고후1:9이하), 박해들과 고난을 견딥니다. 그러나 마지막 순간에 적절하게 구원받게 되며, 그렇게 살아있는 복음이 됩니다. 그에게 가시화된 죽음은 예수님의 죽음입니다. 하나님이 그에게 새롭게 선물하시는 생명은 예수님의 생

명입니다. 그가 사도로서 그리스도의 기적들을 짊어지려고, 그렇게 멀리 계속 나아 갈 수 있습니다(갈6:17).

## 2. 예수님 생애의 정점들과 종교사회적 맥락

나사렛 예수에 대하여 무엇인가 역사적으로 확실한 것을 알 수 있는 가? 또는 루돌프 아욱스타인(R. Augstein)은 "예수가 역사적인 사람으로서 분명히 할 수 없으며… 그가 역사적 바탕에 서 있지 않다고 할 때, 그렇다 면 우리는 어디를 바라보아야 하는가?" 라는 반문을 충분히 반복했던(마지 막, 1999년 5월) 주제와 함께 정당성을 가집니다. 한편으로, 특히 가능한대 로 말씀의 신실한 인용과 역사적으로 확증된 내용들이 그의 삶에서 나오 지 않을 때, 역사적 예수에 대하여 충분히 말할 수 없다는 것은 어느 정도 옳다고 할 수 있습니다. 그러나 회의적인 역사가들 역시 오늘날 예수님이 갈릴리에서 활동했던 것과 추종자들의 많은 무리들이 그의 주변에 있었으 며, 마침내 - 권세를 가진 유대교 지도자들의 흉계에 의하여 - 로마사람들 을 통하여 사형을 당한 분이라는 사실에 대하여는 의심하지 않습니다. 예 수의 환경을 우리는 동시대의 문서들에서 알 수 있습니다. 지난 수년간 지 역과 사회 역사가 보강되어 발전했던 고고학과 지역학이 거기에 합세합니 다. 그것은 빈틈없는 생애를 작성하게 했던 것으로 예수에 대한 우회적인 길 역시 역사적으로 접근하였음을 뜻합니다.

### a) 예수님 생애의 정점들

모든 신앙고백들 외에 역사적으로 파악되는 복음서들에 문의할 때, 예 수님의 생애에서 다음의 기록들을 얻게 됩니다.

- 예수님은 유대인이었으며, 헤롯대제가 마지막 통치하던 해, 아마도 BC 7-4년 내 에 출생되었습니다. 그의 고향은 모든 개연성에 따라 탄생되었을 갈릴리, 나사렛(막

1:24, 6:1)입니다. 만일 예수님이 마태와 누가에 따라 복음서들이 예수가 베들레헴에서 탄생되었다는 것을 알려준다면, 그것들은 이러한 장소의 언급과 함께 이러한 신학적인 진술을 연결합니다. 그것들은 메시아가 처음으로 다윗처럼 베들레헴에서 탄생될 것을 예언한 미가 선지자의 언약(미5:1)에 대한 신앙 진술과도 관계됩니다.

- 예수님의 부모는 마리아와 요셉이며, 4명의 젊은 형제들과 몇 명의 자매들을 가졌습니다. 그는 그의 아버지처럼 건설 노동자(목수)였습니다.

- 그는 모국어로 아람어를 사용하였고, 히브리어 성서를 읽을 수 있었습니다.

- 그는 요한의 회개운동, 세례운동과 접촉하게 되었으며(AD 26/28), 요르단에서 세례를 받았습니다. 그것은 그에게 결정적인 부르심의 경험이 되었습니다.

- 그의 공적인 등장은 상대적으로 짧으며, 짐작하면 먼저 갈릴리와 예루살렘에서의 활동으로 불과 일 년도 채 못 되어 보입니다.

- 예수님은 30세(4월 7일?)에, 유월절 축제기간 동안 유대교와 로마관청들의 협동에 의하여 재판을 받았고, 거기서 사형판결을 받고, 십자가에 달려 죽었습니다.

기독교 밖의 정보들은 예수님에 대하여 많이 거론된 것은 아니며, 그러나 그것들은 고대에 한 번 기독교에 가장 반대했던 자들이 예수님은 종교적인 환상의 생산자로 인식하지 못했었다는 것을 보여줄 뿐입니다.

- 로마의 역사가 타키투스(AD 55-120)는 "그리스도가 티베리우스의 통치 하에서 총독인 본디오 빌라도를 통하여 사형판결을 받게 되었다는 것을 기록합니다(아날렌 1544).

- 유대교의 역사가 요세푸스 또한 대략 같은 기간에 예수님에 대하여 언급하게 되는데, AD 62년에 아나니아스가 상급위원회를 소집하였고, 예수 그리스도의 형제 야고보와 몇몇 다른 이들을 데려오게 하였고, 범법자들로 그들을 고소하였으며, 그들에 돌을 던지게 하였다는 것입니다(고대유물들 20,9).

- 유대교의 탈무드에서 우리는 "유월절 축제의 전날 밤에 사람들은 예수를 나무에 매

달았다"는 기록된 문장을 읽을 수 있습니다.

• 총독 본디오 빌라도 역시 역사적으로 보증되는 인물입니다.

### b) 예수님의 사회적이며 종교적인 주변 환경

유대교와 헬레니즘은 신약의 종교 역사적 주변 환경에 각인되며, 초기 기독교의 구분과 계속적인 발전에 본질적으로 영향을 미쳤습니다. 이것은 우리가 팔레스타인을 위하여 유대교적이며, 그리스-로마문화 사이에 두드러진 대립으로부터 시작해야 한다는 것을 뜻하지 않습니다. 분리와 저항을 통하여 로마점령국의 정치적이며 문화적인 영향 이면에 유대교적 정체성을 보존하려 했던 세력들이 거기에 있었습니다. 그러나 강하게 동화하려는 경향들 또한 있었습니다. 이러한 차별화된 관계들은 시리아-팔레스타인 영역의 내면에 분명히 인식할만한 도시-지방-충돌 안에서도 환경 역사적이며, 사회적으로 나타납니다. 베드로가 홀로 갈릴리의 방언으로 크게 암시되지 않은 마26:73에서의 말투의 통보: "조금 후에 거기 서 있었던 사람들이 베드로에게 와서 말했습니다. 너도 진실로 그 도당이라 네 말소리가 너를 표명한다"는 것은 거대한 도시 예루살렘에서 이미 갈릴리 지방 주민의 방언 때문에 경멸하는 모습의 말로 얼굴을 찌푸렸던 것이 분명합니다. 그의 주된 영향의 영역으로 주변 환경과 갈릴리의 모습은 예수님의 복음 선포 이해를 위하여 도움을 줍니다. 예수 시대에 갈릴리는 헬레니즘의 도시국가와 사마리아를 통한 유대로부터 분리된 채, 교제하는 본국과 떨어진 타국에 둘러싸인 유대교적 영토였습니다. 그러나 두 개의 갈릴리에서 가장 큰 도시들, 티베리아스(Tiberias)와 제포리스(Sephoris)는 도시적이며 헬레니즘적 환경을 통하여 특징 지워졌습니다. 양 도시는 복음서들의 전승에서는 언급되지 않았습니다. 그래서 예수님은 그의 복음의 소식을 단지 갈릴리 지역의 주민들에게로 향하고, 그리스의 정신으로부터는 덜 영향을 받았다는 인상이 드러납니다. 세금징수의 업무를 맡았던 협력자들("세리들")의 등장에서처럼, 권리도 땅도 없는 일일 노동자들의 넓은 층의 생성에로 이끌었던 그 당시 팔레스타인 안에서 소유의 부당한 분배를 통하여 긴장의 격분된 상황이 강화되었습니다. 이 모든 것은 경건한 유대교의 부분들 안에서 정치적이며 메시아적인 저항을 일깨웠으며, 부분적으로 메시아적인 희망들과 결합하여 마지막 시대에 형성된 종교적 갱신 운동들(예수와-세례자 운동 그러나 역시 바리새파들, 에센파들과 쿰란의 사람들)을 일깨웠습니다. 이러한 예수 운동은 지방적인 갈릴리의 배경에서 갱신 운동들의 한 부분으로서 이해하는 것입니다. 팔레스타인의 종교적 풍경은 잡다하고 다면적이었습니다.

### c) 예수님 시대의 종교적 운동들과 그룹들

예수님 시대의 팔레스타인은 로마제국의 한 지역이었습니다. 총독들이 최상의 정치적 폭력을 소유하고 있었습니다(예를 들면, AD 26-36년의 빌라도). 종교적 자아 통치의 선두에 대제사장이 서 있었습니다. 유대교 내부에 종교적으로 첨예화된 상태처럼, 이러한 정치적인 상태와 함께 논쟁하였던 그룹들이 있었습니다. 그들의 지식은 예수님의 복음 소식의 이해를 위하여 중요합니다.

**사두개 사람**: 예루살렘 성전 곁, 적절한 수의 작은 단체이며, 사제들로부터 이루어진 유복한 가족들이며, 그들의 특권을 안전하도록 하기 위하여 정치적으로 로마인들과 타협하는 자들로 고려되었지만, 종교적으로는 보수적이었습니다. 신학적으로 모세율법의 말씀에 엄격하게 지향되었습니다. 그들은 부활과 최후심판과 같은 후기 종말론적인 사상을 거절합니다. 시대에 부합하는 율법의 해석들에서도 또한 마찬가집니다. 그들은 "최고위원회"(대법정)에 자리하고, 거기서 예수님을 대항하여 행동하였습니다.

AD 70년경에 그들은 성전과 함께 사라집니다.

**바리새인:** 토라의 세율준수를 시노하기를 원하(선 백성의 "성화"를 통하여 이스라엘의 갱신)는 그들의 소식을 전체 백성들에게로 향하는 상대적으로 널리 확대된 중간계층의 평신도 운동(수공업자, 농부들, 상인들)입니다. 사제적인 청결이상들과 성화사상들은 역시 일상의 삶을 결정해야 했습니다. 그들의 가르침은 종말론적으로 준비되었으며 - 사두개인들보다는 다르게 - 전 삶에 관계된 율법사들의 해석에서 현대적인 것을 붙듭니다. 그 때문에 그들은 부활과 신적인 심판을 믿습니다. 그들은 정치적으로는 소극적입니다. 예수님은 이들 그룹에 아주 가까이 서 있었을 것이며, 거기서 친구들을 가졌을 것으로 봅니다.

**율법사들:** 율법해석자들이며, 신학자들이며, 개인적으로 율법을 알려주는 자이며, 그들 엘리트들은 바리새인의 그룹에 속합니다(마태는 실제로 "바리새인과 율법사들"로 부릅니다).

**에센파사람:** 바리새인들처럼 하나의 갱신운동이며, 그러나 분명히 더 엄격하게 팔레스타인을 넘어서 흩어져 있었습니다. 고등한 공동체의 이상과 재혼의 금지, 그들의 가르침을 넘어서 그들은 영혼의 불멸설을 믿는 종말론적으로 지향된 운동들의 한 부분입니다.

**"쿰란"의 공동체:** 쿰란 문서들의 한 부분을 통하여 그들의 존재가 분명히 증언되며, 대부분 에센인들이나, 적어도 에센인의 한 부분으로 동등하게 취급된 특별한 공동체입니다. 짐작키로는 그 공동체는 이스라엘 전역으로 나누어졌습니다. 역할들을 숨겼던 쿰란에 사는 사람, 즉 실제로 이 공동체에 속했던 자들은 그 사이에 매우 의심스럽게 되었습니다(Y. Hirschfeld). 비록 이들이 계속해서 시민으로 영입되었음에도 불구하고, 그 때문에 피하지 않다 할지라도 쿰란의 공동체에 관하여 말하는 것은 문제입니다. 공동체는 예루살렘에서의 성전제사를 엄격하게 부정한 것으로 거절하며, 자신 스스로를 "참된 이스라엘"로 이해합니다. 그들의 종말론적으로 목표한 가르침은 선과 악의 권세들 사이의 종말론적인 투쟁으로부터 나아갑니다("빛의 아들들 - 어두움의 아들들"). 아마도 예루살렘에서 나아와 하스모네 여인들의 헬레니즘적인 경향들에 근거하여 BC 2세기경 한 대제사장의 지도하에 있던 그룹이 사라졌습니다. 예수님도, 초대교회도 쿰란 공동체의 주변 환경에 속하지 않습니다. 왜냐하면 그들은 그들의 사제적 엘리트 사상도, 세계적 일상에서의 후퇴도 돌보지 않기 때문입니다. 그들은 다르게 생각하는 자들에 대하여 미움도 대변하지 않으며, 부정한 자들(병자들)에게 또한 경계선을 긋지도 않습니다.

**세례자 운동**: 금욕적인 방식과 함께 세례자 요한의 주변에서 일어난 종말론적이며 예언적인 갱신운동입니다. 세례는 회개를 확인하며, 위협하는 심판과 하나님의 통치의 관철에 그것으로 결부된 희망에 따라 구원을 보증합니다. 그 운동은 요한의 폭력에 의한 죽음 이후에도 존속합니다. 신약은 예수님의 추종자들과 세례자 운동 사이에 논쟁의 흔적들이 동일하게 가까이 있었음을 (예수 세례를 통하여) 보여줍니다.

**젤로텐(Zeloten, 열성파들)**: 철저한 이론적인 가르침(하나님은 홀로 통치자이시며, 로마의 외인통치에 대항하여 하나님나라의 도래를 가속화 한다)과 함께 로마인들에게 대항하는 저항그룹입니다. 그들의 봉기는 AD 70년경 예루살렘과 성전의 붕괴를 이끌게 됩니다.

**역시 사마리아인(Samariter)으로 불림**: 전통적으로 그들 가운데서 중앙 이스라엘(사마리아 도시의 거대한 공간)안에 혼합백성(종족적이며, 종교적으로)을 봅니다. 그 백성은 아시리아의 정복 이후(BC 722)에 머물렀던 이스라엘 사람들과 새로이 이주해 온 백성들의 그룹이 함께 살았습니다. 짐작컨대, 사마리아인들은 먼저 BC 4-5세기경에 생겨났을 수 있습니다. 8세기경으로 되돌이가는 토차저인 배성이 해심들이 통합되어졌었을 수도 있습니다. 어떤 이는 유대에서보다 근원적 형태에서 야훼신앙이 여기 보존되었던 것으로 해석합니다. 그리심(Garizim)에서의 자체 성전, 유대인들에게 그들 쪽으로 긴장된 관계(폭력적인 습격사건들). 사마리아인들은 거룩한 책들로 단지 토라(모세 오경)를 가지고 있으며, 엄격하게 믿는 자들인 유대인의 눈에서는 이단들로, 이방인과 동등한 자들입니다. 예수님은 그들을 기꺼이 긍정적인 모델로 표현합니다(눅10:30이하, 17:11이하).

## 3. 요단강에서의 예수님의 세례

### a) 예수님과 세례자 요한

"회개하라, 천국이 가까이 왔기 때문이다"(마3:2). - 그렇게 세례 요한의 전파하는 소식은 소리쳤습니다. 사람들의 큰 무리가 요단에 있는 그에게로, 그의 말을 들으려고 나아왔습니다. "회개하라"는 소리를 듣는 사람들은 새로운 생명으로 옮기는 첫 발걸음을 시도하며, 세례를 받습니다. 왜냐하면 요한은 곧 더 강한 자가 심판하러 오게 되리라는 것을 증언하였기 때문입니다. 요르단에서 세례를 통하여 다만 철저한 회개와 이러한 회심의 확인이 최종 유죄판결에서 보호받을 수 있습니다.

요한의 물세례는 선지자 에스겔의 언약을 기억합니다. "너희가 깨끗하게 되도록 나는 너희 위에 물을 뿌리기를 원하며... 나는 너희들에게 새로운 마음과 새로운 영을 주려고 한다"(겔36:25).

예수님과 세례 요한은 많은 것에서 매우 가까이에 있었습니다. 신약은 모든 사복음서들이 요한을 통한 예수의 세례에 관하여 그의 공적 활동의 시작으로 보도한다는 것을 분명히 해 줍니다. 예수님은 스스로 요한에 관하여 더 높은 말씀들로 말합니다(마11:7이하). 요한복음은 예수의 처음 부름 받은 제자들 중 몇몇은 세례 요한의 제자모임에 원천적으로 속했던 것을 알고 있습니다. 짐작컨대, 예수님 스스로는 더욱이 오랜 기간 세례자 운동의 회원이었습니다. 어쨌든 복음서들 안에서 의심 없이 현존하는 요한과 예수님 사이의 연결을 관계시키는 여러 시도들을 발견합니다. 사람들은 후기 관점에서 하나님의 아들이 처음에 다른 이의 운동에 연결했었다는 분명한 충돌을 받아들였습니다.

양자 사이에 기존하는 근사치에도 불구하고 특징적인 차이에 대해 사람들은 분명히 할 수 있습니다. 이것들은 마침내 예수님이 세례자(요한)로부터 분리했던 것으로 이끌 수 있을 것입니다. 예수가 하나님의 사랑을 더 강하게 강조하는 동안, 요한은 그렇게 그의 설교에서 다만 회개로부터 벗어날 수 없는 심판에 비중을 둡니다. 즉 하나님은 죄책으로 짐 지워진 실제로 심판을 피할 수 없을, 그러나 회개와 새로운 시작에 대한 희망에서 유효한 이스라엘을 향하게 됩니다. 요한이 미래적인 종말론에다 무게를 두는 동안, 예수님은 하나님의 나라가 이미 시작되었음을 신뢰하는 거기서 계속적인 차이가 생겨납니다. 요한은 요르단의 광야에서 금욕적으로 살았습니다. 그러나 예수님은 그것에 비하여 사람에게로 다가갔습니다. 그는 먹고 마시면서 결코 금욕적이지 않았습니다. 요한에게서 세례는 단회적인 회개의 성례이지만, 예수님은 참회와 회개에로 세례자 요한과는 구별하여 사람들을 부릅니다.

### b) 예수님의 세례 받으심

예수님이 요한에게서 세례를 받으시고, 거기서 공적인 활동에 등장하기 위하여 하나님의 부르심을 받았다는 것은 역사적으로 가장 분명한 사실(Fact)에 속한 것입니다. 교회 공동체는 예수님이 요한에게 종속되었다는 - 그리고 아직 게다가 "죄인들의 용서에" - 이러한 불쾌감을 유발하는 사실들은 결코 생각해내지 못했을 것입니다. 다른 질문은 세례와 함께 예수님의 부르심이 이미 결부되었는지 또는 예수님이 얼마간 요한과 함께 활동했었던 그 이후에 이것이 먼저 일어난 일인지에 관한 것입니다. 그렇다면, 마가는 그의 세례이야기에서 하나의 긴 역사적인 과정을 삽화에 넣어 집중적으로 요약했었을 것입니다. 마가에 따르면, 예수님의 소명(召命) 이야기는 스스로 하나님의 영이 예수님 위에 임하고, 이는 전적으로 신적인 동질성에서 최종적인 방식이 분명하며, 그렇게 - 결과로서 거기서 - 하나님의 나라를 선포하는(막1:14이하) 능력이 되어 스스로 생겨난 것입니다. "그리고 그가 물에서 올라오자마자 곧, 하늘 문이 열리며, 하나님의 영이 비둘기같이 그(예수) 위에 임하신 것을 그가 보았습니다. 그리고 하늘로부터 소리가 들렸는데, 너는 내 사랑하는 아들이라, 내가 너를 기뻐하노라"(막1:10이하). 마태(마3:16)에게서는 이사야의 언약이 성취됩니다. "그의 위에 주의 영, 곧 지혜와 총명의 영이요, 묘략과 재능의 영이요, 지식과 주를 경외하는 영이 강림하시리니"(사11:2). 비둘기는 홍수이야기에서 이미 만나게 됩니다. 즉 비둘기는 홍수에서 떠오르는 새로운 세계와 그의 창조와 함께 하는 하나님의 평화의 결정을 노아에게 알려줍니다(창8장).

## 4. 대리자와 하나님 나라의 전파자

하나님 나라의 선포는 예수님의 자기 이해와 사명을 위해 중심적인 것입니다. 마가는 그가 예수님의 사명을 다음과 같이 요약할 때, 이것을 분명하게 인식했습니다. "때가 찼고 하나님 나라가 가까이 왔으니 회개하고 복음을 믿으라"(막1:15).

그렇지만, 사람들이 하나님 나라 아래에서 무엇을 이해하는가? 사람들이 예수님의 시대에 구약적이며, 초기 유대교적인 하나님 나라의 기대들과 연결하여 말했을 때, 하나님이 그 시대의 마지막에 그의 왕권을 충만한 구원으로 관철시키리라는 것을 고대했었습니다(사52:7-10, 슥14:9, 단2:44,

7:13 등). 예수님은 이러한 기대를 원리적으로 그의 유대교의 동시대인들과 함께 나누었는데, 그의 하나님 나라의 전파에서 그 특수성이 단지 그가 - 역시 다른 이들처럼 - 모든 다음 시대에 하나님 통치의 실현을 희망했던 거기서 생길 뿐만 아니라 하나님의 통치가 벌써 현재에 자신 주위에 퍼지는 거기서 나아갔던 것입니다. 그는 언제 그 나라가 임하는지 바리새인들로부터 질문을 받았을 때, "하나님 나라는 날 수 계산에 의하여 임하는 것이 아니며, 보라! 그 나라가 여기 있다! 저기 있다! 고 말할 수 없음을 그들에게 일러주었습니다. 왜냐하면 하나님 나라는 너희들 아래, 가운데 있기 때문입니다."(눅17:20이하). 물론 예수님은 하나님의 통치가 아직 전 우주적인 것에서가 아니라 모든 그들 차원에서 실현되었음을 보이기 위하여 실제로 충분했었습니다. 그렇지만 그는 하나님의 통치가 미래로부터 벌써 현재에로 들어와 작용하는 거기서 분명히 시작되었습니다. 그는 그의 존재와 활동을 통하여 하나님의 통치가 벌써 현재 안에 들어와 중재되었던 것으로, 거기서 스스로 자신을 결정적인 중심인물로 보았습니다. 그 때문에 그의 질병치유들과 귀신추방행위들은 그를 위한 실제적인 하나님의 통치의 성과들 입니다. "내가 하나님의 손을 통하여 악한 영들을 몰아내면 하나님의 나라가 너희들에게 임하였느니라"(눅11:20). 아마도 사람들은 그것은 바꾸어 말할 수 있을 것입니다. 아직 추위와 얼음이 덮여 있는 곳에 겨울의 마지막에, 첫 봄의 꽃들이 다가와 봄을 알려주는 것처럼 봄이 확실히 오게 되리라는 것에 대한 보증입니다. 그와 같이 하나님의 나라가 벌써 임하여 있으며, 그것의 완성은 더 이상 그렇게 길게 기다리지 않음을 예수의 활동 가운데서 보여줍니다. 예수님 안에서 신적인 봄은 벌써 현재를 향하여 그렇게 붙잡습니다. 왜 예수 안에서일까요? 왜냐하면 그가 이러한 하나님을 그의 삶에서 왕으로 있게 하는 하나님으로부터 선택된 자질을 갖춘 유일한 분이시기 때문입니다. 예수님 안에서 - 비유적으로 말해 - 하나님은 보좌 위에 앉으시며 - 그는 "자동왕국"(Autobasileia, 오리겐)인데, 그것은

인격 가운데 있는 "하나님 나라"를 뜻하는 것입니다. - 그리고 그 때문에 결 피 저으로 그를 통하여 하나님이 이권이 으 간히 인간들에게 임할 수 있습니다.

### a) 다른 이들의 초기 유대교적 기대들의 맥락에서 예수님의 하나님나라의 기다림

예수님 시대에 매우 구별된 하나님나라의 기대들이 있었습니다. 국가적인 이편의 희망들이 이스라엘을 로마로부터 독립하게 하는 한 사람, 새로운 다윗을 통한 해방(삼하7:11-14, 비교)을 기대했었습니다. 사람들은 정의로운 평화의 나라에서 그의 믿음이 다시 방해받지 않고 일상에서 자유롭게 살 수 있기를 소망했습니다. 그러한 기대는 예를 들면, 솔로몬의 시편 17에서 대변되고 있습니다. 매우 날카롭고 폭력적인 이러한 희망의 다양함은 이스라엘의 정치적인 열성파인 젤롯인들의 것입니다. 그들은 로마의 통치권으로부터 해방과 신정국가를 희망하였습니다. 거기서 그들은 "하나님이 군대 아래에서" 로마에 대항하는 폭력적인 투쟁으로 붙잡을 수 있다는 것과 하나님의 나라는 이와 같이 하나의 신인협동(神人協同)의 기획 (企劃)방식으로 진행하였습니다. 물론 그러한 기대들은 이번에는 예수님에게로 걸게 되었습니다. 아마도 그들은 길가에 선 사람들이 "호산나, 주의 이름으로 오시는 자여 찬송하리로다."(막11:9이하)를 외쳤던 곳에서 그의 환호했던 예루살렘으로 향한 입성 행렬에 의하여 함께 흔들렀습니다. 이러한 관계에서, 그러나 예수의 제자 중 하나인 가롯 유다가 젤롯 운동에 가까이 서 있었다는 짐작은 분명합니다. 베드로 역시 예수에 대한 메시아/그리스도를 그와 같은 종류의 희망들로서 특히 그가 예수의 의도에 반하게 고난 받기 위하여 예루살렘으로 올라가는 것을 막았던, 물론 그의 통치의 등장에는 아니지만, 그의 고백과 결합되었을 것입니다(막8:27이하). 예수님은 로마에 대항하는 폭력적인 투쟁을 거절하였으며, 하나님 나라가 자체의 활동들을 통하여 억지로 강제할 수 있으리라는 것을 믿지 않았습니다. 하나님 나라는 비유에서 그것을 스스로 자라는 씨앗으로 표현했던 것처럼 스스로 임하는 것입니다. 그것에 상응하게 이 세계를 위한 어떤 희망도 더 이상 마음에 품지 않았던 우주적이며 묵시적인 기대들이 서 있었습니다. 왜냐하면 인간과 세계는 희망이 없도록 악으로 타락되었다는 확신에 있었기 때문입니다. 다만 소수의 의인들은 도래하는 것들에서, 홀로 하나님으로부터 창조된 세계가 하나의 자리를 발견하기를 희망할 수 있었습니다. 하나님이나 또는 "그 인자"가 심판하러 오시리라는 것이 기대되었다면 세계는 멸망하며, 새로운 창조가 시작됩니다. 그 모든 것은 갑자기 이루어질 것입니다. 하나님 나라가 문 앞에 있으며, 그것이 철저히 하나님으로부터 창조된 위대성이라는 것은 예수님이 이것을 묵시적인 기대들과 함께 확실하게 그의 전파에서 하나나 또는 다른 특성을 연결하기 때문입니다. 사람들은 역사와 창조의 저편에서 완성에 대한 창조의 적대적 사상을 예수님에게서 헛되이 찾는 것입니다. 예수님은 그의 제자들에게 주기도문에서 "우리를 당신의 나라에로 데려가소서!"로 기도하도록 가르친 것이 아니라, "당신의 나라가 임하소서!"를 기도하게 하셨습니다. 예수님은 심판과 그것의 결과를, 그가 시대의 종말을 계수하기를 바로 그렇게 금하신 것처럼(마 24:36), 놀람으로도, 기쁨으로도 그려내지 않습니다.

### b) 예수님의 하나님나라의 기다림과 비유들에서의 말씀

도래하는 하나님의 통치는 눈으로 보지 못하고 귀로 듣지 못했던 것으로 순전히 상상을 초월하는 것입니다. 그 때문에 사람들은 하나님의 나라를 개념으로 규정할 수 없습니다. 그것은 어떤 경우에도, 다만 시적인 은유들로 표현할 수 있을 것입니다. 예수님은 아무것도 다르게 행하지 않습니다. 즉 그는 하나님의 나라를 비유들로 말해줍니다. 이러한 비유들은 하나님의 나라를 포괄적인 방법으로 설명하는 것이 아니라 핵심적인 관점을 밝혀줍니다. 거기서 그것들은 알려줄 뿐만 아니라 남녀 청취자들에게 하나님 나라에 내와 눈낌을 일깨우기를 원합니다. 비유들은 하나님 나라의 사건에서 사람들이 하나님 나라에 관한 자기 이해와 세계 이해를 새롭게 형성하며, 각인되기를 원하는지 믿음의 결단에 세워 실존적으로 연루되기를 원합니다. 비유는 스스로 자라나는 씨앗에 관하여 그렇게 말하는데(막 4:26-29), 즉 그것은 하나님의 나라가 스스로 임하며, 인간은 자라게 하는 일 외 그 어떤 것도 기여할 것이 없다는 것을 뜻합니다. 이로써 청취자는 질문을 가지게 되는데, 그가 수동적인 태도로 그 나라를 받아들이기만 하면 되는지 - 또는 예를 들어, 젤롯인(열심파)들처럼 - 사람들이 하나님 나라의 도래가 자체의 적극성을 통하여 가속화시킬 수 있는지 또는 전적으로 그렇게 해야 하는지에 대한 것입니다.

겨자씨 비유에서도 비슷하게 생각됩니다(마4:30-32). 하나님 나라는 처음에는 겨자씨처럼 아주 작은 것입니다. 그러나 그것은 마지막에 큰 나무로 자라게 됩니다. 그것이 단순한 시작에서 마지막의 충만함에 이르는 것처럼 완전히 개방되어 있습니다. 여기서 지적인 호기심으로 만족되지 않습니다. 단지 모든 것이 그렇게 이루어졌음이 언급되었습니다. 질문이 되는 것은, 즉 하나님이 모든 작은 것에서 큰 것으로 행하게 하실 수 있음에 대한 나의 신뢰(믿음)가 준비되었는가? 더 중요한 것은 내가 작은 것이라도 행할 준비가 되어 있는가? 또는 모든 것에서 단순한 시작에 따라 의심하고 있는 것은 아닌지? 그리고 대체로 오히려 시작도 해보지 않고 있는 것은 아닌지? 하는 것들입니다.

비록 모든 예수님의 비유들이 상세히 하나님 나라의 비유들이 아닐지라도, 그것들은 모두 하나님 나라에 관련된 의미를 가집니다. 잃어버린 아들에 관한 비유(눅15:11-32)는 무한한 하나님의 인애를 믿는 준비가 되었는지를 그렇게 질문합니다. 이러한 인애가 예수님이 그의 통치를 기다리는 하나님의 앞서 숨겨져 있는 특징입니다. 선한 사마리아인에 관한 이야기에서 누가 내 이웃인지를 묻는 물음이 중요하다면, 그 안에서 요구된 이웃 사랑은 신적인 나라에서의 근본법입니다.

처음 3개의 복음서들은 우리에게 41가지 이상의 비유들을 제공해 줍니다. 거기서 성서 학문은 자체의 비유, 우화, 모범 이야기 그리고 알레고리 사이에서 구별하고 있습니다.

- 비유는 생각한 사물을 가시적으로 이해하게 하는 대부분 자연의 영역에서 가져온 일상의 모습을 사용합니다. 예수님은 마가복음 4:26-29에서 하나님의 나라를 씨앗의 독립적인 성장과 수확까지 그렇게 비교합니다.

- 우화는 그러한 청취자들의 삶의 공간에서 일어날 수 있는 더욱이 찾아진 하나의 이야기입니다. 마태복음 20:1-6에서 예수님은 하나님을 포도원 농부처럼 일꾼들의 보수 지불에서 실적의 기준에 따르지 않는 자로 묘사합니다. 우리는 유대교의 전통적인 상들에서 취하여진 기존하는 은유들을 여기서 발견합니다. 대략 비유들에서 포도원에 관한 말이라면, 예수시대에 모든 유대인은 이스라엘을 생각한 것이라는 사실을 연상하게 합니다. 예수님의 가장 잘 알려진 비유 중의 하나는 소위 탕자의 이야기입니다(눅15:11-32).

- 모범적인 이야기들은 다만 누가복음에서 전해졌습니다. 그것들은 실제적인 예를 통하여 청취자들에게 이러한 모범을 따르도록 환기시키고 있습니다. 자비를 베푼 사마리아인의 비유(눅10:28이하)는 "가서 이를 행하라"! 란 글귀로 그렇게 끝맺습니다.

- 알레고리는 모두 각자를 위하여 번역되기를 바라는 모습의 말들에서 생기는 하나의 역사를 말해 줍니다. 그러한 역사는 상(像)에서 생각된 일을 드러내기 위하여 이와 같이 반대급부인 모습으로 해석되어지게 해야 합니다(비교, 막4:13이하, 마13:36이하).

모든 비유들은 이러한 도식을 따라 배열되지 않으며, 때때로 여러 가지 방식들 역시 내면에서 뛰어넘고 있습니다. 유대교의 전통적인 형상들의 보화에서 끌어온 것 역시 그들 가운데 머물러 있는 은유들입니다. 포도원에 관한 말이 있다면, 모든 유대인은 예수 시대에 이스라엘을 뜻한 것임을 연상합니다.

## 5. 하나님의 뜻을 가르치는 교사

### a) 랍비인 예수님

예수님은 유대교의 율법사처럼 등장하여 회당에서 가르치시며 그들의 반대자들과 논쟁하는 대화를 이끌게 됩니다. 사람들은 그에게 계명의 의미와 사용에 대하여 질문합니다. 예수님은 그것에 대하여 대답합니다. 그는 그렇게 성서해석에서의 권위로서 백성으로부터 정당하게 인정되었으며, "랍비"로 불렸습니다. 그럼에도 예수님은 그의 비유들의 직접성을 통하여 그의 시대의 교사들로부터 뿐만 아니라 법해석에서의 자유를 통하여 자신을 구별하였습니다. 복음서들은 그가 단호한 태도로 이끌었던 예수님에 관한 논쟁의 대화들을 전해주고 있는데, 그것은 "예수님이 서기관들과 같지 아니한 권능으로 그들을 가르쳤기 때문에 백성이 그의 가르침에 깜짝 놀랐던 일입니다"(마7:28-29). 예수님은 개별적 사용 목적들의 충족 배후에서 항상 근원적인 하나님의 뜻을 찾아냈습니다. "네 마음을 다하고 목숨을 다하며 힘을 다하며 뜻을 다하여 주 너희 하나님을 사랑하고 또한 네 이웃을 자신과 같이 사랑하라"(눅10:27, 비교 신6:5, 레19:18). 그 때문에 예수님은 "황금률"을 해석하게 됩니다. "원하지 않는 것을 너에게 행하는 그것은 그 어떤 다른 이에게도 주지 말라", 즉 "무엇이든지 남에게 대접을 받고자 하는 대로 너희도 남을 대접하라"(마7:12).

### b) 산상설교

예수님의 산상설교(마5-7장)는 예수님이 유대의 율법이요, 토라를 제거하는 것이 아니라 더 철저하게 순종해야 할 것을 보여줍니다.

"옛 사람에게 말한바,
누구든지 살인하면 심판을 받게 되리라 하였다(출20:13, 21:12)는 것을 너희가 들었으나 나는 너희에게 이르노니 형제에게 노하는 자마다 심판을 받게 되고 형제를 대하여 라가라 하는 자는 공회에 잡혀가게 되고 미련한 놈이라 하는 자는 지옥 불에 들어가게 되리라"(마5:21이하).

살인은 마음에서 시작한다고 예수님은 말합니다. 더욱이 다른 사람들을 미워하는 것과 함께 시작합니다. 지금 인간의 마음에서 살인이 시작되기 때문에 그것을 극복되게 해야 합니다(Pinzas Lapide). 율법 해석의 이러한 방식은 예수님 시대에 유대교 안에서 단순히 정상적인 경우가 아니었으며, 그렇지만 이 역시 새로운 것도 아니었습니다. 쿰란의 공동체 생활에서 토라 극대화의 수많은 형태들을 발견하며, 만일 미쉬나(구전으로 전해진 유대율법의 수집)의 증거들을 믿어도 좋다면 - 토라의 표면적 행위와 올바른 내적 마음의 생각은 서로 일치해야 한다는 것을 바리새인들로부터 우리는 압니다. 사람들은 내용적으로 산상설교의 반대 주제에서 예수님이 완전히 새로운 율법 해석을 시도했었다는 것에 관하여 말할 수 없을 것입니다. 토라에 있어서 "내가 너희에게 말하노라"는 그의 반대 급부적인 제기와 이것이 당시에 통상적으로 있을 수 있었던 것처럼 다른 율법사들의 견해가 아닌 것은 물론 계발적인 것입니다. 그의 특별한 고도의 자의식과 이 경우에 그가 토라의 참된 의미를 아는 자로서 자신을 이해했던 사실이 그 안에서 보여 집니다.

또한 안식일에 대한 논쟁들에서도 안식일의 제거가 중요한 것이 아니라 올바른 해석이 중요합니다. 만일 예수님이 "안식일이 인간을 위하여 있는 것이며 안식일 때문이 아니라는 것"(막2:27)을 말한다면, 이것은 너무 가혹하게 그 안에서 인간적인 안식일법 부여 반대를 겨냥하였으나, 그것은 인식을 대항하여 스스로 제기하는 것도 아니며, 비유대교적인 것도 아닌 것입니다. 후기 시대에 온전히 비슷한 말들이 랍비들의 입에서 들려지기도 합니다. 그렇지만 예수님의 안식일 치유가 메시아적인 행위 표시의 의미로 이해되어야 하는지의 질문이 매우 흥미롭습니다. 유대교의 이해에 따르면 포괄적 조화의 날로서 안식일은 소위 메시아 시대의 상징입니다. 예수님은 그를 통하여 메시아의 시대가 이미 시작됐다는 것을 분명하게 하기 위하여 안식일에 치유하시는 것일 수 있습니다. 그러나 이것 역시 안식일의 제거는 아니며 시간의 계명을 통하여 요구된 하나의 결정적 해석인 것입니다. 가장 그럴듯하게 사람들은 예수님이 표면적인 청결이 내적인 청결에 종속되는지의 청결 규정(막7장)을 생각해 볼 수 있습니다. 그럼에도 이것 역시 언제나 논쟁적으로 토론되었습니다.

### c) 하나님의 복(구원)의 찬양들

예수님은 이스라엘에게로 향하시며 죄로 짐 지워진 그의 백성에게 죄용서와 새로운 시작을 선물하기 원하시는 자비로우며 은혜로운 하나님을 선포합니다. 그 때문에 마태는 그의 산상설교의 구상에서 행복의 찬양들을 앞세우며(마5:20이하), 예수님은 먼저 사람들이 요구하는 것들로써 대질시키지 않으시고 그들에게 새로운 자기 이해를 개방하였습니다.

> "심령이 가난한 자는 복이 있나니, 천국이 저희의 것임이요,
> 애통하는 자는 복이 있나니, 저희가 위로를 받을 것임이요,
> 온유한 자는 복이 있나니, 그들이 땅을 소유할 것임이요,
> 의(義)에 주리고 목마른 자는 복이 있나니, 그들이 배부를 것임이요,
> 긍휼이 여김을 받는 자는 복이 있나니, 그들이 긍휼이 여김을 받을 것임이요,
> 마음이 청결한 자는 복이 있나니, 그들이 하나님을 볼 것임이요,
> 화평케 하는 자는 복이 있나니, 그들이 하나님의 아들이라 일컬음을
> 받을 것이요,
> 의(義)를 위하여 박해를 받는 자는 복이 있나니,
> 천국이 그들의 것이기 때문 입니다."

예수님은 사람들이 행하여야 할 것을 말하기 전에, 그의 눈에 있는 것으로 그들을 위로하십니다. 왜냐하면 세상은 그들에게서 하나님의 호의

를 경험하게 될 것이기 때문입니다. "너희는 세상의 소금이라…. 너희는 세상의 빛이라 산위에 있는 동네가 숨겨지지 못할 것이다"(마5:13-14).

예수님의 하나님의 복에 관한 찬양들은 동시에 기독교의 사고와 신앙을 통하여 빛의 흔적을 이끌어줍니다. 자연과학자요, 철학자인 칼 프리드 폰 바이체커는 핀차드 라피드와 함께 신앙대담에서 빛의 흔적들에 대하여 다음과 같이 말합니다. "범주적 명령의 보편 타당한 윤리가 구원으로 인도하는 것이 아닙니다. 그리고 생각 가운데는 있으나 행동 가운데 있지 않는 이러한 윤리는 직접적으로 전혀 구원으로 인도하지 못합니다. 그것이 오히려 먼저 나 스스로에게서 의심으로 이끌 수 있는 것으로 보여 질 수 있습니다. 그 때문에 산상보훈 전체의 시작에서 하나님의 복의 찬양들은 직설법으로 되어 있습니다. 거기서 '너는 해야만 한다', '너는 할 수 있다'는 것이 말해진 것이 아닙니다. 왜냐하면 불쾌감을 주는 것으로 느껴질 수 있기 때문입니다. 그러나 '너는 해야 한다'는 말 이전에 오히려 '…자는 복이 있느니라'라는 말이 거기서 먼저 언급되었습니다."

## 6. 치료자요 기적들을 행하신 자

"그리고 그는 여러 육체적인 질병의 결함들로 고통당했던 각종 병든 많은 사람들을 고치시며, 많은 악한 영들을 내 쫓으시니라"(막1:34).

예수님은 그의 인격과 그의 등장을 통하여 사람들을 그의 말씀의 당기는 힘으로 이끌었습니다. - 요약하면 그는 "권능"을 가지고 있었습니다. 예수님은 사람들에게 그들 몸과 영혼을 치유시켜 주었으며, 그들이 다시 생명의 능력을 얻게 되도록 도왔습니다. 즉 "내가 너에게 행해야 할 무엇을 너희가 원하느냐? - 일어나 너의 자리를 들고 집으로 가라! - 너의 믿음이 너를 구원 하였느니라" 그것은 신속한 요술과 마술을 부리는 것처럼 들립니다. 그러나 성서에서 다만 짧게 언급된 것은 복합적인 사건에 힘입고 있습니다. 예수님은 한 인간을 휘몰이며, 그를 "귀신들린 자처럼" 행하게 하는 그것을 감지합니다. 그리고 그 병자는 나사렛 사람과의 만남을 통하여 하나님 안에서 신뢰를 위한, 전적으로 생명 안에서 그리고 자기 스스로에서 새로운 문이 열려지는 것을 경험합니다. 그렇게 질병들이 극복되고, 인간들이 충만 가운데서 생명을 경험하는 기적은 이제 시작되는 하나님 나라의 표지인 것입니다.

예수님의 반대자들은 결코 그의 기적 행위를 부정하지 않았습니다. 오늘날 비판적인 연구 또한 비록 후기 교회가 부활 경험들의 빛 속에서 이야기하며, 이야기를 어느 정도 미화시켰음에도 불구하고 예수님이 사람들을 치유했다는 것을 의심하지 않습니다. 예수님이 기적을 행하였는지를 질문하는 자는 기적이 고대 사람들의 세계관에 속했던 것임을 명백히 의식해야 합니다. 사람들은 자연법칙의 결정적인 것을 알지 못했습니다. 치유들이나 죽은 자의 부활들이 특별한 것들로 효력을 가졌으나, "반자연적인 것"으로서는 아니었습니다. 예수님을 위하여 고유한 것은 어디에 놓여있는가?

- 예수님의 기적은 복음서들의 주된 구성 요소들은 아니었습니다(그 당시 위해한 사람들의 생애 서술들에 의한 것처럼).

- 고대에 빈번히 만나게 되는 것처럼 예수님은 가시적인 기적도, 징벌의 기적도 행하지 않으십니다(예외: 막11:12-14처럼 무화과나무의 저주). 그리고 그런 일이 고대에 자주 있었던 것처럼 그의 능력은 결코 사람을 거슬러 행하거나, 번창하게 되는 그 어떤 직업을 만들지 않았습니다.

- 예수님은 인간들의 고난을 직시하고 그들을 도왔습니다. 결코 예수님은 기적을 자기 자신을 위하여, 즉 십자가와 죽음에 직면하여 자신을 구원하는 일에 사용하지도 않았습니다(마26:53, 27:42).

- 예수님은 대부분 그의 말씀을 통하여, 그리고 안수를 통해 치유했습니다. 또한 침이나 다른 몸짓을 사용하기도 했습니다.

- 예수님은 믿음을 보십니다. 여기에 사람들은 '믿는다는 것'과 '신뢰하는 것'은 성서의 언어에서 같은 말임을 알아야 합니다. 예수님은 신뢰를 원하십니다. 그 때문에 그는 그의 고향 나사렛에서 거의 기적을 행하지 않았습니다(마13:53이하). 즉 그것이 만일 시위 행사를 목적한 것이라면, 그 때문에 예수님은 기적을 거절하십니다(마12:38이하). 그는 깨우치며, 인간 안에 '믿음/신뢰'를 찾습니다. 즉 하나님과 함께 새로운 발걸음을 두려움 없이 시작하는 것을 뜻합니다.

- 특히 예수님은 그의 기적의 치유들이 그와 함께 하나님의 나라가 시작되고 있음에 대한 암시로 이해합니다. "내가 하나님의 성령을 힘 입어 귀신을 쫓아내는 것이면, 하나님의 나라가 이미 너희에게 임하였느니라"(마12:28). 그 때문에 예수님의 기적은 가끔 '징표'로 불려 졌습니다(보기, 요2:11). 그것들은 자체 안에 의미가 있는 것이 아니라 하나님의 나라와 함께 고난과 질병으로부터 철저하게 포괄적으로 극복되었다는 암시를 뜻합니다.

## 7. 예수님은 따라오라고 하심 - 제자들

그 당시 유대교에서 뛰어난 율법사(랍비들)들이 자기 주위에 제자들을 모으는 일은 일반적인 일이었습니다. 예수님 역시, 물론 특이한 방식이기는 했지만 주위에 제자들이 모였습니다.

- 보통 유대교의 율법사에게 제자로서 자청하는 반면, 예수님의 제자로 부르심은 예외적으로 예수님께 스스로 나아갑니다.

- 그가 제자로 부르는 사람들은 백성의 지도적 계층에 속한 자들이 아니라 오히려 멸시 받았던 지역 갈릴리 출신의 단순한 사람들입니다.

- 제자들은 그 어떤 이상적인 모습을 가진 자들이 아니라 실수가 많고 약한 보통사람들이었습니다. 그들은 이따금 예수님을 이해하지 못했으며, 용기도 없었으며, 더욱이 그들의 스승을 마지막에 외면하게 됩니다. 유다는 예수님을 배신했고, 베드로는 부인했습니다.

- 예수님은 그의 제자들을 전적으로 필요로 했으며, 그 시대에 공동 사역뿐만 아니라 영원한 생명과 사명의 공동체를 원했던 것입니다.

- 예수님은 속한 자들과 추종자들의 더 큰 범주에서 특별히 선택된 12명의 남자들을 만나게 됩니다. 이 숫자는 원천적으로 이스라엘에 12주 스들의 므슴은 유푸히미, 예수님이 이스라엘을 위한 "새 언약"에서 알리며 형성하기를 원하는 하나님의 통치의 새로운 시작에 대한 전망을 유도하게 됩니다(마10:1이하, 비교 렘31:31이하).

- 예수님은 여성들을 주목하고, 그들을 그의 제자의 범주에 수용합니다(눅8:1-3). 비유의 상들은 여성들의 세계에서 생겨난 것입니다. 그리고 예수님은 여성들에게도 치유의 온정을 베풀게 됩니다(막5:25이하, 마15:21이하). 마침내 여성들은 십자가 밑에 머물게 되며, 부활의 아침에 첫 증언자로 나서게 됩니다. 예수님을 추종하는 무리에 남자들처럼 여성들도 있게 되는데, 특히 절망에 빠져 있는 경우로 예를 들면, 창녀들이나 자신의 남자에게서 쫓겨난 자들(요8) 이며, "죄인"으로 불리어야만 했던 자들입니다(눅7:36이하: "저희의 많은 죄들은 용서되었다. 왜냐하면 그녀는 많은 사랑을 보였기 때문이다. 적게 사함을 받은 자는 적게 사랑하느니라"). 마리아와 마르다(눅10:38이하), 특히 막달라 마리아(눅8:2, 마27:55이하, 요20:1- 18).

"나를 따르라!" - 기독교의 원천과 그 중심은 그의 제자로 부르심과 함께 나사렛 예수라는 인물입니다. 예수님은 그 어디에서도 "나를 따라 말하라!"고 말하지 않았습니다. 왜냐하면 기독교 신앙은 원리로 따르는 것이 아니라, 살아 있는 삶의 모습으로 따라야 하기 때문입니다. 교리도 아니며, 영원한 사상도 아니며, 사랑의 행동이기 때문입니다(H. Kueng).

## 8. 예수님과 바리새인들

예수님은 스스로 한 바리새인이었을까? 복음서들의 소식은 여기서 모순적으로 보입니다. 여러 본문들은 바리새인들을 매우 긍정적으로 보고 있습니다.

- "건강한 사람들에는 의사가 필요 없으며, 오히려 병자들에게 필요하다. 나는 의로운 자를 부르려고 온 것이 아니라, 죄인들을 부르러 왔느니라."(막2:17).

- 예수님은 "다만 이스라엘 집의 잃어버린 양들에게 보내심을 받았다"는 것을 알고 있습니다(마18:12-14). 그것은 그의 활동이 의인들에게 유효한 것이 아니라, 죄인들에

게 유효하다는 것을 뜻합니다.

- 눅7:36이하에서, 예수님은 바리새인과의 대화에서 비유의 도움으로 한 사람은 하나 님께 더 많이 사랑받게 되었으며, 한 사람은 하나님께 더 많이 용서 받게 된 것을 확 인합니다. 남녀 죄인들은 바리새인들과의 대립관계에서 생각되었습니다. 바리새인 들이 하나님께 긍정적인 관계를 가진다는 것과 그가 하나님을 사랑하다는 것은 논쟁 되지 않았습니다. 다만 양자는 죄인에 의한 것보다는 덜 집중적이었습니다. 이러한 의도성 때문에 예수님 역시 죄인들에게로 향하십니다.

"건강한"(바리새인)자들의 의는 이러한 성서자리에서는 질문되지 않았 습니다. 예수님의 더 우선적인 수신인들의 범주는 타락한 자들과 죄인들 이라는 것이 언급되었습니다. 그것은 이 본문을 기독교와 유대교의 대화 를 위하여 중요하게 해 줍니다. 왜냐하면 아마 예수님 역시 스스로 이러 한 운동에 속하지 않았더라면, 그것은 전적으로 예수님이 바리새인들에 게 가까이 서 있었음을 보여주기 때문입니다. 예를 들면, 예수님의 죄인들 에게로 향하심의 합리화의 질문에 대하여 진지한 논쟁들은 그 때문에 전 적으로 주어져 있었을 수 있습니다. 그러나 예수님이 아주 진지하게 바리 새인들과 논쟁하는 바로 그 사실은 다시금 그가 그들과 정신적인 이스라 엘의 새롭게함의 공동 관심에 근거하여 이것을 진지하게 받아들임을 보여 주는 것입니다. 총체적으로 사람들은 말해야 합니다. 즉 반유대적 해석의 전통에서 이따금 주장하는 것처럼 예수님은 그의 사명과 함께 그의 시대 의 유대교로부터 한정되지 않습니다. 예수님이 전 생애기간 유대인이었 으며, 유대인으로 머물렀기 때문에 그것은 벌써 부당합니다. 그러나 역시 "그" 유대교는 없었습니다. 앞에서 다루었던 것처럼, 1세기경 예수님이 한 그룹에 가깝고, 다른 그룹에는 멀리 있었던 구별된 여러 유대교적인 방향 들이 있었습니다(바리새인, 사두개인, 열성당원인 젤롯인, 에센파 등). 유대교, 특히 바리새인들은 예수의 사명의 광채를 가리는 어쨌든 멍청한 사람들은 아니 었습니다. 거론된 본문들과 재빠르게 충돌된 그러한 것들 외에도 역시 "그들" 바리새인들이 실제로 비난받았던 신약에서의 본문들이 있습니다. 이 ░░░░░░░░░░░░░░░░░░░░░░░░░░░░░, 즉 바리새인들, ░░░░░░░░░(예루살렘과 성전파괴) 새롭게 설립되어 성전 없이 유대교 안에서 주도하는 그룹이 있었으며 그리고 새로운 의견 일치를 분리하지 않은 채(예를 들면, 예수님을 믿는 유대인들에게) 모든 요소들에 관하여 분리하는 이러한 유대교의 설립이 필요하기 때문에 사람들은 이따금 예수를 믿는 유대인들에 대항하여 엄격하게 조치를 취하게 된 것입니다. 이것이 다시금 기독교 편에서 아주 부정적인 바리새인 상으로 기록되었습니다. 이러한 바리새인 상은 비록 본문들 안에서 양자가 이따금 내면적으로 서로 변한다 할지라도, 예수님의 바리새인 상(像)과는 바꾸어서는 안 될 것입니다. 신약에서의 유대인을 비판적이거나, 비방적인 진술들의 이면에 다른 많은 사람들은(예를 들면, 요 8:44, "너희는 악마를 아버지로") 이러한 발전을 배경으로 가지고 있습니다. 이 모든 것은 교회 공간 안에 새로운 반유대주의를 드러내지 않기 위하여 우리가 오늘날 신약을 아주 정확하게 "반유대교"적 진술들을 질문해야만 하는 것을 보여줍니다.

## 9. 십자가와 죽음

예수님의 십자가와 죽음 그리고 그 안에 숨겨진 구원을 이해하려는 사람은 예수님의 생애를 직시해야 합니다. 즉 가장 내면에까지 하나님의 가까움을 위하여 열려있으며, 가장 외부적인 것에까지 사람들을 위하여 열려 있는 예수님의 생애입니다. 하나님의 이름 안에서 그리고 모든 계속적인 배후 지원 없이 예수님은 이러한 한계의 저편에서 살았던 자들을 데려오기 위하여 종교와 사회의 한계에 이르기까지 갔습니다. 거기서 그는 하나님이 부여하신 사명으로 인식했던 그 일에 충실하였으며 또한 그의 반대자들이 그를 코너로 몰았을 때도 그 사명을 놓치지 않았습니다.

### a) 왜 예수는 예루살렘을 향하여 가셨는가?

"예수께서 열두 제자를 데리시고 이르시되 보라 우리가 예루살렘으로 올라가노니 선지자들로 기록된 모든 것이 인자에게 응하리라"(눅18:31).

예수님이 예루살렘에 여러 번 머물렀는지 정확히 헤아리게 하지 않습니다. 물론 오늘날까지 질문들이 그의 마지막 길과 함께 그쪽으로 연결합니다. 왜 그가 그의 고향 갈릴리를 떠났는지? 예수님은 왜 예루살렘으로 올라갔는지? 그가 왜 충돌을 초래하게 되었는지? 다음과 같은 대답들은 생각할만한 것입니다.

- 예수님은 하나님이 스스로 그의 배후에 계시며, 그의 인물과 운명과의 연결에서 지금 계시되리라는 그의 요구에 머물렀습니다. 그것은 언제나 이스라엘의 희망이었던 것이 성취되도록 예루살렘의 도시 안, 시온에서 이루어질 것입니다. 즉 "평화를 전파하고 선한 것을 설교하며 구원을 전파하는 기쁨의 소식을 전하는 자들의 발이 산 위에서 얼마나 아름다운가 그들이 시온에 대하여 말하기를 너의 하나님이 왕이시라 .....우리 하나님의 구원은 모든 세상의 끝을 보리라"(사52:7-10).

- 예수님은 겟세마네 동산의 기도에서 분명히 보여준 것처럼, 모든 것에서 전적으로 하나님의 뜻을 따르게 됩니다. "아바 아버지여 아버지께서는 모든 것이 가능하오니 이 잔을 내게서 옮기시옵소서 그러나 나의 원대로 마옵시고 아버지의 원대로 하옵소서"(막14:36).

적어도 세례 요한의 죽음 이후에 예수님은 그의 폭력적인 최후의 가능성을 계획(예정)하고 있었던 것으로 여겨집니다. "오늘과 내일과 모레는 내가 갈 길을 가야하리니 선지자가 예루살렘 밖에서 죽는 법이 없느니라"(눅13:31이하). 그 때문에 복음서들은 예수님이 그의 고난과 죽음과 부활을 예언하신 것에 관하여 말해줍니다. 물론 계속적으로 나아가면서 고난과 부활의 예언들은 제자들의 더 후기의 부활 경험들로부터 형성되었습니다.

## b) 예수님의 죽음에 대한 책임은 누구였는가?

예수님이 고난사이 해신은 버음 머들이 끼칭 소메딘 찌ㅅ.ㅡ모 ㅈㅣ구입니다. 그러나 예수님의 판결과 사형의 더 정확한 배경들은 그럼에도 불구하고 부분적으로 분명하지 않은 채 머물러 있습니다. 예수님은 유대교의 당국자들을 통하여 체포되었고, 심문을 받았으며, 고소되어 재빨리 로마의 권세들에게로 넘겨지고, 지체 없이 사형 받게 되었던 것은 분명합니다. 3가지 동기들이 수난사 보도에서 겹치고 있습니다. 즉 그것들은 종교적인 것(1), 정치적인 것(2) 그리고 실존적인 동기(3) 등입니다.

> (1) 유대교의 법정에서의 재판은 예수님이 신학자들과 공공기관들과 함께 빠져들었던 충돌을 반영합니다. 거기서 종교적 근거들은 결정적인 것을 제시합니다. 사람들은 예수를 "신성모독죄"로 고소하며, 거기서 다음의 것들에 관계되어 있습니다.
>
> - 죄인들을 용서하는 그의 정당한 요구, 왜냐하면 그것은 홀로 하나님께서 가진 권한으로 알고 있었기 때문입니다(막2:7, 마9:1이하).
>
> - 인식일 질문에서 그의 주권(막2:27)은 보편적으로 인간을 지향하는 율법과의 대화
>
> - 성전과 공공기관들에 대한 그의 비판적인 입장, 즉 소위 성전청결은 예루살렘을 향한 예수님의 행렬에 뒤따른 것입니다(막11:15이하). 배경에서 성전 귀족층(사두개인들)이 실제로 어떤 역할을 했는지는 불명확합니다. 그것은 아마도 돌팔매질의 권리를 가졌으며, 그러나 이러한 까다로운 경우를 위한 책임은 로마인들에게 주기를 원했습니다.

메시아 요구는 - 예수님이 그를 대체로 표명했을 경우에 - 기소 혐의점들에 분명히 가산되지 않았습니다. 왜냐하면 사형선고는 그것에 달린 것이 아니었기 때문입니다.

중요한 질문은 유대인들이 예수님의 죽음에 책임이 있는가? 라는 것입니다. 대답은 '아니요' 입니다. 책임은 유대인에게도 아니요, 로마인에게도 아닙니다. 예수님은 의식적으로 그의 종교의 신학자들과 공공기관들과의

충돌을 찾았습니다. 그러나 여기 그 어디에서도 당시 유대인의 집단적인 책임은 발견할 수 없습니다. 그 책임을 오늘날 유대교에서 찾는 것은 완전히 불합리한 것입니다.

복음서의 예수님 수난사에서 여러 상세한 내용은 로마인들에게 부담을 덜어주려고 틀림없이 더 후기의 관심을 따르고 있습니다. 마태복음은 예루살렘의 몰락 이후(AD 70년경)에 랍비와 함께 초대 기독인의 교회(마찬가지로 유대교적인!!)와 그들의 지도력이 빠져 들어간 첨예한 논쟁들을 분명히 반영합니다. 그들의 추종가운데서 이러한 예견할 수 없는 논쟁의 쓴맛은 유대교 편에서 기독인들을 대항하는 이단 저주에서, 그것은 얌니아(Jamnia)에서 종교회의를 알렸던 것처럼(모든 회당예배에서의 반복으로) 그리고 기독교 편에서도 예를 들면, 그것이 마태에게서 특이한 것처럼 한 장면에서 정점을 이루게 됩니다.

"빌라도가 가로되 어찜이뇨 그가 무슨 악한 일을 하였느냐? 저희가 더욱 소리 질러 가로되 그를 십자가에 못 박으소서! 빌라도는 자신이 아무것도 할 수 없는 것을 알고 도리어 민란이 나려는 것을 보고 물을 가져다가 무리 앞에서 손을 씻으며 가로되 이 사람의 피에 대하여 나는 무죄하니 너희가 당하라! 백성이 다 대답하여 가로되 그 피를 우리와 우리 자손에게 돌릴 찌어다 하니라"(마27:23이하).  ↗ 유대인과 기독인의 **하나님**.

(2) 빌라도의 심판 과정은 그 당시 모든 종교적 선동이 피할 수 없이 빠져 들어간 정치적 관계들을 반영합니다.

• 로마인들은 예수님을 그들의 통치를 전복시킬 수 있었으리라는 정치적이며 메시아적인 반란자로서 오해하였습니다.-예루살렘을 향한 예수의 입성행렬의 이야기는 그 밖에도 유다백성들의 얼마가 특히 예수에 대한 이러한 기대를 제시했었던 것을 보여줍니다. 그 때문에 예수님은 빌라도 총독을 통하여 국가반역죄 때문에 사형으로 판결되었고, 배반자에 대한 로마식의 사형방식으로서 십자가에 달려 죽게 되었습니다.

• 예수님은 로마인의 관점에서 특별히 위험스러운 존재로 표명했던 것처럼 종교적이며 정치적인 동기의 혼합에 의하여 제물이 되셨습니다. 그렇게 예민한 자로 알려지

지 않았던 빌라도 역시 간략하게 재판 과정을 진행하였고, 십자가 위에 "나사렛 예수, 유대인의 왕"(INRI)이라고 쓴 글씨가 증명하는 것처럼 정치적 메시아로서 그를 처형하게 했습니다.

- 왼편과 오른편에 있던 예수님의 십자가 고난의 동료들은 더욱이 강도로 불려 졌는데, 짐작컨대 이들은 반로마의 반란자들이었습니다. 예수님은 그가 가는 길의 처음부터 사람들이 그의 하나님의 나라의 소식을 정치적으로 변질시켰던 위험에 처해 있었던 것처럼, 그것은 그를 역시 그렇게 최후에 다다르게 했습니다. 백성들의 유혹자로서 그를 처형하는 결단은 종교적인 것 외에 정치적인 성격을 가지게 된 것입니다.

(3) 예수의 고난과 죽음은 세 번째 극히 중요한 근거가 순간적으로 드러나야 합니다. 즉 그것은 인간의 죄와 구원의 필요성입니다. 이미 복음서들 내에서 예수님의 제자들이 마지막 날의 긴장 가운데서 배신자들로, 부인하는 자들로, 변절자들이 되는 것처럼 그리고 그 안에서 일반적인 인간의 행동을 보이는 것처럼 꾸밈없이 묘사해 주고 있습니다. 그들 역시 예수를 실패된 자로 생각했습니다. 먼저 제자들은 부활한 자의 출현으로 인하여 예수님의 죽음이 그의 보내심을 분명하게 해 주는 것으로 이해하게 되었습니다. 부활로부터 주목되어 언제나 더 분명하게 의로운 자의 대리적인 고난과 그의 희생제물이 됨과 인류의 죄를 위한 속죄에 관한 구약의 모습이 등장하게 됩니다. 처음 기독인들은 하나님의 종에 대한 성서에서의 노래들에서 그것을 발견했습니다.

"그는 실로 우리의 질고를 지고 우리의 슬픔을 당하였거늘 우리는 생각하기를 그는 징벌을 받아서 하나님에게 맞으며 고난을 당한다 하였노라 그가 찔림은 우리의 허물을 인함이요 그가 상함은 우리의 죄악을 인함이라 그가 징계를 받음으로 우리가 평화를 누리고 그가 채찍에 맞음으로 우리가 나음을 입었도다"(사53:3-5).

오늘날까지 예수님의 역사를 알고, 그의 십자가의 이야기를 알게 되는 많은 사람들은 하나의 직접적이며 개별적인 경악에 압도당합니다. 요한 세바스티안 바흐의 수난곡들은 특별한 방식으로 그것을 표현합니다. 왜냐하면 그들의 찬송에서 교회 공동체는 단지 오성이 결코 온전히 파악할 수 없는 진리 안에서 소리를 내기 때문입니다.

"그럼에도 불구하고 이 벌이 얼마나 놀라운 일인지요!

선한 목자는 양들을 위하여 고난을 받으시며

의의 주님은 그 빚을 그의 종들을 위하여 지불하십니다"

(독일찬송, 81장 4절)


"작은 낱알처럼 발견하는 나, 나와 나의 죄들

바다의 모래알처럼 작은 나의 죄들

그것들이 너를 자극하였으며

너를 두드리는 불행과 너의 어려운 고통의 다수"

(독일찬송, 84장 3절)


### c) 예수님의 죽음과 사망

예수의 십자가의 서술들은 각각의 복음서들에서 역사와 신앙이 어떻게 혼합되어 있는지를 가장 분명하게 보여줍니다.

(1) 다음과 같은 것은 믿음을 근거로 하지는 않지만, 그러나 사실관계에서 믿음을 보호하는데 도움을 줄 수 있는 것을 역사적으로 편찬하게 됩니다.

• 우리는 역사적으로 분명해진 모습을 만들 수 있기 위하여 팔레스틴에서 십자가에 못박힘에 대하여 충분히 알고 있습니다. 아마도 이러한 사형방식은 페르시아인에게서 고안되었고, 로마인이 넘겨받게 되었습니다. 로마의 형사소송법에 따르면 노예들, 반란자들, 도망병들 그리고 거룩한 신전 모독자들이 이러한 징벌을 받았으나 오히려 로마 시민에게는 적용되지 않았던 것입니다. 십자가 형벌의 실제적 관철은 고대의 작가들의 여러 가지 증언들에서, 로마법 부여에서 얼마간 정확히 재구성하게 해 줍니다. 그것은 가장 수치스러운 것으로서 그리고 여러 시간 이상 시달리는 죽음의 고통들 때문에 가장 잔인한 사형방식이었습니다. 그들의 수행은 로마의 통치하에 있는 팔레스타인을 위해 증명되었습니다. 예수님의 출생 시기에 요세푸스의 보도에 따르면, 2000명 이상의 유대인 반란자들이 예루살렘의 산에서 십자가에 달려죽어야 했습니다.

• 예수님의 사형집행 수행에 대한 복음서들의 언급은 역사적으로 분명했던 지식에 바르게 잘 맞추어져 있습니다. 예를 들면, 소위 "왕의 놀이"라는 발굴에서 확인되는데 로마 군인들이 그들의 모든 제물들과 놀이하는 것처럼 예수님께도 그렇게 행했던 무

서운 놀이가 빌라도가 거주하는 집의 포장된 돌바닥에서 행하여졌고, 예수님의 몸은 이미 한쿼어 삽처를 입었던 걸입니다. 가시 멸류관과 자색 빛 이투늘 마지막 합 번 사형이 분명해 진 패배자를 존중하게 됩니다.

- 사복음서들 모두는 예수님이 금요일에 십자가에 달리셨다는 것을 한 목소리로 알려줍니다. 공관복음서와 요한복음 사이에 날짜는 일치하지 않습니다. 마가는 니산월 15일 오전에 사형집행이 개최되고 있으며, 그것에 비하여 요한은 이미 니산월 14일 오후에 이루어진 것을 말합니다. 그 해를 결정하기를 시도한다면, 가장 빠르기는 30년의 해를 제시합니다. 우리가 확실하게 말할 수 있는 것은 사형집행 장소가 예루살렘 도시 밖에 있어야만 했던 것입니다. 이것은 유대교의 관습에서처럼, 역시 로마의 관습에도 상응했습니다. 복음서들이 "해골 곳"으로 번역했던 "골고다"(마15:22)라는 이름은 아마도 그 땅의 표지였던 것으로 이해됩니다. 의심의 여지가 남아 있지만, 오늘날 연구는 사형집행 장소의 위치가 지금 서 있는 예수무덤 교회와 매우 정확히 일치한다는 것을 가정합니다.

- 사형선고를 받은 자들은 빈번히 십자가의 형틀을 스스로 짊어지고 가도록, 이것 역시 요한이 예수님에 관하여 알려주는 것처럼(요19:17) 강요되었습니다. 십자가에 달릴 때, 못들의 사용 또한 고고학적으로 현재 증명되었습니다. 사형집행 사령관의 군인들은 시간이 걸리는 절차에 대하여 감독할 책임을 가지고 있었습니다. 범법자의 옷을 탈취하는 권리는 형 집행자들에게 있었습니다. 범법자들이 유죄선고와 함께 표지판을 자기 앞에 달아야만 했던 것을 사람들은 알고 있습니다.

(2) 사복음서 모두는 예수님이 사망에 이르기까지 그의 소명에 신실하게 머물렀던 것에서 신학적으로 일치하고 있습니다. 여러 가지 묘사들을 서로 맞추어볼 필요는 없습니다. 왜냐하면 특별히 십자가에서 예수님의 마지막 말씀들에 대한 보도가 각 복음서들이 개별적으로 해석하는 필적을 지니고 있기 때문입니다.

- 짐작하기로 가장 오래된 복음서인 마가(15:33이하)는 - 후에 마태에서처럼 - "나의 하나님 나의 하나님 왜 나를 버리시나이까?"(시22:2)란 부름의 소리를 전하고 있으며, 그리고서 예수님이 최후의 외침과 함께 죽으신 것입니다. 사람들이 그 안에서 이따금 하나님에 대한 항거를 보았음에도 불구하고, 여기서 그가 생존해 있는 순간에 제기했던 것에 대한 예수님의 거절은 표현되지 않습니다. 예수님은 저 경건한 유대인의 죽음의 시인, 시편 22편 전체를 오히려 기도했습니다. 마가는 거기서 시작의 구절만 인용합니다. 이로써 그는 인간적인 면, 즉 예수님의 시련, 격동, 절망적인 상태

등을 강조합니다. 영혼의 침착상태에서가 아니라 영혼의 고통들처럼 최악의 신체적인 고통들 아래에서 그는 죽으신 것입니다.

- 누가(눅23:39이하)는 골고다 위에서 인간적인 죽음의 3가지 형태를 묘사합니다. 한 사형수는 마지막 순간에 예수님의 능력을 증명할 것을 요구합니다. 그는 구원하는 기적이 일어나지 않기 때문에 냉소적인 불신앙 가운데서 죽어가게 됩니다. 또 다른 한 사람은 자신의 죄를 인식하며 예수님의 신적인 목적을 인식하게 된 것입니다. 그리고 3명의 죽음의 동료들의 모든 무능 안에서 예수의 권능의 말씀을 경험합니다. "진실로 너희에게 이르노니 오늘날 너는 나와 함께 낙원에 이르리라"(눅23:43). 예수님은 마지막 운명의 순간에 시편 31편의 구절을 입술에서 언급하게 됩니다. "아버지여 내 영혼을 아버지 손에 부탁하나이다"(46). - 죽음에 이르기까지 그의 하나님께 신실하게 머무르는 경건한 순교자이십니다.

- 요한복음에 따르면(요19:30), 예수님은 "다 이루었다"는 소리와 함께 운명하십니다. - 그의 권세가 지금 먼저 바르게 분명하게 되는 한 사람 왕과 같이, 그럼에도 승리자이신 패자입니다. 요한은 그 때문에 예수님의 십자가에 관하여 하나님께서 "높아진 자"로서 이따금 말합니다.

### d) 십자가의 신학적 의미에 대하여

기독교는 십자가의 종교이며, 십자가는 기독교의 중심적인 주제가 되었습니다. 첫 기독인들은 예수님의 십자가 죽음에서 그의 삶의 길의 완성을 이미 목격했습니다. 왜냐하면 그들이 부활한 자의 출현에서 예수님의 하나님에 대한 고백을 알았기 때문입니다. 물론 사형 도구인 십자가를 종교적 의미에서 해석하는 것은 엄청나고 대담한 모험이었습니다. 그러나 오늘날 십자가가 도처에서 장식품이나 영예의 표지로 사용되는 곳에서, 그것은 하나님의 가까이함을 십자가와 함께 연결하려는 수고이기도 합니다. 21세기의 십자가 또한 생명의 해침과 멸망을 위하여 있습니다. 바울은 이러한 긴장을 말씀에서 잘 표현해 놓고 있습니다. "유대인은 표적을 구하고 헬라인은 지혜를 찾으나 우리는 십자가에 못 박힌 그리스도를 전하니 유대인에게는 거리끼는 것이요 이방인에게는 미련한 것으로되 오직 부르

심을 입은 자들에게는 유대인이나 헬라인이나 그리스도는 하나님은 능력
이고 하나님의 지혜니시"그전1:24 30).

신약성서에서 십자가 사건을 밝히는 구별된 시도들이 발견됩니다.

• 죄인들에 대한 심판: 의로운 자가 징벌을 대신하여 고난 받으며, 그가 사형판결을 취합니다(갈3:13). 의로운 자는 "고난 받는 의인"의 유대적인 전통에서 나아오며, 예수님의 무죄한 자의 고난을 강조합니다.

• 희생제물: 구약은 속죄 제물에 관하여 말하며(레1:3이하), 인간과 다시 교제(공동체)를 만들기 위하여 하나님이 인간에게 주는 놀라운 가능성이 그 안에 있습니다. 신약은 이러한 사상의 수용에서 예수님의 속죄 제물의 죽음에 관하여 말하고 있습니다. 예수의 죽음을 통하여 하나님과 인간 사이의 파괴된 교제(공동체)가 다시 만들어졌습니다. 예수님은 주의 만찬말씀이 말하고 있는 것처럼, "새로운 언약"을 세우십니다(마26:28, 막14:24, 눅22:20, 고전11:25). 만일 히브리서가 예수님의 신분의 표시로서 대제사장에 관하여 말한다면(히9:11), 그는 성전제사의 생각들에서 사제와 제물이 동일하신 그리스도의 높은 신분을 강조합니다. 역시 "하나님의 어린양"이란 비유의 말씀은 유대교의 유월절 사상의 배경에서 예수님의 죽음을 해석합니다(요1:29).

• 화목/속죄: 인간이 하나님께 속죄하는 것이 아니라 하나님이 예수의 죽음을 통하여 주도권을 움켜집니다. 바울은 이것을 열렬하게 강조하는 기회를 중단하지 않습니다(롬5:10, 고후5:18이하).

• 대속물(몸값): 고대에 노예들은 몸값을 통하여 자유의 몸이 되었습니다. 예수님 역시 그렇게 그의 죽음을 통하여 사람들을 율법에서 자유의 몸이 되게 하였습니다. 물론 그 율법은 죄지은 자에게 죽음이 배당되게 합니다(막10:45).

• 상호간의 교환: 예수님은 죄인들을 대신하여 등장합니다. 이들을 의로운 자의 자리에로 옮깁니다(고후5:21).

• 함께 고난 받으심: 히브리서는 예수님이 사람들을 그들 시험 가운데서, 그들의 연약함에서, 그들 고난 가운데서 동일하게 되심과 그들과 함께 느끼며, 고난 받으며, 그들을 도울 수 있다는 것을 강조합니다(히2:17이하, 4:15이하, 5:7).

• 승리: 예수님은 그의 죽음을 통하여 죽음의 권세를 깨뜨렸습니다. 죽음의 실패자는

실재(實在)에서 승리자이십니다(요19:30).

모든 해석들은 공통적으로 예수님의 죽음이 우리를 위하여 일어났으며, 자유롭게 하는 구원의 의미를 이와 같이 가진다는 인식입니다. 그것은 이미 그렇게 바울이 고전15:3에서 인용하는 초기 신앙고백의 전체를 말해줍니다. "내가 받은 것을 먼저 너희에게 전하였노니 이는 성서대로 그리스도께서 우리의 죄를 위하여 죽으신 것입니다"

## 10. 부활 - "너희가 어찌하여 산 자를 죽은 자들 가운데서 찾느냐?"(눅4:5)

### a) 부활하심과 나타나심:

다만 성금요일과 십자가를 보는 자는 3가지 실패를 보게 됩니다. 예수님은 -그의 인간품위를 빼앗기고 인간으로부터 떠나셨으며 그리고 하나님에게서 포기되었습니다. 먼저 부활의 경험은 모든 하나님의 떠나심 배후에서 숨겨지신 하나님의 현존을 가시화합니다. 그것은 신약 전체가 성취시킨 핵심에 있는 부활의 기적입니다. 하나님은 행하셨습니다! 하나님은 예수를 그의 그리스도로 서 죽음에 이르게 하신 것이 아니라 그를 부활하게 하신 것입니다. 부활은 하나님의 행위입니다! 우리는 '예수님이 소생했습니다'라고 말하는 것보다 '예수님이 부활했습니다'라고 말하게 될 때, 부활에 관한 이해에 더 많은 도움이 됩니다. 그것이 어떻게 이루어졌는지는 미결상태에 있습니다. 그러나 그것이 갑자기 이루어진 것임을 사람들은 언제나 더 많이 말했습니다. 그리고 첫 번째로서 예수님과 그의 일에서 벌써 등을 돌렸던 그 사람들입니다. 그들이 몇 주 전, 몇 달 전에 예수님과 함께 경험했고, 그에게 들었으며, 보았던 것들에 감동되어 이야기했습니다. 만일 지금 모든 복음서의 일치하는 보고에 따라 여성들이 부활의 첫번 증인이었다면, 그 때문에 역사적인 신실성이 강화되는 것입니다. 왜냐하면 사람들이 그 당시 가치 서열에 따라 그들에게 오히려 고통스러운 증인단을 거의 꾸며낼 수가 없었을 것이기 때문입니다.

가장 오래된 부활 증거들 중 하나는 복음서에서 발견하는 것이 아니라, 고린도전서에서 발견합니다. 바울은 고전15장에 그리스도의 출현의 방식을 서술하고 있는 것이 아니라, 그가 거명한 자들에게 "이미 나타났었다"는 것을 말해주고 있습니다. 부활한 자의 경험에서 부활신앙의 진리가 바울에게 놓여 있습니다. 그는 다마스쿠스 앞에서 부활하신 자의 모습을 대하고 기독교를 박해하던 반대자의 모습에서 열렬히 옹호하는 자로 돌아섰던 인물로(행9:1이하) 그리스도와의 마지막 만남을 가졌습니다(고전15:8). 바울은 부활한 자의 이러한 출현들을 분명히 모든 후기의 환상들로부터 구별하였습니다(고전9:1은 고후12:1-6과 비교).

마태와 누가와 요한은 바울처럼(고전15:3이하) 동일하게 부활하신 자가 그의 제자들에게 나타나셨다는 것을 알려줍니다. 장소와 시간과 출현의 증언자들과 관련된 보도들은 여러 차이들을 드러내고 있습니다. 그것들은 통일될 수 있는 것이 아닙니다. 왜냐하면, 그들은 그들의 관심사를 다양하게 드러내고 있기 때문입니다. 마찬가지로 복음서들 안에서도 그들 시대의 교회공동체들이 특별히 제기하는 문제들이 반영되고 있습니다. 어떤 것은 '부활한 자는 단지 유령'(그는 제자들과 함께 있다, 눅24:41이하)이라는 또는 '죽은 시체가 다시 살아났다는 문제' 때문에(그는 닫혀 진 문들을 통하여 오신다, 요20:19,26) 그런 오해발생을 위해서 아주 분명하게 강조되었습니다. 이러한 이야기들 안에서 다른 이들을 감동시키려 했던 한 경험이 아주 분명하게 말해집니다.

### b) 해명의 시도들

부활이야기들에서 알려진 사건들에 대한 시도된 해명들의 행렬이 있습니다.

- 주관적 환상가설은 부활의 주님의 출현들을 심리적으로 밝혀보려고 합니다. 성금요일의 대참사 이후에 제자들의 자각이 시작됩니다. 예수님의 종교적 인품의 후에 미치는 인상 하에서 제자들은 '그들의 선생이 부활하셨다!'는 용감한 부활 신앙을 붙잡았습니다. 그들이 믿었던 것을 그들은 보는 것으로 생각했습니다. 이러한 해명 이후

에 부활한 자의 출현들은 근거가 아니라, 그들 부활 신앙의 작용으로 이해합니다.

- 객관적 환상가설은 부활한 자의 출현들을 특별한 모습들로 이해합니다. 그러나 몇 가지들은 모든 참여자들에게 해당되지 않았던 모습들입니다. 그럼에도 불구하고 이러한 환상들은 제자들의 영적인 근본 변화에로 되돌려진 것이 아니라, 하나님의 행위에로 되돌려졌습니다. 즉 하나님이 그리스도를 새로운 생명으로 깨우셨고, 그를 환상들의 행렬 가운데서 살아계신 주님으로 계시하였습니다.

- 다른 하나의 이해는 "십자가에 달리신 자를 바라봄"이 제자들에게 다시 일어났던 것에서 시작합니다. 죽은 자의 부활에 대한 유대교적 사상을 알고 있었던 사람들로서 제자들이 이러한 '바라봄'에서 '예수님이 부활하셨다'는 추론을 이끌어내었습니다. 예수님의 부활은 어떤 사건이 아니라 하나의 해석인 것입니다. 이러한 해석은 그 당대의 시기에 이해적이었다는 것입니다. 오늘날 그것은 다른 것을 통하여 이미 신약에 겨냥된 해석으로 대체해야 할 것입니다. "예수님의 일은 계속 진행됩니다". 하나님의 가까움에 관한 예수님의 소식은 십자가의 죽음에도 불구하고 계속 전파되었습니다.

- 지금까지 거론된 주제들은 그 안에서 제자들의 부활신앙이 역사가에게만 이해적이라는 것이 일치되고 있는 반면, 어떤 이들은 예수님의 부활을 역사적인 사건으로서 이해하도록 시도합니다. 한편으로 출현의 전승들과 다른 한편으로, 무덤의 전승들의 독립성이 예수님의 부활을 역사적으로 개연적인 것으로 만들어줍니다. 부활은 여기서 죽은 자의 다시 살아나심으로 이해된 것이 아니라 새로운 영원한 생명에 대한 철저한 변화로서 이해되었습니다. 한 역사가가 그러한 비교할 수 없는 사건으로서 가능하다고 생각하는지는 물론 그의 실재이해(實在理解)에 의존됩니다.

이러한 해명 시도들의 판단에 의하여 다음과 같은 관찰들은 도움을 줄 것입니다.

- 부활의 소식들에서 제자들이 자각에 이르게 되었으리라는 그 어떤 근거들은 찾을 수가 없습니다. 증언자들은 부활한 자의 나타나심을 오히려 즉각 대면하게 되었습니다. 왜냐하면 그들의 부활 이전의 신앙이 십자가를 통해 무너졌기 때문입니다.

- 바울은 부활하신 자가 그에게 다시 나타나 그의 삶에 새로운 방향을 제시하기 전에는 확신에 차서 기독인들을 핍박했습니다.

- 고전15장의 증인들의 목록은 분명 모두가 여러 다른 장소에서 여러 다른 시간에 동

일한 것을 경험하였고, 부활한 자를 보았던 증언자의 그룹을 말해주고 있습니다.

모든 보도들은 예수의 부활을 죽은 자가 현세의 삶에로 되돌이옴으로 이해하는 것이 아니라, 새로운 영원한 생명에로 나아감으로 이해하고 있습니다.

• 나타나신 분은 증언자들에게서 예수님으로 인식되었습니다. 즉 십자가에 달리심의 상처와 그것들의 치욕이 순간에 머무르며, 부활의 빛 가운데서 풀려나지 않음을 뜻하는 것입니다.

• 나타나심은 제자들의 세상으로의 파송과 결부되었고, 계속되는 기적의 사건을 열어 줍니다. 즉 나사렛 예수의 소식의 확산이 지중해 연안의 주변으로 확산되었는데, 말할 수 없는 고난의 일들, 바다의 풍랑과 순교와 국가적이며 종교적인 저항운동들에 대항하는 기적적인 사건들이었습니다.

부활을 뜻하는 것의 인식은 부활한 자의 출현 이후 먼저 매번 그것들의 전체적인 깊이에서 생겨나게 됩니다(눅24:32이하). 사람들의 자연스러운 첫 반응은 먼저 믿음이 아니라 놀람과 불신과 의심이었습니다. 의심은 한 사람이 살아있는 그리스도의 실재를 체험한 것에 대한 표시일 수 있습니다. 그것은 질문되고, 그들과 함께 논쟁하는 것입니다. "불신앙적인 도마"(요20:24, 29)의 부활사건 이야기에서 부활하신 자는 의심하는 자를 진지하게 받아들이고, 그에게 믿음을 도우십니다.

### c) 빈 무덤

사복음서 모두는 빈 무덤의 발견에 관하여 말해주고 있습니다. 그러나 고전15:3이하의 옛 신앙고백은 빈 무덤을 언급하지 않습니다. 그것은 부활 신앙이 빈 무덤의 사실에서 생겨난 것이 아님을 뜻합니다. 제자들은 그 어디에서도 빈 무덤에 근거하지 않으며 항상 살아계신 주님과의 만남에 근거합니다. 자신에 대한 빈 무덤은 두 가지로 해석됩니다. 기독교 신앙의 반대자들은 이미 신약의 시대(마28:13)에 그것을 보았으며, 시체의 도적질이나 바꿔치기로써 논증하였습니다. 부활 신앙은 빈 무덤에서 불붙지 않았습니다. 그러나 그것은 살아난 자가 죽은 자에 의하여 발견될 수 없다는 것을 분명하게 해 줍니다. "그는 여기 계시지 않고 살아나셨느니라"

만일 그것이 - 물론 학문적으로 논쟁되지 않았던 주제 - 빈 무덤의 발견에 관한 보도와 함께 원천적으로 결정하고, 다만 부활한 자의 미래적인 출현에 대한 암시를 초래한다면, 그것은 마가복음이 강조하기를 원하던 그것입니다. "여자들이 심히 놀라 떨며 나와 무덤에서 도망하고 무서워서 아무에게 아무 말도 하지 못하더라"(막16:1-8).

### 11. 부활하신 자 - 지옥에 내려가심과 하늘로 가심(승천)

#### a) 죽음의 나라로 내려가심

몇 세기 동안 기독교는 이러한 신앙고백 항목의 내용 없이 지냈습니다. 먼저 359년에 그것이 신앙고백 가운데 삽입되었습니다. 그것과 함께 어떤 의도가 연결되었을까요?

- 사람들은 죽음의 나라를 생각했고, 질문했습니다. 그리스도의 구원은 뒤쪽으로도 동일한 효력을 가진 것인지? 예수님을 만나거나, 그의 소식을 들을 기회를 갖지 못한 사람들과는 관계가 없는가? 바울이 그것을 따라 말한 것처럼, 이러한 고백은 진술된 영적인 돌봄의 의도를 따르게 됩니다. "이를 위하여 그리스도께서 죽었다가 다시 살아나셨으니 곧 죽은 자와 산 자의 주가 되려하심이니라"(롬14:9).

- 사람들은 지옥을 생각했고, 질문했습니다. 그리스도의 승리가 직면할 수 있는 그 어떤 한계가 있는가? 궁극적인 저주의 장소에 던져진 사람들과는 어떤 관계인가? 신약에서의 3가지 진술들은 하나의 대답을 시도합니다.

(1) "그리스도께서 한 번 죄를 위하여 죽으사 의인으로서 불의한 자를 대신하셨으니 이는 우리를 하나님 앞으로 인도하려 하심이라 육체로는 죽임을 당하시고 영으로는 살리심을 받으셨으니 저가 또한 영으로 옥에 있는 영들에게 전파하시니라 그들은 전에 노아의 날 방주 예비할 동안 하나님이 오래 참고 기다리실 때에 순종치 아니하던 자들이라 방주에서 물로 말미암아 구원을 얻은 자가 몇 명뿐이니 겨우 여덟 명이라"(벧전3:18-20).

(2) "이를 위하여 죽은 자들에게도 복음이 전파되었으니 이는 육체로는 사람처럼 심판을 받으나 영으로는 하나님처럼 살게 하려함이니라"(벧전4:6)

(3) "(그리스도가 말씀 하십니다:) 곧 산자라 내가 전에 죽었었노라 볼지어다 이제 세세토록 살아 있어 사망과 음부의 열쇠를 가졌노니"(계1:18). 극단적인 지옥의 불안이 특별히 강하게 가득 채워졌었던 그 시대에 바로 지옥을 열어주는 부활한 자의 이러한 모습은 복음 가운데서 하나의 중심적인 자리를 얻었습니다.

사람들은 성금요일(십자가 수난)의 낮아지심을 깊게 하는 고난의 여행을 그리스도의 지옥으로 내려가심에서 경험하기를 원했었습니다. 루터도 위로에 따라 이러한 교리를 찾았으며, 인간의 시련과 의심의 양도로서 그리스도의 지옥에 내려가심을 해석합니다. 그럼에도 불구하고 그 안에서 그것은 그리스도의 높아지심의 첫 걸음과 승리를 위한 상징으로 오해 없이 남게 됩니다.

예수 그리스도의 "지옥행의 모습"은 그 당시 세계관에서 우리의 오늘날의 것으로 어떻게 옮겨 질 수 있는지? 우리는 심판을 위하여 그리스도의 다시 오심을 고백하고 구세주의 행위로서 세계의 완성을 기다립니다. 만일 그것들이 재 성육신을 통한 정화에 관하여 말할 때, 기독교 밖에서 그리고 새시대적이며, 영성적인 사상들이 믿는 것처럼 우리 자신의 행위로서는 아닙니다. 나사렛 예수 안에서 "새 하늘과 새 땅"에 대한 문은 가시적이되었습니다(벧후3:13, 계21:1). 언젠가 창조주요 세상의 창시자이신 하나님은 "모든 것 가운데 계신 모든 것"(만유의 주)으로 계실 것(고전15:28)이며 하나님께 가장 표면적인 대립물인 "지옥"을 스스로 극복하게 될 것입니다. 왜냐하면 "예수님의 이름 안에서 하늘에, 땅 위에, 땅 아래에 있는 모든 자들이 그들의 무릎을 그에게 끓게 될 것이기 때문입니다"(빌2:10).

↗ 영원에서의 삶.

## b) 승천하심(하늘로 올라가심)

제자 공동체의 부활한 자의 경험들은 신약에서 여러 가지 표현 형식들을 찾았습니다. 신약은 부활한 자의 출현들이 한정된 시공간에서 제한되었던 것을 증언합니다. 복음서 저자 누가는 유일하게 종결된 부활한 자의 나타남을 하나님에게서 예수님의 영접으로 해석합니다. 거기서 그는 그의 사도행전이 부활하신 그리스도가 다시 가시적으로 그에게 속한 자들을 찾고, 그가 마침내 "하나님 우편"에 자리를 취할 때까지 특별한 40일과 함께 교회의 첫 해에 대한 보도를 시작하는 동안 그의 복음서에 부활과 승천이 단 한 날에 일어난 것(눅24)같은 인상을 일깨워줍니다.

누가는 성서에서 친숙한 하나의 동기를 끄집어냅니다. 즉 모세와 엘리야는 승천을 경험하며, 후에 사람들은 여기서 에녹과 바룩과 욥의 아이들을 칭합니다. 성서 외의 고대는 그들과 다른 것들이 헤라클레스와 로물루스와 알렉산더 대왕의 옮김에 관하여 헤아릴 때, 비슷한 생각들의 모범을 사용합니다. 우리가 '하늘'을 이해하는 것처럼, 여기서 근본적으로 중요합니다. 영어는 우리 위의 하늘(sky)과 하나님의 영역(heaven)을 위한 동의어로서 하늘 사이를 구별한다면, 여기서 너무 가볍게 취급합니다. "승천"은 예수님이 하나님의 직접적인 가까움에 영접되었음의 표현입니다. 즉 "그는 하나님 우편에 앉아계십니다"라는 말입니다. 그리고 우리가 스스로 우리에게 그것이 있게 할 수 있었을 때, 하나님이 우리에게 더 가까이 계신 것처럼 그렇게 그리스도는 승천을 통하여 우리에게서 멀리 옮겨진 것이 아니라 그 반대입니다. "그가 땅위에 계실 때, 그분은 우리에게서 멀리 계셨습니다. 지금 그는 우리 가까이에 계십니다"(루터) 또는 복음서 저자 요한이 흉내 낼 수 없을 정도로 예수님이 "나는 너희가 있을 장소를 준비하기 위하여 간다"(요14:2)고 말하게 하는 것처럼 말입니다.

## 12. 예수님의 품위의 존칭

예수님은 결정적 기대들을 충족하고 부여된 역할을 수행하기를 거절 하였습니다. 마가복음 8:27이하의 극적인 장면에서 예수님은 예를 들면, 베드로가 그에게 역할해 주기를 생각하는 메시아/그리스도의 역할을 냉 정하게 거부합니다. 예수님의 죽음과 나타나심들 이후에 질문이 불가피 하게 제기했던 것은 그렇게 놀랄만한 일은 아닙니다. 예수님은 다만 기대 했던 것보다 다르게 - 희망들을 성취하였는지? 또는 사람들은 한 분 다른 이를 기다려야 하는지? 부활의 공동체는 '그는 우리가 희망했던 분'이라는 확실성에서 발견합니다. 그 공동체는 그것을 지금 계속 전하려 하며, 그 공동체가 그들의 성서(구약)에서 그리고 사람들의 마음에서 발견하는 그 희망들은 모두에게 연결시키려고 합니다.

> 물고기의 상징으로 초기 기독교는 인식의 표지를 알려주었습니다. - 그리 고 그것은 오늘날까지 머물러 있습니다. 왜냐하면 물고기를 위한 그리스 낱말(ICHTHYS)은 그들의 글자 안에 갈릴리의 구세주에 대한 고백 전체가 숨겨져 있기 때문입니다.
> I(esous)=예수, CH(ristos)=그리스도, TH(eou)=하나님의, Y(ios)=아들, S(oter)=구세주

다음과 같은 존칭에서 예수 공동체는 그들 주님의 품위와 활동을 표현 하려고 시도했습니다.

### a) 그리스도

그리스 언어에서 존칭으로서, 예수의 아람어에서 '메시아', 즉 '기름부음 받은 자'를 뜻하는 그것을 묘사합니다. 우리는 이와 같이 계속적인 예수의 이름과 관계를 가지는 것이 아니라, 예수는 그리스도요 즉 그 안에서 이스

라엘의 희망이 성취되었음을 뜻하는 기독교의 근본적 신앙고백인 그 고백과 관계를 가지게 됩니다.

- 의롭고 현세적인 평화의 왕국을 세우게 될 새로운 다윗 왕에 대한 정치적인 희망은 이러한 존칭과 결부되었습니다. 그것은 어떻게 우선적으로 로마의 식민권력의 난폭한 행동을 각성시키며, 그러나 예수는 거절하였으며, 마침내 골고다를 향한 그의 길에서 반증되었던 - 한 분 메시아에 대한 희망이었습니다. 그럼에도 불구하고 예수는 신체적이며 현세적인 인간의 복지, 즉 모든 정치의 이러한 탁월한 과제를 항상 진지하게 수용하였습니다. 최초의 기독인들이 나사렛 예수를 그리스도로 고백한다면, 그들 역시 복음이 로마황제의 영광에 대체프로그램을 제시하고 있음을 강조한 것입니다.

- 이미 구약은 그 자체가 바르게 예수의 시대가 메시아와 결부되었으며, 또한 두 가지 기대를 가지고 있었습니다. 즉 그는 왕이어야 하며 구원을 초래해야 하는 것이었습니다. 그리고 그와 함께 마지막 시대가 시작되어야 하는 것입니다. 이러한 두 번째 것과 함께 먼저 사제의 자질들이 분명히 쿰란의 공동체에서 발견되는 것처럼 이편(현세)의 경계를 뛰어 넘어 널리 구원의 희망이 뻗치게 합니다. 하늘에서 '악마의 권세'를 이긴 것처럼 땅에서도 사제적 메시아가 하나님과의 관계를 새롭게 합니다. 만일 예수님이 사람들이 그에게 거는 모두의 메시아 기대를 반박할 때, 그에게는 정치적이며 세상의 왕적인 것보다 오직 종교적이며 사제적인 계기가 더 가까이 놓여 있었습니다. 여기에 - 그리고 거기는 아닌데 - 그는 자신을 사람들의 하나님과의 관계를 새롭게 하며, 하나님을 대신하여 죄를 용서하며, 한계를 열어주는 해방자처럼 이해하였습니다. 마태가 이러한 메시아적 해방을 보았던 것처럼 요셉에 대한 천사의 말은 그것을 보여줍니다. "그녀(마리아)가 아들을 낳으리니 이름을 예수라 하라 이는 그가 자기 백성을 저희 죄에서 구원할 자이심이라 하니라"(마1:21).

그리스도의 존칭은 재빠르게 예수의 이름과 함께 결부되었습니다. 그것은 초기 교회에 땅과 하늘을 위한 이러한 열려진 메시아의 기대가 예수가 원했던 그것을 얼마나 이해하도록 도왔던가를 보여줍니다. 이따금 다윗의 아들로 불리는 칭호는 그가 단편적으로 왕적이며, 정치적인 기대에 역점을 놓았음에도 불구하고, 근본적으로 전혀 다르지 않음을 말해 줍니다. 마찬가지로 마태와 누가 이후의 복음서들은 특별히 제기하고 있는(출생의 역사와 비교), 다윗의 세대에서 메시아의 유래입니다.

### b) 주님(主:퀴리오스)

신약에서 온통 그리스어로 말하는 기독인들의 관점에서 높은 존칭의 입장을 묘사합니다. 그들은 이러한 존칭을 두 가지 다른 관점들에서 알고 있었던 것입니다.

- '퀴리오스'는 특히 하나님의 이름(야훼: JHWH)을 다시 제시하는 그들 성서(70인경)에서 입니다(세계를 생각하는 창조자 그리고 역사의 주인).

- 로마의 황제의 간청들 중의 하나로서 그들의 일상에서(평화와 질서와 미래를 위한 보증).

만일 공동체가 나사렛 예수에게 그들의 주인으로서 고백한다면(예를 들어, 롬10:9, 고전12:3, 계19:16), 그것은 양자를 표현합니다.

- 예수 안에서 그 공동체는 그가 섬기시며, 그가 높여지신 하나님을 스스로 경험하는 것입니다(빌2:9이하).

- 황제가 아니라 예수가 완전한 의미에서 생명과 평화를 보중하시는 것입니다. 바로 이러한 두 번째 관점은 이미 그 당시 아주 재빠르게 예수님에 대한 고백을 주인으로서 행하였던 것입니다(계2:10).

### c) 하나님의 아들

신약의 총체적 전통에서 발견합니다. 왜냐하면 그의 신비에서 나오는 그리스인처럼, 그의 성서에서 나아오는 유대인이 이러한 존칭을 이해했기 때문입니다.

- '하나님의 아들'은 고대동양에서 총체적인 지배자를 말하는 것이었습니다. 선지자들이 그것을 이스라엘 왕에게 그의 왕관식에서 하나님의 잠언으로서 불렀습니다. "너는 내 아들이라 내가 너를 낳았도다"(시2:7). 물론 그것은 생물학적인 의미에서 이해

된 것이 아니라 새로운 통치자로서 하나님에게 밀접한 연결을 찾았던 선택으로 이해되었습니다. 더욱이 이중적인 의미에서입니다. 사람들은 왕을 경외하기를 원했으며 (하나님의 은혜로부터) 그리고 그가 의무를 책임지게 되기를 원했습니다. - 바로 후자에서 경험에 적합하게 많이 매달렸습니다. 왜냐하면 왕은 자의적으로 다스리는 것이 아니라 그의 하늘 아버지의 뜻을 행해야 하며, 자신 스스로가 아니라 하나님의 통치를 실현해야하기 때문입니다.

• 사람들은 후에 그렇게 기꺼이 특별히 경건하거나 또는 특별히 의로운 사람을 하나님의 아들로 특징 지웠습니다. 예를 들면, 예수가 그의 축복 찬양에서 "화평케 하는 자는 복이 있나니 저희가 하나님의 아들이라 부르게 될 것이니라"(마5:9).

• 예수가 자신 스스로 그렇게 말한 것인지는 연구에서 논쟁적입니다. 복음서에서 예수에 관하여 하나님의 아들로서 언급되었다면, 이것은 신앙고백입니다. 예수님은 그 당시 새로운 방식으로 하나님을 아버지로 불렀습니다(막14:36). 그는 하나님을 대신하여 행동하기를 감행하였습니다. 부활한 자의 출현에서도 하나님이 바로 치욕적으로 십자가에 달리신 자로부터 거리를 두고 절교된 것이 아니라 그들의 자리에 자신을 세우셨던 것이 분명하게 되었습니다.

• 공동체는 여러 단계를 거쳐 예수를 특별한 방식에서 하나님의 아들로 그렇게 고백하는 확신에 이르렀던 것입니다.

(1) 바울이 인용하는 가장 오래된 고백은 하나님의 아들로서의 추대식으로서 예수의 부활을 부르게 됩니다. 다윗의 가문에서 나온 예수님은 부활을 통하여 하나님의 아들로 임명하게 되었습니다(롬1:4).

(2) 마가복음은 요단강에서 예수님의 세례에서 이미 "하나님의 아들"로서 선언이 발견되었다면, 두 번째 단계를 보여줍니다. "하나님의 음성이 하늘에서 내려 왔는데 너는 내 사랑하는 아들이라 너로 인하여 나는 기뻐하노라"(막1:11). 구약의 시편들에서 집에 있었던 사람들이 이스라엘 왕의 하나님의 아들 선포를 듣게 됩니다(시2:7). 여기 타보르에서 3명의 제자들의 체험이 연결됩니다(예수님의 변화). 즉 하나님의 음성이 구름에서 들려옵니다. "이는 내 사랑하는 아들이니 너희는 저의 말을 들으라 하는 지라"(막9:7).

(3) 마침내 성탄전야와 유아기의 역사는 그것들이 마태와 마가에 따른 복음서들이 전해 주는 것처럼, 예수는 이미 그의 출생에서부터 하나님이 우리를 만나시는 거기에

있었던 것을 말하고 있습니다. "천사가 대답하여 가로되 성령이 내게 임하시고, 지극히 높으신 이의 능력이 너를 덮으시리니 이러므로 나실 바 거룩한 자는 하나님의 아들이라 일컬으리라"(눅1:35).

(4) 여러 신학자들은 하나님과 예수 사이의 통일성을 예수 그리스도의 선재(先在: Präexistenz)로서 해석합니다. 이로써 그들은 그 어떤 예수의 하늘의 이전 삶에 대하여 회의하는 것이 아니라 하나님의 사랑이 예수 안에서 만난다는 것을 강조합니다. 예수는 우리를 향하신 하나님의 모습입니다(빌2:6이하, 요1:1, 고전8:6, 골1:15이하). 계시의 이러한 최종 결정을 강조하기 위하여 복음서 저자 요한 역시 예수에 관하여 '독생하신 자'라고 말합니다. 즉 "탄생하신 유일한 아들"(요1:14) 또는 하나님의 말씀(로고스)을 뜻하는 것입니다.

"하나님의 아들"로서 예수에 대한 고백은 기독인들이 하나님은 나사렛 예수 안에서 인간이 되셨으며, 구체적인 사람을 위하여 결단하셨고, 실제로 현존하는 사람들을 진지하게 수용하셨다는 사실을 고백하는 것을 뜻합니다. 예수를 고백하는 자는 이러한 관점에 등장하게 됩니다. 그것은 두 가지 결과입니다.

• 기독교의 하나님 형상에 있어서 배경의 상(像)은 더 이상 무한한 전능이 아니라 나사렛 예수의 모습입니다. 그 때문에 후기의 신약은 하나님에 대해 기꺼이 '하나님의 아들'이라는 신분의 호칭을 요약하며, 부활하신 그의 그리스도인 예수 안에서 한 분 하나님의 경험을 칭하게 됩니다. 그분은 '아들'과 '주'로서 생명을 선사합니다(요1:18, 20:28, 요1서5:20).

• 새 시대에 예를 들어, 보편적인 인권들이 겨냥하는 기독교의 인간상에 대한 배경의 상은 희미하게 고안된 이념이 아니라 '나사렛 예수'라는 역사의 한 모습입니다. 만일 인간이 하나님을 신뢰하는 가운데서 살 때, 그에게 인간이 진실로 인간적이 된다는 것이 분명해 질 것입니다. ↗ **삼위일체하나님**

### d) 인자

이 칭호는 오직 복음서에서 나타나며, 이 또한 예수님의 입에서 나온 것입니다. 그러나 결코 예수님에 대한 교회공동체의 고백의 말에서는 아니었습니다. 그 때문에 바로 이러한 존칭은 예수 연구에서 특별한 의미를 가지게 됩니다. 사람들은 이러한 말들이 예수의 자아이해에 열쇠가 되는가? 라고 질문합니다. 3가지 주제들의 범주가 이러한 예견들과 연결됩니다.

- 현재적으로 작용하는 인자: "인자는 잃어버린 자를 찾고 구원하려 왔다"(눅19:10, 막2:10,28,10:45 비교).

- 도래하는 인자: "누구든지 이 음란하고 죄 많은 세대에서 나와 내 말을 부끄러워하면 인자도 아버지의 영광으로 거룩한 천사들과 함께 올 때에 그 삶을 부끄러워하리라"(막8:38,13:26이하,14:62).

- 고난 받으며, 죽으며, 부활하는 인자: "인자가 많은 고난을 받고 장로들과 대제사장들과 서기관들에게 버린바 되어 죽음을 당하고 삼일 만에 살아나야 할 것을 비로소 저희에게 가르치시되"(막8:31,9:31,10:33이하).

그 당시 생각에 따르면 '인자'는 갑자기 메시아의 모습으로서 하나님에게서 높여지시고, 심판하기 위하여 숨겨져 있음에서 나타나게 됩니다. "내가 또 밤에 이상 중에 보았는데 '인자'같은 이가 하늘 구름을 타고 와서 옛적부터 항상 계신 자에게 나아와 그 앞에 인도되매"(단7:13). 언제나 예수님은 '인자'로부터 세 번째 사람으로 언급되었기 때문에, 하나님이 그를 높이게 되리라는 것을 그가 자신 스스로를 생각했는지 또는 기대했는지는 전적으로 확실한 것은 아닙니다. 그러나 '인자' 역시 예수님이 사용한 모국어에서 간단히 이는 (온전히 결정된)사람이라는 것을 뜻할 수 있습니다.

## 13. 성령을 통하여 잉태되셨으며, 동정녀 마리아에게서 탄생하심

이러한 문장과 함께 그 고백은 성서가 여러가지 표현들 가운데서 아는 하나의 동기를 받아들입니다. 즉 하나님의 약속에 기인하는 아이들이 그들의 출생이 인간적인 계획에서가 아니라, 하나님의 놀라운 개입에 힘입고 있는 것입니다.

- 그것은 아브라함의 아내 사라에게서(창18:11-14), 이삭의 아내 레베카에서(창25:21), 야곱의 아내 라헬에서(창29:31) 그리고 이스라엘의 역사를 통하여 시몬과 사무엘을 거쳐 직접적인 가까움에 있는 예수님에 이르기까지 진행됩니다. 세례 요한의 어머니 엘리자벳 또한 고령의 나이에 출산하게 되는데, 먼저 천사가 출생을 알린 후에 잉태됩니다(눅1:15이하). 그 안에 경험이 표현되는데, 하나님의 놀라운 개입에서 우리는 미래와 구원과 속죄에 힘입게 됩니다.

- 복음서 저자 마태는 이사야 선지자의 언약을 인용합니다(사7:14). "그러므로 주께서 친히 징조로 너희에게 주실 것이라 보라 처녀가 잉태하여 아들을 낳을 것이요 그 이름을 임마누엘이라 하리라" 임마누엘은 "하나님이 우리와 함께 하심"을 뜻합니다(마1:22이하). 마태가 70인경에서 취한 것이 히브리어 원문에서는 다만 '젊은 여인'을 말하며 – 이미 그리스어 번역에서처럼 그 본문으로부터 - 동정녀로서 해석되었습니다. 여기 배경에 이사야 선지자의 근본적 예고는 하나의 출생이 하나님의 신실하심을 나타내게 되는 것과 인간의 구원을 알리게 되는 것이 중요함을 보여준 것입니다.

- 그가 세계를 존재 안으로 부르시고(창1, 비교), 그와 같은 능력을 가진 영을 통하여 하나님은 예수 안에서 새로운 시작을 인류와 함께 행하십니다. 즉 예수 안에서 하나님은 항상 자신을 인간과 함께 연결하십니다. 교회는 그렇게 예수님을 "참된 인간이시며, 참된 하나님"으로서 고백합니다.

예수의 근원에 대한 이러한 신학적 진술들이 비유적이며, 역사적이며, 생물학적으로 이해하는 것인지는 기독인들 아래에서 갈라질 수 있는 하나의 물음입니다. 모든 기독인들은 '성령으로 잉태되었고, 동정녀 마리아에게서 탄생되었다'는 고백문장의 의미를 공동으로 증언합니다.

a) 하나님은 예수님과 함께 새로운 창조를 시작하십니다. 우리들의 속죄, 즉 구원은 인간적인 그 어떤 공동작용 없이 하나님으로부터 온전히 우리에게 선물되었습니다(마1:20이하). 우리가 스스로 만들지 않았던 것처럼, 우리 역시 우리의 생명의 의미를 스스로 만들 수 없습니다. 그리고 우리의 현세적인 삶이 영원한 성취에로 향하는 것은 하나님의 영원한 창조의 말씀이 인간이 되신(요1:14,3:16) 그분에 대한 믿음이 홀로 우리에게 밝혀줍니다.

b) 마리아가 하나님의 아들을 세상에 데려와야 한다는 것을 믿음으로 받아들였기 때문에 마리아는 모든 것이 하나님으로부터 기다리며, 희망하고, 아무것도 자기 자신으로부터는 아니라는 저 믿음의 본이 되신 것입니다. 단지 그러한 믿음 안에서 교회는 역시 하나님의 말씀이 세상에서 이루어지게 되는 그 기적을 새롭게 받아들이며, 경험할 수 있을 것입니다.

c) 예수님은 하나님으로부터 탄생되었습니다(요1:13). 예수님에 의하여 하나님과 중단되지 않는 결합은 그의 전 삶의 실재이십니다. 그는 처음부터 새로운 창조이며(고후5:17), 그가 모든 시험들과 그의 삶과 죽음의 시련 가운데서 이겨내신 그의 분리할 수 없는 하나님과의 결합에 관하여 이해하는 것입니다. 예수님은 그의 보내심을 성령에 힘입고 있습니다. 예수님의 탄생에 관한 가르침에서 '동정녀 마리아에게서'는 그의 근원이 하나님에게서 임을 보여주는 결정적인 것입니다(우리들의 주님의 어머니, 마리아, 개신교 핸드북에서).

마리아의 경배는 이와 같이 하나님의 인간됨을 반영합니다. 구세주가 세상에 오며, 하나님이 그의 자비 가운데서 그것을 원하시기 때문이지 인간들이 그를 증언하기 때문은 아닙니다. 마찬가지로 누가는 예수님의 부모로서 마리아와 요셉에 관하여 선입관 없이 말하고 있습니다(눅2:22-52).

마리아는 예수님의 어머니로서 복음에 속하며, 결코 "가톨릭교회의 마리아 숭배처럼"은 아닙니다. 신약은 인간적인 사실주의로써 마리아를 예수님에게 가까움을 표현하며, 그럼에도 불구하고 양자 사이에 간격을 침묵하지 않습니다. 바울이 단지 예수님의 탄생을 한 여인에게 서로 언급하는 동안, 마가복음은 예수님의 어머니와 누이들을 물론 부정적인 목소리로(막3:20이하, 31이하) 부릅니다. 먼저 더 후기의 복음서들인 마태와 누가에 따르면, 사랑스러운 예수님의 어머니로 전념하며, 누가는 그녀를 믿음의 모범으로서 하나님 말씀의 모범적인 청취자요 "주의 계집종"으로서 존경스러운 관심으로써 마리아를 표현합니다. 그 유명한 "마리아 송가"(Magnificat)는 그 당시 유대교에서 널리 퍼져있던 열정적인 아멘의 경건을 노래하는 시(詩)입니다.

복음서 저자 요한은 결과적으로 예수님의 어머니를 "사랑하는 제자"와 함께 십자가 아래에 세우게 됩니다(요19:25이하). 거기서 "피에타 상"(예수님의 시체를 안고 슬퍼하는 마리아의 상(像)묘사)과 문학작품(십자가 아래서 고통으로 가득한 어머니)이 생겨났습니다.

예수 그리스도에 대한 신앙고백의 투쟁에서 고대 교회 역시 예수의 어머니와 함께 다루었습니다. 예수 그리스도에 대한 믿음을 참된 하나님과 참된 인간으로 고백하기 위하여 교회는 마리아의 구원 역사적 입장을 "하나님의 잉태자"(희랍어, theotokos)란 표현을 가져왔고, 그녀를 구원자의 어머니로서 경외하였습니다.

중세기 과정에서 예수 그리스도에 대한 신뢰가 위협받도록 이러한 마리아의 경배가 도를 넘게 되었을 때, 종교개혁자들은 마리아 경배의 과도한 형태를 거절하였으며, 하나님과 인간 사이에 유일한 중보자는 예수 그리스도뿐임을 강조하였던 것입니다. 동시에 그들은 예수의 어머니로서 마리아에 대한 고백과 믿음 안에서 모범으로서의 효력을 가졌습니다. 마르틴 루터는 그렇게 "마그니피카트"(마리아 송가)의 해석에서 말합니다. "위대한 일들은 다른 것이 아닙니다. 그녀가 하나님의 어머니가 되었다는 것, 아무도 이해할 수 없도록 크고 많은 자비들이 그녀에게 선물되었기 때문입니다. 그녀는 전 인간세대 안에서 유일한 사람이라는 것, 그녀가 하늘의 아버지와 함께 한 아이를, 그리고 그러한 아이를 가진다는 것이 그 누구에게도 동일하지 않은 모든 사람들 위에서, 모든 영예와 모든 구원이 뒤따르기 때문입니다. 그러므로 사람들은 그녀의 영예를 파악하고, 그녀를 하나님의 어머니라고 부릅니다."

종교개혁자들의 비판과 로마가톨릭의 편에서 전승된 마리아 경건의 방어는 마리아가 신앙고백적 분리의 표시가 되었던 대로 이끌었습니다. 1854년 로마가톨릭교회가 "잉태 무오론"(마리아는 유전죄가 없이 잉태함)과 1950년 "하늘에서 마리아의 영접"(마리아 승천론)을 교리화했을 때, 서로의 대립은 화해할 수 없는 상태로 빠져 갔습니다.

최근, 교회연합(에쿠메네)의 대화에서 마리아에 대한 질문이 시작되었습니다. 2000년, "거룩한 공동체"(Comumunio Sactorum)라는 루터파와 가톨릭파 사이에 나눈 문서에서 서로의 입장을 알리는 첫 시도가 있었습니다. 잉태 무오론 교리에 대한 로마가톨릭의 해석에 따르면, 마리아가 그리스도의 의롭게 하시는 은혜를 통하여 구원되었다는 것 - 물론 그들 만남의 첫 순간에 개신교 대표들은 다음과 같이 상세히 입장을 설명하였습니다. "개신교 기독인들은 하나님이 마리아를 이미 그들 현세적인 존재의 시작에서 이전의 예레미야처럼(렘1:5), 세례 요한처럼(눅1:13-17) 은혜의 도구로 사용하였음을 믿을 수 있습니다. 그러나 만일 마리아가 죄에 사로잡힌 인류를 구원하며, 무죄한 그리스도와 함께 동일한 단계에다 세운다면, 개신교 기독인들은 잉태 무오론의 교리에 반대해야만 합니다(CS 261). 하늘에서 마리아가 영접되었다는 교리도 로마가톨릭 편으로부터 오늘날 공동적인 희망의 신앙고백으로 이해되었으며, 즉 그것은 죽은 자들의 부활과 의롭게 하시는 하나님의 긍휼의 열매로서 영원한 생명을 향하여 우리가 아직 과정에 있음에 이르게 되었습니다."(CS 260). 개신교 편에서는 "만일 바울에게서 언급된 죽음 이후에 그들 구원자에게로 돌아가게 되리라는 희망이, 마리아를 위해서도 표현될 수 있다면(빌1:23), 그것(마리아 승천론)에 대한 반대가 필요하지 않습니다. 왜냐하면 그것 역시 우리 자신과 믿음 안에서 앞서간 모든 자들을 위한 우리의 희망이기 때문입니다. 개신교-루터교회는 마리아가 믿는 자들의 공동체에서 높여져 - 대략 여성중보자로서 - 그의 아들 편에다 세워놓았었다면, 물론 유일한 중보자 예수 그리스도에 대한 믿음은 위험스러운 것으로 보일 수 있는 것입니다."(CS 261).

이러한 개신교 편의 생각에 대한 대답으로서 가톨릭교회는 종교 개혁 전통의 노력을 자체의 것으로 만들기를 원합니다. "모든 것에서 그리스도의 유일한 중보

권, 믿음과 은혜의 우위권 그리고 성서에서의 하나님 말씀의 우선권을 바로 마리
아에 대한 관계에서도 받아들게 하는 것입니다. ~~[DG 264] 동시에 그들은 개신교회~~
에서도 생각해야 할 것을 간청하였는데, "가톨릭의 생각을 위해서 그리스도의 어
머니는 칭의 사건의 구체화에 홀로 은혜와 믿음을 통하여 있다는 것입니다."[CS
267]. 2009년의 "거룩한 공동체"라는 연구논문에 대한 토론과정의 표결에서 독일
루터교회연합회(VELKD)의 지도부는 "격려하는 표시로서 그것을 평가했는데, 즉
성자들과 마리아 경배에서 계속적으로 존재하는 차이점들이 개신교나 또는 가톨
릭 편에서도 교회분리의 충분한 근거로 보기에는 미흡하다는 것이었습니다."

## 14. 기독론적인 결단들 - 참 사람과 참 하나님

사람들은 기독교 역사의 과정에서 결정적인 강조점 변경이 이루어지
는 것을 알아야 합니다. 즉 소식을 선포하는 자에게서 그 소식은 스스로
이루어집니다. 예수님의 삶과 활동은 신약성서에서 중심을 이루고 있는
반면, 곧 다른 질문이 중요합니다. 이러한 예수 그리스도는 누구인가? 초
점은 예수 그리스도의 본질에로 향합니다. 그리스-철학의 사상에서 형성
된 고대 교회에서, 예수 그리스도가 참된 사람이며, 참된 하나님으로 생각
되고 믿어질 수 있었던 것처럼, 그 질문이 중심으로 옮겨집니다.

325년 콘스탄틴 황제로부터 니케아에서 처음으로 소집된 종교회의에
서 소위 아리안주의 논쟁이 다루어졌습니다. 아리우스(Arius)는 하나님의
완전성이 불완전한 창조와는 연결할 수 없을 것이라는 입장을 대변하였습
니다. 그것에 따라 예수는 하나님과 비슷하지만(그리스어, homoi-ousios) 하
나님과 동등하지는 않다(그리스어, homo-ousios)는 것이었습니다. 아리우스
의 사상에 반대자, 아타나시우스(Athanasius)는 본질에 있어서 동일하다는
입장을 확고하게 했으며, 결과적으로 그것을 관철시켰습니다. 니케아 신
앙고백에서 그것은 다음과 같이 표현되었습니다. ".... 한 분 주님, 예수 그

리스도, 아버지에게서 유일한 독생자로서 생명으로 탄생된 하나님의 아들 - 그것은 아버지의 본질에서 오신 것을 뜻합니다. - 하나님에게서 하나님, 빛에서 빛 - 참된 하나님에게서 참된 하나님이 탄생되셨으며, 창조되신 것이 아닌 아버지와 본질에서 동등하며 - 모든 것이 그를 통하여 이루어졌으며, 우리 인간들 때문에 그리고 우리의 구원 때문에, 마찬가지로 땅위에서처럼 하늘에서 오셔서, 육신이 되시고, 사람이 되신, 그리고 고난 받으셨으며, 삼일 만에 부활하셨으며, 하늘에 오르셨으며, 산 자와 죽은 자를 심판하러 오실 그 분이십니다."

그리스도 본체의 이러한 확정에도 불구하고, 그리스도의 신성과 인성에 관한 삼위성과 관계확정에 대한 논쟁이 계속되었습니다.

칼세톤(451)종교회의에서 예수 그리스도는 참된 사람과 참된 하나님으로 알려졌습니다. 사람들은 예수의 인간 존재와 신 존재를 축소하지 않고 분명하게 하기를 원했는데, 만일 하나님이 스스로 우리의 실제적인 인간 존재를 수용하시고 영원한 고향의 권리를 자체적으로 정리하셨다면 기독교적 의미에서 구원에 관하여 말할 수 있기 때문입니다.

사람들은 칼세톤의 신앙고백에 대하여 상당한 것을 비판할 수 있습니다. 특히 예수 안에서 연합된 그리스도의 양 본성에 관한 말은 아주 긴급하게 울리며, 여기 포함된 철학적인 자연개념이 깊은 인격적인 그리스도 사건에 상응하는지는 질문하게 됩니다. 그럼에도 불구하고, 칼세톤 신조와 함께 천재적인 교리적 설계가 성취되었습니다. 그의 가장 위대한 강점은 예수 그리스도를 하나의 개념으로 만들지 않는 거기에 있습니다. 단지 결정적인 극단들은 제외되었습니다. 예수 그리스도가 온전히 인간이었으며, 이와 같이 단지 하나님"만이 아니라"는 것이 언급되었습니다. 확신은 예수 그리스도가 원초적으로, 또는 특별히 하나님으로서, 마찬가지로 인간으로서 이해하는 거기에 있습니다. 거기서 기독교 신앙은 기울어진 상태～ 빠시게 되니, 부생시으므= 가제 내비략시 비밀을 배비뱉니며, 씨ﾒ롭게 말하면, 사람들은 안장의 양면에서 떨어질 수 있습니다. 적극적으로 서술하여, 그가 실제로 누구인지를 말하는 것 없이, 예수 그리스도가 어떤 경우에라도 이해되지 않아야 하는 것처럼, 다만 부정적으로 언급되었을 때 사람들은 말할 수 없는 것과 비밀이 가득한 것을 위한 의식적인 공간을 허용하며, 인격적인 하나님과 그리스도와의 관계의 영역에서 "누구인지의 물음"을 지적하는 것입니다. 사람들은 예수 그리스도를 합리적으로 이해할 수 없으며, 다만 믿음 안에서 그의 비밀을 경험할 수 있습니다.

예수 그리스도를 정의하기를 원하는 이러한 거절에 근거하여 사람들은 인간적이며 신적인 본성을 서로 역설적인 방식에다 배열합니다. 양자의 본성들은 비혼합적이며, 불변적입니다. 다음과 같이 말하기를 원합니다. 즉 하나님 존재와 인간 존재는 예수 안에서 그들 고유의 본질을 유지하게 됩니다. 그리고 동시에 그것들은 분리되지 않으며, 구별되지 않습니다. 하나님과 인간의 실제적인 연결에 이르렀습니다.

합리적인 지평에서 그러한 진술은 논리적이지 않지만 개인적인 만남의 지평에서는 논리적입니다. 우리는 종종 다음과 같이 말합니다. 다른 사람은 나로부터 한 부분이 되었습니다. 이로써 우리는 주장합니다. 두 가지 인간적인 동질성들이 녹아진 것이 아니며 자신을 잃어버리는 것 없이 자신 스스로를 서로에게 전할 수 있습니다. 반대로 온전히 바로 사람들은 먼저 자신을 발견합니다. 그것이 "칼세톤 고백"의 가장 핵심적인 진술입니다. 사람들이 단지 자신을 소개할 수 있는 하나님과 인간 사이에 가장 깊은 만남이 개최되었습니다. 즉 하나님은 우리에게 그의 본체에 참여의 몫을 우리에게 주었으며, 우리는 하나님의 "한 부분"이 되었습니다. - 그럼에도 하나님은 하나님이시며, 인간으로 머물렀습니다.

## 형성

예수 그리스도의 인격과의 논쟁은 교회역사의 2000년 안에 집중된 모습으로 만들어졌으며, 다양하고 예술적인 묘사들과 작품들로 창조되었습니다.

### 1. 예술에서의 그리스도의 형상들

성서에서 예수님의 외관에 대한 그 어떤 종류의 암시들도 끌어낼 수는 없습니다. 모든 그리스도의 상들은 그 때문에 예수님에 관한 어떤 초상화들도 아니며, 그것의 창작자들의 해석들입니다. 모든 예술가들은 그렇게 항상 저 시대와 개별적인 신앙경험인 그 자체적인 그리스도의 상을 만들게 됩니다. 그것은 예수님이 실제로 어떤 모습이었는지에 대한 질문일 뿐 아니라, 예수님의 인간성과 신성이 그리스도 상 안에서 어떻게 설명하게 되는지에 대한 질문입니다. 그것은 그렇게 구약의 형상금지(출20:4)에 따라, 먼저 예수 그리스도에 관한 묘사들에 대하여 거대한 유보가 주어진 것입니다.

3세기경 기독교는 후기 고대적인 예술의 형상 언어의 요소들을 넘겨받게 됩니다. 형상금지는 후퇴되었습니다. 먼저 그리스도의 구원의 해석에 대한 관심이 놓여 있습니다. 그것은 장면의 묘사들이나 또는 알레고리한 상들이 현저합니다. 기독교의 초기시대에 선한 목자로서 어깨 위에 양을 둘러메고 있는 아름답고 젊은 남자의 상이 지배합니다(카타콤에서의 그림들). 예수님의 십자가와 고난의 상들은 아직 회피되었습니다. 왜냐하면 사람들이 고난의 화(고전1장)도, 아직 그리스도의 인간성과 낮아지심을 묘사하기를 감행하지 않았기 때문은 아닙니다. 4세기에 기독교적인 황제 콘스탄틴의 권력 인수 후에 사람들은 그리스도의 인품과 승리를 묘사하기 위하여 통치자의 -조형미술품 연구에로 다시 소급하게 됩니다. 십자가에서 그리스도의 첫 모사들은 십자가 형벌이 제거되었을 때 5세기경에 생겨납니다.

두 번째 경향들이 인식되는 것, 즉 한 번은 언제나 원칙적인 상들의 논쟁이 생겨납니다. 비판자들은 상들의 경배에서 우상경배의 표시를 보게 됩니다. 두 번째 니케아 종교회의(787)에서 형상들의 경배는 원칙적으로 허락되었습니다. 그러나 다시금 "그리스도의 참된 모습"에 따른 질문이 제기됩니다. 그리스도 모습의 신뢰할만한 복제들이 있다는 여러 가지 전설들에 근거하여 통일된 특징을 가진, 사람 손에서 만들어지지 않은 그리스도의 형상(그리스도어, acheiropoietes=인간 손에서 만들어지지 않은), 즉 동방교회의 성화상 예술이 결정하는 그리스도의 상이 관철됩니다.

낭만주의 시대에 이탈리아와 프랑스, 독일 등에서 그리스도의 고난은 적게, 오히려 그의 위엄을 보여주는 십자가의 묘사들과 세상의 심판자로서 그리스도의 형상들이 생겨났었습니다.

중세후기는 클레아폭스의 베른하르드와 아시시의 프란시스의 고난의 신비의 영향 하에서 십자가에서 고난 받는 자를 실제화하게 됩니다. 그리스도는 이편의 삶에서 인간의 고난을 나누며 - 그들처럼 학대받으시고, 채찍에 맞으셨으며, 고문을 당하셨습니다. 고딕양식은 예수님의 인간성을 다시 발견합니다. 고난이 모든 과격성으로 강조되었고, 예수님을 고통 당하는 사람으로 묘사하였습니다. 페스트, 전쟁, 나병에 관한 고난들이 곳곳에서 목격되었기 때문에, 이러한 가시 면류관을 쓴 그리스도의 상(ECCE HOMO)이 이해되었습니다. 고딕양식의 전성기에 십자가는 하나님의 아들의 높아지심의 표시로부터 고난당하는 인간의 것으로 변화되었습니다.

루터의 종교개혁은 칼빈처럼, 그리스도의 하나님의 버림받음이 구원

사역을 위하여 필수적이라는 것을 강조한다면, 그것은 예술에 대한 작용 없이 머물러 있는 것은 아닙니다. 즉 끔찍하게 고문당한 시체와 고난과 죽음에서 일그러진 관점들은 부활하신 자에 대한 것보다 더 많이 구원을 가시화해 줍니다. 가장 인상적인 모범은 그뤼네발트(M. Gruenewald)란 화가의 이젠하임(Isenheim) 도시에 있는 성당의 제단에서 발견합니다.

르네상스는 클래식한 고대에 의존하여 고난이 없는 아름다움을 강조합니다. 사람들은 마돈나의 품속에 안긴 아이를 보여줍니다. 아들 옆에 왕위에 앉으신 하나님의 어머니의 자리에 세상의 구원자가 서 있으며, 지금 양자 사이에 내적인 인간관계가 등장합니다. 예수님은 온전히 인류에게 부분을 가지며, 구원자, 관용자, 부활하신 자, 또는 전적으로 심판자보다는 더 적게, 오히려 인간으로서 나타납니다(렘브란트, 루벤스).

바로크시대에 낙관적이며, 승리에 찬 스타일이 색채와 움직임으로부터 지배적입니다.

18-19세기 합리주의와 계몽주의의 영향 하에서, 의사로서, 약사로서, 또는 시대를 넘어 구세주로서 철학적 그리스도의 상이 생겨납니다. 동시에 다감성과 종교적인 저속품이 압도합니다. 즉 구유에 있는 아기로서의 예수님을 곱슬머리를 한 아이로서 또는 명상적인 구세주로서 보여주는 경건한 명상의 모습들이 생겨납니다.

20세기 새 시대는 그리스도의 삶에서 우선적으로 세계의 어둠에 처한 가난한 자들을 위한 소식을 봅니다(G. Rouault). 양대 세계대전들과 독재자들과 결부된, 거기서 필수적인 방법으로 현대인의 그리스도 형상을 특징지었던 비인간화 역시 인간상의 파괴에로 이끌었습니다.

2차 세계대전 이후 예술가들의 예수님의 형상들에서 전통과 선전, 비판과 정치, 비난과 경외, 의심과 희망이 분명하게 될 것입니다. 거기서 권세자들로부터 압박 받고, 고통 받았던 인간들로서 그리고 인류와 창조의 고난을 대리하는 예수님을 보여주는 형상들이 압도하였습니다. 형제적 그리스도는 고통당하며, 고난 받는 인간으로서 인간적 고난의 경험들의 반영의 상을 상징화하게 됩니다.

2000년의 전환기에 예수 그리스도라는 주제는 대략 증대하는 예술의 무대상형성과 비디오 예술과 설비들과 같은 새로운 생산품들로 되돌아간 것이 재등장합니다. 사진술에서 예수라는 주제와 함께 예술적인 논쟁들이 계속적으로 발견하게 됩니다.

## 2. 음악에서의 그리스도 형상들

특별히 요한 세바스티안 바흐(J. S. Bach, 1685-1750)는 그를 알버트 슈바이처가 표현했던 것처럼 - "다섯 번째 복음서 저자"로서 - 그리스도의 음악적인 상이 오랫동안 영향을 미치도록 만들었습니다. 그의 작품에서 그는 언제나 예수님의 인격과 활동과 함께 설명하였습니다. 오늘날까지 오라토리오, 칸타타, 수난곡들은 많은 동시대사람들에게 성서와 교회가 그들에게 더 이상 밝혀줄 수 없는 그리스도의 모습에 대한 접근을 제공해 줍니다. 특히 바흐는 그의 성가들을 통하여 청취자들을 그리스도의 사건 안으로 데려 옵니다. 그것들은 그의 시대에 합창대로부터 연주된 것이 아니라 회중으로부터 연주되었습니다. 바로 그의 위대한 수난곡들, 마태와 요한의 수난곡들은 청취자들에게 해당자가 되는 상호작용하는 연주들이 될 것입니다.

만일 사람들이 그의 시대의 음악적 수사(修辭)의 정교함을 인지할 때, 먼저 밝히고 있는 가득한 복합적인 가지치기들과 숨겨진 암시들의 직접적으로 마음을 끄는 능력 안에 바흐의 음악이 있습니다. 바흐는 "십자가"의 기독교적인 핵심 상징과 함께 그렇게 음악적 모범으로 연주합니다. 그것은 이러한 상징을 - 대략 그의 수난곡들의 십자가 달리신 자 - 협주곡들 - 고통과 곤궁 상태를 표현하는 - 두 가지 연속되는 반음의 발걸음 안에서 4가지 악보들과 함께 규칙적으로 형성하고 있습니다. 사람들이 첫 번째 것과 네 번째 것, 이러한 동기의 두 번째 것과 세 번째 것도 마찬가지로 한 선으로 연결하면, 악보 위에서 놓여 있는 십자가상이 나타나게 됩니다. 바흐의 음악은 그들이 들을 수 있게 하려는 것 역시 보여 지고, 읽혀지기를 원하는 완전하게 비밀이 가득한 소식들에 있습니다.

게오르그 프리드리히 헨델(G. F. Haendel, 1685-1759)은 바흐와 같은 교회 음악가는 아닙니다. 그러나 그는 24일간 "메시아"란 오라토리아를 작곡할 정도로 예수님의 소재를 매력적으로 발견했습니다. 근본토대는 구약의 예언들에서부터 요한 계시록의 묵시적인 사상들에 이르기까지 하나의 거대한 활을 당겼던 찰스 예넨스(Ch. Jenenns, 1700-1773)의 오페라 각본이었습니다. 거기서 예수님은 하나님의 파트너인 중재자요, 세상 죄의 구원자인지에 대한 옛 유대교와 기독교의 논쟁에 기독론적 기여가 그에게 중요한 것이 아닙니다. 이신주의(Deism) 논쟁의 하나님 이해에 대한 그 시대에 격렬했던 정통신앙 논쟁 안에서 행한 신앙고백이 그에게 중요하였습니다. 얼마간의 계몽주의적인 신학자들 그리고 철학자들에게 구약의 하나님은 "한 때 창조주"였지만 새 언약의 "아버지"는 아니며, 예수님의 아버지도 아니며, "우리의 아버지"도 아니었습니다. 여기에 포괄적인 의미에서 보수적인 영국의 기독인, 찰스 예넨스는 예수님이 구약의 "메시아 예언들을" 성취하셨으며, 이와 같이 기다리는 "메시아"라는 증거를 보여주기를 원했던 것입니다.

크라이츠토프 펜데레키스(K. Pendereckis)의 누가의 수난곡(1996에 원래 공연됨)인 새로운 음악의 열쇠작품은 한편으로 전적으로 바흐의 수난음악의 전통에 서 있으며, 그것들에서 개별 동기에 이르기까지 한정되었습니다. 다른 한편, 그는 총체적으로 현대 음악적 표현수단을 12가지 소리 음악의 방향설정에 이르기까지 사용합니다. 그는 그리스도의 수난에서 깊이에까지 들어와 표현하는 인간적 고난에서 아우슈비츠(Auschwizt)의 헤아릴 수 없는 경험을 울려주는 엄청난 표현의 역동성을 빌려옵니다.

하인츠 요셉 헤어보르트(H. J. Herbort)는 펜데리키의 누가 수난곡 공연의 인상을 다음과 같이 말해줍니다. "많은 것이 전 음향영역을 가득 채우는 화음을 더 이상 설명하지 못하는 것이 발생할 때, 수난곡 사건의 비상함이 울림을 넘어 우회로에서 다시 세속화된 청취자에게로 되돌아갑니다. 십자가에 못 박으소서! 그를 십자가에 못 박으소서! 만일 이러한 외침으로 말하는 것이 공간에서 냉혹함을 느끼게 한다면, 비정함과 함께, 그렇다면, 스위치를 꺼버린 것처럼, 긴 울림 없이 갑자기 소리가 중단되며, 그 대신 아직 더 냉랭한 침묵이 등장합니다. 수난곡은 여기서 히로시마(Hiroshima)에 관하여 알며, 아우슈비츠(Auschwitz)에 관하여 보았던 그 누군가로부터 구상되었습니다.

팝과 로크뮤직에서 예수를 주제로 선택한 것이 여러 가지 경향들을 가지고 나타나 있습니다. 예수님은 그렇게 찬양으로 칭송되어질 수 있으며, 그는 현재 종교성의 상으로, 모범으로, 우상으로 이루어질 수 있습니다. 여러 텍스트들에서 그는 영혼의 위로자로, 문제해결자로 노래가 되었습니다. 그리고 또한 인간으로서 모든 사람들로서 주제화되었습니다. 비판적 관점에서 교회의 그리스도 상과 연결하는 해결 희망은 문제가 제기되었습니다. 예수님은 고독과 인간적 사랑 없음의 경험을 구체화합니다. 여러 경우들에서 기독교 상징들은 미디어적 영향에 선동하기 위하여 "십자가"처럼 이용되었습니다.

## 3. 무대와 영화들에서의 그리스도 형상들

특별히, 아시시의 프란츠와 같은 중세기의 탁발수도회(시주로 생활하는)는 예수님의 소박함을 따라 살았으며, 처음으로 성탄절과 부활절 놀이를 각색하였습니다. 오늘날까지 약 500명의 아마추어-배우들과 함께 전 마을과 성금요일(Karwoche, 그리스도 수난의 날)의 장면 묘사 안에서 연합하는 오버라머가우(Oberammergau)의 수난극은 가장 잘 알려졌습니다. 마찬가지로 오늘날까지 인간이 함께 갈 수 있으며, 함께 가도록 제자로 부르시는 길로서 그리스도의 고난을 묘사하는 여러 장소들에서의 행렬들이 보존되었습니다. 그리고 로크-오페라 "슈퍼스타 지저스 크라이스트"(원 공연, 1971, 뉴욕)는 필름(영상)판에서 전 세계적으로 영향을 미쳤습니다. 예수님의 삶과 소식은 필름이란 미디어의 기술적이며 미학적인 가능성들과 함께 중재될 수 있는지에 대한 질문이 논쟁적임에도 불구하고 "예수님에 관한 필름들"은 필름(영상) 역사에서 확고한 구성요소로 헤아려지고 있습니다. 복음서 자료들에 적잖게 밀접한 의존 속에서 예수님의 삶과 활동의 이야기들로서 그것들은 여러 가지 장르 안에서 나누어지게 합니다.

예수님의 인격은 한편으로, 암시적인 필름의 근본토대일 수 있습니다. 그리고서 예수님의 삶이 다른 문화 속으로 중계하는 인간적인 운명들이 보여 졌습니다. - 예수님의 삶은 염색체 막입니다. 예를 들어, "몬트레알의 예수"(1989)라는 데니스 아르칸트 감독의 필름은 현대적인 삶의 상황에서 십자가 죽음에 따른 질문이 중계될 수 있도록 수난극이 발전하며, 내면에 예술적으로 짜여 진 연기자 그룹의 도움으로 성서의 소식과 현재 안에서 불려 질 수가 있습니다.

다른 한편 명백히 예수님의 행위에 연결시키는 필름들이 있습니다. 거기서 역사적인 사실들의 상세한 목록을 현대적 시청자들을 위하여 가시적으로 만들며, 역사화 하는 기획들과 예수님을 직접적으로 오늘날 실재 안으로 투사하는 현실화된 필름들이 있습니다. 보기들로서 첫 번 장르에 피에르 파올로 파솔리니(P. P. Pasolini)의 "첫 번째 복음"(1964)이라는 필름들과 프랑코 체피렐리(F. Zeffirelli, 1977)의 필름도 역시 여겨질 수 있습니다. 그 필름들은 예수님의 소식을 강조하기를 시도하고 있습니다.

현실화하는 필름들에서 논쟁적인 필름은 그의 허구들에 근거하여 - 예수님은 마리아 막달레나와 성적인 관계를 꿈꾸게 됩니다. - 엄청난 반응들을 불러일으켰던 마틴 스코르제제(M. Scorsese, 1988)의 "마지막 시험"이 거론될 수 있습니다. 이처럼 논쟁을 불러일으킨 필름 중에는 멜 깁손(M. Gibson, 2004)의 "예수 그리스도의 수난"이 있습니다. 그것은 특별히 선동적이며, 반유대인적 경향의 내용을 담고 있습니다.

## 4. 문서들에서의 그리스도 형상들

모든 시대에 예수님의 모습은 표준화된 복음서들 안에서 전승된 것을 넘어 나아와 역시 이러한 것들에 연결하면서 문서적인 형태를 위한 거대한 관심에 있었습니다. 중세("구세주")로부터 종교개혁의 시대와 새로운 시대를 거쳐(한스 작스), 현재에 이르기까지 예수님의 삶과 활동을 수용하는 문서적 묘사들이 발견됩니다. 예수님의 수용의 문서 장르들은 서정시와 같은 드라마와 19세기 이래로 소설, 20세기 라디오 드라마 등을 포함합니다. 문서들 안에서 발견하는 예수님의 상이나 또는 그리스도의 상들의 다양함은 아주 커서, 여기서는 단지 간단한 해석들이 가능할 뿐입니다. 20세기까지 문서의 모습으로서 예수님의 수용은 현저하게 신앙의 관점에서 이루어지고 있습니다. 즉 예수님의 가장 의미 있는 영향력이 있는 문서 묘사들에 피요도르 M. 도스토에프스키(F. M. Dostojewski)의 "스페인 최고 종교 재판장"이 속해 있습니다. 1863년 발표되었던 에르스트 레난(E. Rnan)의

"예수의 삶"을 비롯하여, 20세기 중반에까지 수많은 소설들, 예를 들면, 프레 라게륵비스트의 "바라바"(1950), 얀 도브락친스키의 "당신의 염려를 나에게 다오"(1952) 등이 출판됩니다. 빈번히 관습적인 형태들 외에 받아들일 만한 기독교 내적인 확인에 도움을 주는 서정시가, 예를 들어(루돌프 알렉산더 슈뢰더와 라인홀드 슈나이더), 전쟁 기간과 전쟁 이후시대에 문서에서 동정하거나 또는 거절하는 모습의 살인에 예수님의 상이 등장합니다(예를 들면, 안나 제거어서의 "7번째 십자가", 볼프강 보르케르트의 "예수는 더 이상 함께 만들지 않는다.", 하인리히 뵐의 "군대의 이탈"). 유대인의 남녀 작가들의 서정시 내면에 십자가에 달리신 그리스도에 관한 상(像)이 고통 받은 유대백성을 위하여 비교의 모습으로서 출판됩니다(예를 들면, 힐데 도민, 넬리 작스, 파울 첼란 등). 가난한 자로서의 예수, 가난한 자들의 형제로서 예수 등은 60년대, 70년대의 서정시에 발견됩니다. 예를 들면, 마리 루이제 카슈니츠, 도로테 죌레와 쿠르트 마티에 의하여 빈번히 거기서 귀결되는 사회 비판과 교회 비판이 연결되었습니다.

문서적 맥락에서 예수님의 모습 이면에 자제의 여러 해가 지난 이후에 80년대 초엽 이래로 문서들 내면에 넓은 예수님의 재발견이 비치게 됩니다. - 특히 많은 것들이 베스트셀러가 되는 소설들의 영역에서입니다. 수많은 예수님을 소재로 하는 소설들은 역사적 문서의 보편적인 호경기와 관련하여 출판됩니다. 거기서 예수님은 부분적으로 스스로 주된 모습으로 나타납니다(예를 들면, 페터 데어 로자의 "나의 시간은 아직 이르지 않았습니다."(1984), 게랄드 메싸디의 "예수란 이름의 한 사람"(1988), 부분에서 주연 인물들로서 다른 성서적인 모습들이 선택되었습니다(예를 들어, 루이제 린제르의 "미리암"(1983), 에릭 임마뉴엘 슈민트의 "빌라도 이후의 복음"(2000), 게랄드 메싸디의 "유다라는 이름의 한 친구"(2007).

빈번히 관심을 불러일으킨 문서적 동기는 예수 시대의 현대적인 질문들과 함께 사람들에게 성취되었던 시대여행의 것들입니다(고레 피달의 "골고다의 생중계"(1993), 또는 예수시대에서 그들의 긴 고문서(古文書)들에서 발견되고, 상상적으로 그에 대하여 믿을만한 지식을 가능하게 하는 것으로(예를 들면, 안드레아스 에쉬바흐의 "바데오 예수님"(1998), 단 브라운의 "성전도둑"(2004)) 등 입니다. 거기서 역시 문서적인 질처럼, 예수의 묘사된 모습에서 저자의 고유한 태도와 마찬가지로 최고로 구별됩니다. 그들은 거대한 부분에서 예수님의 인간성에 비중을 두고, 그의 신성을 외면하거나 부정합니다. 예수님의 묘사에서 예수님이 이따금 천편일률적인 동질성의 모습으로서 나타나는 현재적 종교성의 관점들을 자주 반영하고 있습니다. 그 외에도 현재의 문서들에서 그러나 역시 예수 묘사에서 졸렬한 모방에서 거절을 위한 예들이 발견됩니다. "아무도 그와 같지 않습니다"라는 근본적인 지식의 수용을 위하여 그러합니다(파트릭 롯드의 "그리스도의 단편 소설, 강변에서", 1991). 앞서 소개한 예수님을 다룬 소설들과 구별하여 여기 예수님의 낯설음과 머물러 있는 상상할 수 없는 것의 의식에서 분명히 붙들게 되었습니다. 총체적으로 도처에서 확인하려는 우리들의 삶의 세계들의 미학적인 형상화는 과거 수십 년간의 예수-문서의 넓은 수용과 마찬가지로 신학(성서학문들과 조직신학과 설교)과 한편으로, 그리고 다른 한편으로 문서 사이에서 행하는 논쟁을 불가피하게 해 주고 있습니다.

## 5. 교회월력에서의 예수님

인간의 시대 경험은 예수님의 삶의 길에서 목표를 향할 때, 구조와 의미의 지향점을 얻게 됩니다.

- 주일의 연결고리는 7일 주간의 리듬에서 두 가지 근본적인 삶의 초석을 기억하게 되는데, 하나는 창조(인식)에 대한 것이며, 다른 하나는 부활에 대한 것(일요일)입니다.
- 성금요일과 부활절 축제는 AD 30년의 사건으로 되돌아가게 합니다. 7주간, 금식기

간은 기독교의 이러한 "최고의 축제"를 준비합니다.

- 승천과 성령강림(오순절)은 이러한 날 자에서 이끌어 지며, 양자 모두 그리스도의 축제일입니다. 즉 그리스도는 하나님에게로 들리어 승천하셨고, 전적으로 우리에게 영으로 가까이 하십니다.

- 마지막 축제인 성탄절은 두 번째 편의 구원의 근거를 축하합니다. 즉 그리스도의 탄생에서 하나님의 인간됨 입니다. 여기서 또한 심사숙고와 금식의 시간이 앞서 갑니다. 즉 대강절의 4주간입니다.

- 부활절 기간은 유대교의 유월절 축제와 함께 월력에 의존하는 반면에, 성탄절은 태양에 의존된 것입니다. 그래서 양쪽 별들은 예수님 안에서 현세적인 시간의 요소들로 결합되었습니다.

## 6. 문화와 종교 사이의 대화 가운데서의 예수님

유럽 밖에서의 그리스도의 상(像)들과의 논쟁은 한정된 관점을 확대하는 일에 기여할 수 있습니다. 전통적 유럽 중심의 상(像)에 상응하는 그리스도 - 묘사들이 의심스러운 것처럼, 남미와 아프리카와 아시아에서 금식선포들(15-16세기에 사순절 금식 기간에 제단에 엎드러짐을 뜻함, 역자 주)에서 특히 그리스도 - 적응들이 그렇게 보여줍니다. 여기서 예수님은 피부색과 복장에 관련하여 그 당시의 맥락에 통합되었기 때문입니다. 특별하게 사회의 공권을 박탈당한 자들과의 예수님의 연대, 물질적인 고난과 불의의 제거에 대한 희망은 유럽의 기독인들에게 교회가 그리스도의 원천적 소식과 가난한 자들을 위하고, 공권을 박탈당한 자들을 위한 하나님 나라의 선포 소식으로부터 얼마나 멀어져 있는지를 눈으로 목격하게 해 줍니다.

종교 중립적인 관점에서 낯선 예수님의 상들은 우리의 기독교 사상들을 비판적으로 검토하는 데, 기여할 수 있을 것입니다. 즉 기독교 교회와 그룹들과 신학자들을 넘어서 예수님의 모습은 기독교 밖의 정황에서 사로

잡게 됩니다. 거기서 유대교적 예수님 - 상들과 함께 논쟁은 기독교의 유대교에 대한 관계가 근원적으로 죄책 역사로서 한정되게 하는 그 차원으로부터 결정되었습니다. 먼저 예수님 - 살해자로서 유대인의 비방은 유대백성에게 폭력행위의 합리화에 기여하지 않았습니다. 어떤 유대교의 신학자들과 철학자들은 아우슈비츠의 공포에 따라 예수님의 모습에 긍정적인 접근을 발견했던 것과 그를 자체 유대교 신앙의 증언자로서 책임을 지려는 것은 더욱더 놀라운 일입니다. 마틴 부버(M. Buber)는 예수 안에서 "위대한 형제를" 보며, 그에게 이스라엘 신앙 역사에서 하나의 자리를 찬동합니다. 살롬 벤 초린(S. B. Chorin)은 예수님 안에서 하나님과의 그의 무조건적인 결합을 전망하면서 형제적 결합을 인식합니다. 그는 공동적인 것을 강조합니다. 그러나 유대교와 기독교 사이의 분리를 강조하며 특별히 구원 신앙에 따른 후자(기독교)의 것을 분리합니다.

이슬람에 있어서 몇몇의 코란의 장들에서 어떻게 인식해야 할지에 대하여 예수님은 특별한 입장을 취하게 됩니다. 예수님은 여기서 그의 놀라운 동정녀에게서의 출생(코란 3장 45-47, 19장 21이하)을 통하여, 기적 행위를 통하여(코란 3장 49, 5장 110), 그리고 하나님을 통한 십자가 죽음 앞에서의 기적적인 구원(코란 4장 157이하)이 높은 평가를 경험하는 한 분 선지자입니다. 이러한 진술들은 선지자들의 범주에서 예수님의 특별한 위치를 암시하며, 신격화의 발단들을 인내하는 것 역시 그의 특별한 하나님께 가까이 계심을 강조합니다. 십자가와 그의 구원 의미의 부정과 함께 그럼에도 결정적인 차이가 눈에 띄게 표시되었습니다. 예수 그리스도의 하나님의 아들권과 모든 사람들을 위한 그의 구원의 의미, 마찬가지로 그의 메시아성과 그것에 결부된 삼위일체론은 이슬람에게는 수용할 수 없으며, 예리하게 반박되었습니다(예를 들면, 코란 19장 35, 4장 171).

다른 관점들에서 예수님은 불교의 내면에서 인식되었습니다. 그것은 필수적인 방법으로 인격적 하나님 사상에 결부되지는 않았습니다. 여기서 특별히 종교철학적 삶의 실천이 강조되었습니다. 이러한 의미에서 예수님은 십자가에서 그의 길을 부다가 됨(Buddha-Werden)으로 시작하는 모범적이며 본보기적인 사람입니다. 기독교 밖에서의 예수님 - 생각들에서 그들이 기독교를 위하여 구성적인, 구원론적인 차원을 계속적으로 의존한다는 것은 공동적입니다. 거기에 관하여 여기서부터 예수 그리스도가 어떻게 기독교 신앙에 대하여 참 인간과 참 하나님으로서 서술될 수 있는지의 질문이 또 한 번 집중되어질 수 있을 것입니다.

그렇게 기독교의 영감된 그리고 기독교 외부로 영향을 미친 예수님의 상들의 충만이 우리들 자신의 상들을 분명하게 하며, 질문에 대답하기를 도울 수 있을 것입니다. 즉 예수 그리스도가 나와 내 인생에 무엇을 뜻하는지?

**[ 참고도서 ]**

• 바자르간(Bazargan, M.) : 그리고 예수님은 그의 선지자입니다.
  코란과 기독인들(무슬림에 대한 서술), 2006.
• 베르거(Berger, K.) : 예수님은 실제로 누구였나요?, 1996.
  : 무엇 때문에 예수님은 십자가에 죽으셨는가?, 1998.
• 뵈젠(Boesen, W.) : 갈릴리 사람, 예수님의 삶의 공간과 활동주변 분야, 1998.
• 그롯싼(Grossan, J. D.), 레드(Reed, J. L.) : 예수님을 발굴하다. 돌들 사이에 - 텍스트 배후에서, 2003.
• 가르함머(Garhammer, E.), 제링카(Zellinka, U.) 편집 : "불타는 가시덤불과 오순절의 불방언".
  현대문서들에서 성서적 흔적들, 2003.
• 하이리겐탈(Heiligenthal, R.) : 변질된 예수님, 현대 예수님 상들에 대한 비판, 1999.
• 히르쉬베르그(Hirschberg, P.) : 나사렛 예수, 하나의 역사적인 흔적 찾기, 2004.
• 카이져(Kaiser, G) : 시의 거울 안에서의 그리스도, 1997.
• 키시히(Kiessig, M.) : 마리아, 우리주님의 어머니. 복음적인 핸드북, 1991.
• 큐셀(Kuschel, K. J.) : 시인들의 거울에서 - 인간, 하나님 그리고 20세기 문서에서 예수님, 1997.
  : 세계문서의 거울에서 예수님, 1999.
• 랑겐호르스트(Langenhorst, G.): 예수님이 헐리우드로 갔습니다. 문서와 현재의 필름에서의
  예수님의 재발견, 1998.

• 몰트만(Moltmann, J.) : 오늘날 위를 위한 그리스도는 누구인가? 5판, 2009.
• 슈툴막허(Stuhlmacher, P.) : 골고다에서 무슨 일이 일어났는가? 십자가와 죽음과 부활의 구원의 의미에서 1998.
• 타이센(Theissen, G.) : 첫 번 기독인들의 종교, 3판, 2003.
                        : 갈릴리 사람들의 그늘, 15판, 2001.
• 타이센(Theissen, G.), 메르즈(Merz, A.) : 역사적인 예수님, 교과서, 3판, 2001.
• 트리벨(Triebel, J.) : 코란의 복음, 예수의 소식과 인격의 코란적인 묘사에서의 비판적인 특이점들, "신학적 논문들"(Theologische Beitraege), 38/2007. 269-282.
• 벵스트(Wengst, K.) : 유대인과 기독인 사이의 예수님, 1999.

## 3.2 인간의 칭의(稱義)

### 인지 ─────────────────────────

    칭의(稱義)의 개념은 더 큰 신학적인 의미를 가진 근본적으로 인간학적인 문제를 알려줍니다. 인간은 작은 것에서부터 사람들의 인정에 의존되었다는 것을 경험합니다. 그는 한편, 마땅히 인정받으려고 힘쓰는 일 없이, 그러한 인정이 그에게 주어졌다는 것을 체험하며, 다른 한편, 그는 이러한 인정을 이따금 실적(實蹟)과 간절히 바라던 행동을 통하여 먼저 얻어야만 한다는 것을 배우게 됩니다. 거기서 그는 언제나 한계에 직면함을 경험하게 되는데, 그것은 자신보다 다른 사람이 다른 이들의 기대를 더 잘 성취할 수 있다는 것입니다. 포스트모던 사회에서 인간은 신분의 상징적인 것들을 통하여 사회적인 인정이 획득되어야만 한다는 사실이 더 많이 확인되었습니다. 즉 "그 무엇을 이루어라, 그러면 무엇을 가지게 되며, 무엇이 있게 되리라"는 말들입니다. 아이들이 소비생산에서 함께 할 수 없다면 그들은 이미 거기서 낙오되었다는 것을 경험합니다. 예를 들면, 품질 마크가 제대로 부착된 운동화가 아이들 그룹에서는 신분의 능력을 결정할 수 있습니다. 어린 소녀들은 중간 위치에서 연출된 톱-모델이나 또는 이트-걸스(It-Girls)처럼, 주도적인 인물을 열렬히 추종해야 하는 그렇게 느껴진 압박감에 놓이게 됩니다. 고유한 몸의 완벽성과 스타일을 갖추는 일은 전 생애 동안의 노력 현장이 될 것이며, 그것은 젊음과 아름다움과 부(富)와 성공(成功)을 향한 노력에 동참하는 것을 뜻합니다. 거기서 함께 견지할 수 있는 자들과 사회적으로 낙오된 자들 사이에 도약(跳躍)의 움직임이 증대되면서 펼쳐집니다. 칭의(稱義)에 관한 기독교의 가르침을 중계하는 일이 이러한 관계에서 어떤 의미를 가질 수 있을 것인지?

    은혜로운 한 분 하나님을 향한 루터의 질문은 오늘 시대의 많은 사람들에게는 아무런 효력을 가질 수 없는 것처럼 보입니다. 오늘날 과연 그 어떤 사람이 아직도 은혜나 구원에 대하여 질문하고 있는가? 그러나 이점 받음에 전적으로 의존된 인간 존재의 지평에서, 사람들이 은혜로운 하나님을 향한 질문을 이해한다면 그것은 매우 중요한 현실성을 새롭게 얻게될 것이며, 더욱이 여러 가지 관점에서 다음과 같은 질문들이 던져질 때입니다.

- 고유한 인생의 성공과 좌절이 전체에 의존된 그 어떤 최종 판단 자가 있는가?

- 이러한 절대적이며 궁극적인 권위를 가진 자는 누구이며, 우리를 위해서 무엇인가? (우리 스스로인가, 성서에서 선포했던 우리의 사회적인 환경인가? - 또는 하나의 온전히 다른 것 - 하나님인가?)

- 만일 우리가 만들어낸 표준에 충족하지 못하거나. 그것에서 좌절당하면, 그것은 우리의 인생을 위하여 무엇을 뜻하는 것인가?

성서와 교회의 언어는 이러한 충족되지 못함과 좌절을 하나님과의 관계의 장애(障碍)나 또는 깨어짐으로 이해되어 '죄(罪)'라는 개념으로 표현합니다. "죄"라는 개념은 그러나 우리의 대화 언어에서 후퇴되고 - 낡은 도덕적인 언어로 취급했거나 또는 대화적인 언어에서 축소(縮小)하여 왜곡시켰습니다. 즉 다이어트의 실수(죄), 자동차 주차의 실수(죄) 그리고 술을 마신죄(罪) 등에 관하여 이러한 말이 더 잘 사용되었습니다. 이러한 현대적인사고와 "죄"에 관한 말들은 칭의(稱義)의 가르침에 대한 접근을 열어주기보다 먼저 막아버리는 결과를 초래하였습니다. 그 때문에 이러한 근거에서, 이미 앞서 문제가 되는 죄(罪)의 이해를 통하여 가로막고 있지 않은, 오히려 그의 편에서 "칭의의 가르침"에 관한 말이 왜 중요한지를 이해하기 위하여 도움이 되는 칭의의 가르침으로 접근할 방법을 찾는 것과 거기서 인간적인 삶을 위한 죄(罪)에 관한 실제의 이해를 발견하게 되기를 추천하는것입니다.

두 가지 접근들이 여기에 펼쳐질 수 있을 것입니다.

한편으로, 많은 사람들은 바로 그들 존재 자체를 스스로에 힘입지 못하고 안전하게 할 수 없는 위기의 시대에 처하여 있음을 경험합니다. 우리가 서로 이해할만한 근거들에서 이따금 빚을 지고 있는, 그들이 부모를 통하여 어린아이들에게서 주어지는 것처럼(그것이 잘 된다면) 조건 없는 인정에 의존된 것을 다른 사람들의 관심을 통하여서도 그들이 경험할 수 있습니다. 다른 한편, 많은 사람들은 다른 이와 자신 스스로에게서 현저히 자신을 정당화시키는 강요로서 그것(인정)을 경험하게 됩니다. 그들의 외면할 수 없는 다양한 제시들을 가진 사회와 선택들은 자체의 삶의 스타일에 근거하거나 또는 방어를 필요로 하는 현저한 결단들에 도전합니다. 그 때문에 언제나 다른 소비-생산을 위하여, 다른 목표를 위하여, 하나의 다른 인생의 파트너를 위하여 결단이 가능한 것은 인간이 그가 최상의 것에 도달했는지 그리고 그것을 이루었는지에 대하여 계속적인 질문 앞에 서게 되는 일입니다.

철학자, 오도 마르쿠바르드(O. Marquard: 1928년 사망)는 새 시대적인 인간의 상황을 다음과 같이 분석합니다. "도대체 어떤 권리가 당신을 존재하게 하고 있는가? 오히려 아무것도 없는 것이 아닌가? 그리고 당신이 존재하는 것처럼, 어떤 권리로써 당신은 그렇게 존재하고 있는 것인가? 오히려 다른 것이 없지 않은가? .... 그것은 배타적이며 인간적인 삶의 과제에서, 인간이 고소자이면서 동시에 재판관으로 행동하는 연속 재판관석 앞에서, 오히려 존재하지 않음이 아닌, 그가 존재하고, 오히려 다르지 않는 것처럼 그가 존재하는 것에 대하여 양해를 구하며 살아야만 하는 것이 될 것입니다."

이러한 상황에 따라서 근본적이며, 포괄적인 인정(認定)과 승인(承認)과

자체 존재의 '의롭다함'을 향한 욕구는 기독교 복음의 소식이 칭의(의롭다함,
稱義)에 뛰어 서 듣게 하는 기회를 제공합니다. 거기서 칭의(稱義)이 소식은
어떻게 인간이 경험되며 느껴진 칭의의 억압과 함께 진실로 자유하며 격
려를 받는 방법으로 대화할 수 있는지, 그 길들을 보여줍니다.

## 방향

### 1. 칭의(稱義)에 관한 복음

기독교 신앙의 중심에는 모든 사람 역시 그의 삶과 함께 올바르지 못
하며 실수나 운명을 통하여 좌절되며, 어떤 영광스러운 삶의 결산도 "성공
적인 사람처럼" 그렇게 한 번 증명하지도 못하면서 그가 하나님 앞에서 의
롭게 되며, 이와 같이 하나님에 의한 인정됨과 영접되는 것을 발견할 수 있
다는 엄청난 주장이 놓여 있습니다. 이로써 "칭의(稱義)"란 말이 온전히 새
로운 이례적인 의미를 얻게 됩니다. 그것은 증명과 권리를 가지며, 권리
가운데 존재하는("자신을 의롭게 하시오!") 더 이상 그렇게 통상적인 것처럼 뜻
하는 것이 아니며, 그것 역시 전적으로 권리가 없는 또는 권리 안에 있지
않는 사람에게 하나님의 인정이 약속되며, 그리고 더욱이 전 삶을 포함하
며 껴안는 인정(認定)입니다. 하나님에 의한 인정을 발견하는 자는 변경할
수 없으며 그는 확정적으로 인정됩니다. 그리고 그것은 그것을 위하여 그
무엇을 스스로 행해야만 하는 것 없이 또는 행할 수 있는 것도 없이 자기
스스로를 정당화해야 하거나 할 수 있는 것이 없는, 오직 하나님에 의하여
그의 인정을 얻는 것입니다. 왜냐하면 사람이 이러한 관점에서 행할 수 있
는 모든 것은 하나님께만 힘입고 있기 때문입니다. 그 때문에 그 어떤 모
든 것으로부터 인정이나 칭의의 요구를 근거로 내세울 수가 없는 것입니
다. 그것은 처음 들음에서 모든 사람들을 위하여 실망감으로나 또는 용기
를 잃어버리는 소리로 들릴지 모르겠습니다. 그러나 그것은 실제로 엄청

난 자유롭게 함과 억눌림의 부담을 덜어줍니다. 하나님으로부터 우리에게 약속되었고, 나누어진 칭의(의롭다함)를 통하여 우리를 둘러싸고 있는 염려가 우리에게서 덜어져 버린 것입니다. 그 염려는 하나님이 잘 제거해 주신 것입니다.

그리고 그 모든 것은 분명하게 하나님에게서 떠나있거나 분리된 사람들을 위하여, 이와 같이 죄인들로서 불신앙의 사람들이 된 자들을 위하여 유효한 것입니다. 즉 예레미야 선지자가 한때 그것을 기록한 것처럼 - 살아계신 원천(源泉)인 하나님을 떠났으며, 그들을 살리기 위하여 물을 담아 놓을 수 없는 엄청난 물통을 만들었던 것입니다(렘2:13). 하나님으로부터 분리했던 인간의 칭의(稱義)는 오직 하나님이 그의 죄에도 불구하고 이러한 사람에게 은혜로우시기 때문에 이루어집니다. 그것은 모든 인간에게서 마땅한 공로(功勞)가 없음에도 불구하고 다만 은혜(恩惠)로 이루어집니다. 그것은 다만 그에게 지음 받고 용납된 사람들에게 고집과 불순종과 불신앙에도 불구하고 사랑하기 때문에 생기는 일입니다. 불 신앙자의 칭의(의롭다함)에서 이미 창조 안에 형성했던 원천적인 인간의 용납이 하나님을 통하여 새로운 것으로 이루어집니다. 그리고 그것은 오직 성례(聖禮)들 안에서 가시화되는 신적인 은혜의 효력을 가진 말씀을 통하여 이루어졌습니다.

이러한 은혜의 말씀은 변함없이 성실하게 효력을 가지게 되는데, 즉 들을 수 없으며 받아들일 수 없거나 원하지 않는 사람들을 위해서도 또한 유효합니다. 그러나 그것은 신뢰 즉 이와 같이 믿음이 발견되는 곳에서 영향이 미쳐지게 될 것입니다. 결과적으로 죄인은 그의 칭의를 위하여 전혀 무엇을 할 수 있거나 해야 하는 것이 아니며 그를 용납하는 하나님의 말씀을 수락하거나 하나님을 신뢰해야 하는 그것입니다. 그 때문에 인간은 오직 믿음 안에서 의롭게 되었습니다. 그리고 이 모든 것이 오직 예수 그리스도가 우리의 죄(罪)때문에 죽음으로 희생하셨으며 우리들의 칭의(의롭다 됨)에고에 죽음으로부터 부활되었기 때문(롬4:25)에 일어나는 것입니다. 칭의의 근거는 오직 그리스도 이십니다. 소위 3가지 특정 목적인 "오직 그리스도로"(solus Christus), "오직 은혜로"(sola gratia), "오직 믿음으로"(sola fide)는 - 그 어떤 것도 배제하는 말씀들로서 - 복음의 진리가 인간의 칭의에 관하여 변질시킬 수 없도록 효력을 가진 것임을 깨우쳐 줍니다. 이러한 3가지 특정 목적이 뜻하는 것은 물론 고유한 것으로 생각되어야 합니다. 게다가 지금까지 묘사된 것이 내면에서 나아와 이해되어야 하는 것이 전적으로 필요합니다. 그것은 특히 불의한 자의 칭의(의롭다함)가 하나님을 통하여 그들 편에서 "의로우며" 그리고 전횡(專橫)이나 또는 불의(不義)의 행위가 아닌지를 이해하는 것이 요구됩니다. 하나님의 의(義)가 죄인을 의롭다 하는 칭의를 통하여 질문이 제기되지 않았는지? 칭의가 하나님으로부터 말해진 것이라면 정의(正義)는 무엇을 뜻하는 것인지? 그리고 만일 그가 죄인의 칭의를 원한다면 의롭고 은혜로운 하나님은 무엇을 원하는지?

## 2. 정의(正義)

### a) 고전적 희랍철학에서의 정의

인간의 윤리적 방향설정을 위하여 "정의"는 어떤 의미를 가지는지, 사람들은 고대(古代) 이래로 두 분의 탁월한 철학적 모습에서 배울 수 있을 것입니다. 그들은 플라톤(BC 427-347)과 아리스토텔레스(BC 385-322)입니다. 전자(前者)는 인간의 영혼의 능력과 덕성에 관한 가르침을 발전시켰습니다. 그것은 개체 인간을 위해서 뿐만 아니라 공동본체(公同本體)에서 공동생활을 위하여 효력을 요구했으며 그리고 그것들에 의하여 정의(正義)의 주도적인 입장을 받아들이게 되었던 것입니다. - 다른 사람의 덕성의 올바른 관계를 위하여 권한이 있었던 최상의 덕행(德行)입니다. 정의는 플라톤에 의하여 이와 같이 영적이며 정치적인 방향설정의 크기이며, 그것은 인간과 공동본체 안에서 평준화와 안녕의 질서를 위하여 보살피는 것입니다. 플라톤(Platon)은 그것을 무한정 설명할 수 있습니다. 왜냐하면 정의는 사람이 마땅히 해야 하는, 그것을 행하는 거기에 존재하기 때문입니다. 그리고 만일 한 인간이 그가 해야 하는 것을 행한다면 내적인 조화(調和)가운데서 살게 됩니다. 그리고 그들이 행하여야 할 것을 공동본체 안에서 행하면 공공의 안녕은 꽃피우며 번성하는 것입니다.

이러한 정의의 높은 가치는 플라톤의 제자인 아리스토텔레스(Aristoteles)가 넘겨받았고, 오늘날까지 위대한 명성의 권리로 기뻐하는 정의의 다양한 이론으로 확대되었습니다. 정의(正義)를 이해하는 설명에서 아리스토텔레스는 물론 플라톤의 배후에서 시인 시모니데스(Simonides, BC 556-468)가 주었던 정의를 다시 붙잡게 됩니다. 그에게 속하여 있는 것을 각자에게 주는 결과적으로 정의는 덕성(德性)이며, 그에게 속한 것을 각 사람이 얻게 된다면 공동본체는 의로운 것으로 표시하는 것입니다(라틴어에서 그것은 후에 유명한 짧은 형식을 뜻하는데, "suum cuique", 즉 이와 같이 "각자에게 속한 것"입니다). 정의는 그러므로 동등한 행위와 동등성(同等性)과 관계를 가지지만, 그러나 동일한 것은 아닙니다. 사람들은 동등성을 동등한 행위로서, 또는 더 높은 질서의 동등으로 표시할 수 있을 것입니다. 왜냐하면 그것은 동일한 것을 동등하게, 비동등한 것을 비동등하게 다루는 거기에 존재하기 때문입니다. 어쨌든 한 사람에게 속하여 있는 것, 즉 예속된 것을 아리스토텔레스는 더 많은 구별들을 통하여 밝히기를 시도합니다(예를 들면, 일반적이며 특별하며, 분배적이며 동등한 정의 사이에서 자의적이거나 비자의적인 관계들에서). 그리고 정의의 이러한 이론은 수세기 동안 루터가 그의 연구기간에(그가 후에 말했던 것처럼) 알았으며, 먼저 넘겨받았던 근본적인 가르침의 재료들에 속했던 것을 그렇게 관철했습니다. 그리고 우리는 그렇게 오늘날 그에게 속한 것

을 각 사람에게 주는 덕성(德性)으로서 또는 그에게 속한 것을 각자가 얻는
것이고 실제로 정의를 이해합니다.

## b) 성서에서의 정의

성서는 긴급한 말들로써 정의(히브리어, 제다카)를 찬양하며, 구약은 정의
(正義)에서 사랑을 설교합니다. 왜냐하면 삶의 관계들은 정의를 통하여 모
든 사람들이 그 질서 안에 연관되며 그들 권리가 - 다른 이들의 권리들의
대가로 - 얻어지게 하는 일 없이 삶에 참여되도록 그렇게 질서화 되었기
때문입니다. 그럼에도 정의는 성서적 의미에서 - 아리스토텔레스에 의한
것보다 다르게 - 그의 관계의 부유함과 인간적인 삶의 성취를 돕는 그러한
사람들의 신실성과 공동체의 신의(信義)로서 이해하는 것입니다. 정의가
지배하는 곳에서 평화와 샬롬이 생기는 것입니다. 사람들은 구약에서 인
간적인 삶이 그 어떤 평화를 발견하지 못한 채, 저들 삶의 관계들의 복지의
질서를 옳다고 부르는 것입니다. 이러한 이해를 역시 신약도 나누게 됩니
다. 그것은 생명을 근본 토대로 한정하는 연관된 관계들을 특히 생각합니
다.

(1) 하나님과 인간 사이의 관계
(2) 사회적이며 자연적인 환경에 대한 인간의 관계
(3) 자신 스스로에 대한 인간의 관계에 대한 것들입니다.

그것은 그것들의 내면에서 아직 한 번 삶의 관계들의 충만을 건설하는
근본관계들입니다. 이러한 온전한 관계의 풍성함, 즉 삶의 관계들의 이러
한 다양함은 하나님이 이러한 피조물적인 관계의 부유함에서 창조적으로
지향하며, 그를 용납하는 거기에 살아 있습니다. 그것이 지배하는 의(義)
와 평화(平和)입니다. 성서적으로 이해된 정의는 - 이와 같이 아리스토텔레
스적인 것보다는 다르게 되며 - 인간이 의롭게 행동하기를 노력하는 것에
서 생산되는 것이 아니라 인간의 삶에 필요로 하는 그것을 하나님이 인간

에게로 향하시며, 그들에게 나누어지게 하는 근본 토대를 그 안에서 가지게 되는 것입니다. 그 때문에 성서적 이해에 따르면 인간은 그가 정의의 행동자가 될 수 있기 전에, 먼저 일들에서 정의를 영접한 자인 것입니다.

그 때문에 사도 바울은 어떤 사람도 율법에서 요구된 그의 행위의 성취를 통하여 의롭게 될 수 없음을 주장합니다(롬3:20). 그는 그것을 할 수가 없습니다. 그 역시 할 수 없는 것을 필요로 하지 않습니다. 왜냐하면 지금 하나님의 의(義)가 분명하게 되었으며, 더욱이 그 의(義)는 복음 안에서 분명하게 되었기 때문입니다(롬1:16이하). 인간의 칭의에 대한 오직 그리스도 때문에, 오직 은혜로, 오직 믿음을 통하여 라는 이러한 구별은 그 때문에 결정적인 의미에 관한 것입니다. 왜냐하면 그것은 동시에 "하나님의 정의(正義)"라는 표현이 어떻게 이해하는 것인지를 결정하기 때문입니다.

### C) 하나님의 정의(正義) - 루터의 종교 개혁적 발견

옛 종교개혁자 마르틴 루터(M. Luther)가 결정적으로 그의 종교개혁적인 발견을 되돌아보았을 때, 거기서 그는 하나님의 정의(正義)에 관한 성서의 참된 의미를 발견하고 이렇게 기록합니다.

"나는 말하자면, 모든 박사들의 관례(慣例)와 관습(慣習)에 따라 하나님이 스스로 의롭고, 죄인과 불의한 자들을 적절하게 벌하시는 소위 형식적이거나 활동적인 의(義)의 의미를 철학적으로 이해하도록 가르친 '하나님의 정의(正義)'라는 표현을 미워했습니다.... 그러나 나는 바울의 편지에서 롬1:17의 말씀에 담대하게 문을 두드렸습니다. 즉, 말하자면 하나님의 의(義)가 복음 안에서 분명해지며 바울이 생각한 것을 향하여 불타는 마음으로 목말라했습니다. 하나님은 밤낮으로 골똘히 생각하고 있는 나에게 자비를 베풀었으며 그 말씀들의 관계를 주목해서 바라볼 때까지, '하나님의 정의'는 성서에 기록된 그대로, "의인은 믿음으로 살리라"는 그 안에 계시되어 있었습니다. 거기서 나는 의인이 하나님의 선물(은사)을 통하여 살게 되는 하나님의 의를 이해하기 시작했습니다. 믿음을 통하여,.... 성서에 기록된 것처럼 하나님이 믿음을 통하여 우리를 의롭게 하시는 수동적인 의(義)로서, 그것은 믿음으로만 의인이 살게 되는 것이었습니다. 거기서 나는 전적으로 새롭게 탄생되었고 열려진 문을 통하여 스스로 낙원에 들어가는 것처럼 나에게로 다가왔습니다. '하나님의 의(義)'라는 말을 앞서 미워했었던 그 미움이 컸었던 만큼, 그렇게 내가 이 말을 가장 사랑스러운 말로 높이 붙들게 된 지금은 그렇게도 큰 사랑이었습니다. 그렇게 바울의 그 말씀은 진실로 나에게 낙원에 들어가는 문이 되었습니다."(라틴어 성서의 1권 머리말에서, 1545).

이러한 루터의 발견은 성서적 진리의 재발견(再發見)이었습니다. 그것은 하나님의 의(義)가 나타났던 곳에서 진지하게 수용하는 일이 간단이 성립되었습니다. 율법 안에서가 아니라 복음 안에 하나님의 의(義)는 분명하게 됨을 - 바울은 말하며, 루터는 그것을 반복합니다. 만일 하나님의 의가 율법 안에 분명하게 된다면, 그것은 하나님 앞에서 어떤 인간도 의롭지 못하다(롬3:9이하)는 것이 논쟁될 수 없는 사실에 따라 그들에게 속한 저주가 인류에게 부여되는 확고한 하나님의 의지보다도 더한 것이 아닙니다. 하나님은 불의한 자들을 심판하시며 저주하시기 때문에 의로우실 것입니다. 그럼에도 불구하고 하나님의 의가 율법에서가 아니라 복음 안에서 더 많이 계시되었다는 이 발견은 "하나님의 의"라는 말의 표현에서 다르게 지향된 의미를 줍니다. 왜냐하면 율법 안에서 나에게 생소하며 상대편에서 요구하고 있는 하나님은 복음 안에서 유익하고 구원하는 방식으로 나에게 가까이 오시기 때문입니다. 지금 나는 대체로 죄인의 존재가 무엇을 뜻하는지 바르게 인식합니다. 죄인은 자기 자신에게 이웃입니다. 그리고 더욱이 그는 그렇게 하나님과 다른 이웃에게 가깝다는 유익을 도구화하며 파괴하는 자입니다. 그러나 하나님의 의는 불의한 자를 저주하지 않고 그의 불의에도 불구하고 그를 용납하시며 그의 불의에 대항하여 성취하십니다. 그렇게 복음 안에서 죄인의 의가 일어납니다. 그리고 하나님의 정의는 하나님이 죄인을 의롭다하시고, 의롭게 만드시는 공동체의 신뢰로서 그 안에서 증명합니다.

## 3. 오직 그리스도 때문에, 오직 은혜로, 오직 믿음 안에 있는 칭의(稱義)

칭의 교리(稱義 敎理)는 기독인들이 믿는 하나님이 누구신지 또는 무엇인지를 보여줍니다. 즉 하나님은 그의 피조물을 위하여 자기를 희생적으로 내어주는 사랑이십니다. 동일하게 칭의 교리 역시 인간존재가 무엇을 뜻하는지를 보여줍니다. 하나님과 인간의 관계는 칭의 사건에서 그렇게 정확하게 가능한 영향이 미쳐진 것에 다다르게 됩니다. 특정한 목적의 소 부분들, 즉 "오직 그리스도 때문에", "오직 은혜로", "오직 믿음" 안에서 이 것이 이루어져야 합니다.

"오직"을 말하는 자는 무엇인가 계속적인 것은 제외합니다. 거기서 만일 사람들이 "오직"이란 3가지를 대변할 때, 이미 그 자체 안에 모순이 존재하는 것으로 보입니다. 즉 겉보기로는 한 가지 때문이 아니라 3가지와 관계되어 있기 때문입니다. 그러나 그것은 오해일 것입니다. 오히려 3가지 구별된 관점에서 무엇인가 오직 유효하고 넉넉한 것으로 인정되고 표시된 것이 중요합니다. "오직"이란 3번의 강조 안에서 만일 칭의(稱義)가 중요하다면, 그것은 매번 한정된 관점에서 제외되어야 하는 인간입니다. 그러나 그는 물론 올바른 방법 안에서 칭의 사건에 관계되도록 하기 위한 목표와 함께 제외되었습니다.

그것은 일상에서의 예를 통해 분명하게 알 수 있습니다. 즉 기념일을 맞은 사람은 적절한 방법으로 그에게 유효한 축제에 관계될 수 있도록 기 □□□□□ □□□□에서 □□□□ □□□□□ □□□□□□ □□□□, □□□□ □□ 할만한 방법으로, 만일 칭의의 사건에서 온전히 한정된 관점들 하에서 제 외되었다면 인간에게 그대로 유용합니다. 특정한 목적으로 소부분들의 각각은 그러한 관점을 유효하게 해 줍니다.

### a) '오직 그리스도 때문에' 얻게 된 칭의(의롭다함)

"오직 그리스도 때문에"라는 공식은 분명합니다. 예수 그리스도, 그는 그의 삶의 역사와 그의 죽음에서 죄의 권세를 깨뜨리며 유죄로 심판되고 위법행위가 사라지게 할 수 있었던 그분이십니다. 그는 창조주가 그의 인 간적인 피조물의 죄와 죄책을 자신에게 짐 지우며, 그들이 공동의 역사를 가지는 신적인 본체와 인간적인 본체가 그분 안에서 서로 결합되었기 때 문에, 이러한 분이십니다. 오직 예수 그리스도는 하나님과 인간, 창조주와 그의 인간적인 피조물이 하나의 인격이시며 그와 같으신 분이기 때문에 그는 신적인 사랑의 능력 안에서 죄인을 위하여 대신 죽으시며, 이러한 영 향을 미친 하나님의 멀어짐과 죽음의 불안으로부터 홀로 견디며, 끝낼 수 있는 그와 같은 인물이십니다. 오직 하나님의 사랑이 자체의 인격 가운데 있는 그분은 옛 것이 사라지게 하고 새로운 것을 초래할 수 있었습니다. 신약은 그 때문에 그를 - 고대의 신학은 그 안에서 그 분을 추종하였으며 하나님과 인간 사이에 유일한 중재자로 부르는 것입니다(딤전2:5).

"구원의 중재자"가 배제되었을 때, 이로써 그의 수고와 노력과 행위를 통하여 (온전히 또는 부분적으로) 구원할 수 있거나, 해야 한다고 생각하는 죄 지은 인간 스스로 입니다. 역시 모든 다른 구원의 중재자들이 배제되었습 니다. 그것은 죄지은 인류와 의롭다하시는 하나님 사이에서 모든 다른 종 교적 중재의 시도를 뜻합니다. 거기에 다만 비기독교적 중재의 시도가 속하여 있지는 않습니다. "구원의 중재자"가 배제되었을 때, 예를 들면, 소위 성자들, 마리아와 교회(가톨릭)가 제외되었습니다. 마리아와 성자들은 루터의 신앙고백에 따르면 신앙의 모범들이며 하나님의 은혜를 위한 예들이지 결코 구원의 중재자들이 아닙니다. 그리고 교회는 의롭다하시는 하나님의 활동을 증언하는 것입니다. 그러나 그것은 의롭다하시는 하나님의 말씀의 스스로 피조물입니다.　　／믿는 자들의 공동체.

예수 그리스도 외에 모든 이러한 인간을 통한 구원중재에 발을 내디디며 그와 함께 경쟁하는 요구들은 인간을 끌어내리기 위하여 배제되지는 않았습니다. 반대로 그것은 오히려 스스로 그의 구원에 영향을 미치거나 자신 스스로 의롭다고 해야 하는 것이 아닌 선행(善行)입니다. 그것은 인간을 스스로 잊어버리고 위로되게 할 수 있을 것입니다.

"오직 그리스도 때문"이라는 배타적인 표현으로 하나님이 하실 수 있는 일을 사람은 마땅히 하나님께 되돌리는 것이 그렇게 중요합니다. 다음의 다른 배타적인 표현 두 가지도 "오직 그리스도 때문"이라는 이러한 배타적 표현의 진리를 인간의 구원됨의 전망으로 제기하고 확실하게 하는 기능을 가집니다.

### b) 오직 은혜로만의 칭의(의롭다함)

"오직 은혜로만"이란 양식에서 개신교 신앙은 하나님이 예수 그리스도를 통하여 인류에게, 그분 때문에 향하게 되신 모든 것은 무조건적인 신적 선물이 분명합니다. 선물에서, 그러나 선물하시는 분은 자신 스스로를 보여줍니다. 하나님의 은혜 - 그의 자비 - 는 가장 내면에서 그분의 것이 스스로 일어납니다. 그는 "마음으로부터" 은혜롭습니다. 그리고 그는 전적으로 사랑으로부터 지배받기 때문에 그의 마음은 사랑으로부터 은혜로운 것입니다. 즉 하나님은 땅에서 하늘에까지 이르는 "달구어 지는 빵 굽는 화로와 같은 충만한 사랑입니다"(M. Luther).

그러나 사랑은 노력으로 얻게 되는 것이 아닙니다. 그것은 조건 없이 이루어지는 것이며 - 그렇지 않다면 사랑이 아닙니다. 비록 인간이 그것을 원한다할지라도 하나님의 사랑을 노력으로 가질 수는 없습니다. 그렇지만, 하나님의 사랑은 사람들에게 사랑의 품위와 사랑의 가치를 인격으로 전제하지 않으며, 그저 죄인에게로 향하며, 즉 스스로 일그러뜨리면서 이와같이 전적으로 사랑의 가치가 없는 사람에게로 향하게 되는 것을 뜻합니다. 이러한 것은 하나님의 사랑을 통하여 먼저 매력적으로 만들어졌습니다. "...하나님의 사랑은 사랑의 가치를 미리 발견하는 것이 아니라 그를 위하여 모든 것을 우선하여 그 가치를 만들게 되었습니다"(M. Luther). 그렇게 "오직 은혜로만"의 칭의(의롭다함)는 죄인에게 일어나게 됩니다.

"오직 은혜로만"이란 배타적인 표현을 통하여 영접과 수용 안에서보다 무엇인가 다르게 생겨나는 칭의(의롭다함)에서 모든 인간적인 수고들과 노력들, 실적들과 공로들, 더욱이 모든 인간적인 협동작용은 배제되었습니다. 이것 역시 인간을 끌어내려 앉히기 위하여 일어나는 것이 아닙니다. 오히려, 그것은 인간에게 잘 행하며, 그것은 특히 노력들과 실적들과 공로들이 영접하는 자이며 선물받은 자인 인간의 인간성을 돕는 것입니다. 선물이 이루어지는 것은 기쁨을 준비합니다. 선물하는 것도 역시 동일합니다. "오직 은혜로만"의 인간의 칭의가 이루어지면, 그것은 행위가 요구된 것이 아니라 기쁨이 서로 가능해졌으며, 양편에서의 기쁨 즉 의롭게 하시는 하나님 편에서와 의롭게 되는 인간 편에서입니다. 의롭다하시는 하나님은 그의 은혜로 향하는 사람으로 기뻐하십니다(눅15:7). 그리고 은혜를 입게 된 인간은 그를 의롭다하시는 그의 하나님으로 기뻐하게 됩니다. 그러나 기쁨은 계산과 오산(誤算)의 모든 방식을 배제합니다. 은혜가 이루어지는 곳에서 오산(誤算)은 중단됩니다. 왜냐하면 은혜는 항상 넘치기 때문입니다(롬5:15,20, 고후5:5, 비교).

### c) 오직 믿음으로의 칭의(의롭다함)

"오직 그리스도 때문에"와 "오직 은혜로"의 배타적인 진술들에서 인간은 - 그의 호의들에서 - 칭의 사건으로 제외되었습니다. "오직 믿음으로"란 것은 지금 믿음이 궁극적으로 그의 칭의 사건에 관계된 것처럼 상세하고 효과적으로 행사합니다. 인간은 믿는 자로서, 오직 믿는 자로서 칭의(稱義)에 참여되었습니다. 그렇지만 이러한 믿음 역시 인간적인 행위가 아닙니다.      ↗ 믿음으로 사는 것.

(1) 믿음은 선물입니다.

우리가 꺼내는 행위들과 구별하여 믿음은 믿는 나에게서 스스로 초래될 수 없는 믿음을 위한 특징을 가집니다. 나의 행위들은 나에게서 스스로 나의 선택과 의지에 근거하여 만들어진 것입니다. 그러나 믿음은 하나님이 나에게 일러주시는 예수 그리스도의 복음을 통하여 생겨나게 되었습니다. 그 때문에 바울은 믿음은 들음에서 나온다고 말합니다(롬10:17). 그리고 그 때문에 사도는 믿음이 인간에게로 온다는(결코 인간에게서 나온 것이 아닌) 것을 말하게 됩니다(갈3:23-25). 그리고 믿음은 온전히 그의 몸과 그의 혼과 그의 감정과 원함과 생각으로 결정하도록 사람에게로 오는 것입니다. 믿음의 행위는 이와 같이 전적으로 내 자체의 행위입니다. 그러나 이러한 행위는 나에게서 먼저 나에게 일러주시는 말씀을 통하여 일어난 말씀이 나를 위하여 확실하게 되도록 해 주는 하나님의 영을 통하여 가능하게 되었습니다. 그런 점에서 나의 믿음은 나에게 분배되어 이루어지는 선물인 것입니다.

(2) 믿음은 신뢰입니다.

"믿음"은 사람들의 입에서 특히 알지 못하고 짐작함이나 또는 생각을 뜻하는 반면, 성서적인 생각을 위하여 믿음은 특히 먼저 신뢰입니다. "나는 믿는다"는 말은 "나는 신뢰한다"는 뜻입니다, 그렇기에, 나는 다만 믿을 만한 것을 신뢰할 수 있습니다. 나의 신뢰는 나로부터 나에게서 스스로 초래되지 않으며, 나를 만나는 믿을 만한 것으로부터 유발되며 깨우쳐지게 되었습니다. '나는 당신을 믿습니다'라는 말은 '나는 당신을 신뢰합니다'라는 뜻입니다. 아무도 상습적인 불신을 의지할 수는 없을 것입니다. 만일 내가 다른 사람을 의지한다면 믿음이 있는 인격을 나에게 보여주었기 때문입니다. 이러한 의미에서 나의 믿음은 나에게서 생겨난 것이 아니라 내가 믿으며, 내가 의지하는 그것에서 생기게 된 것입니다.

### (3) 응답으로서의 믿음

믿음은 하나님이 정당함의 판단 안에서 내게 말하시는 그 긍정(yes)의 말씀에 대한 대답입니다. 인간이 하나님을 통한 그의 정당성에서 긍정(yes)을 말하기 때문에 칭의는 그것의 목표에 이르는 것입니다. 그리고 인간은 그의 칭의에 이러한 감사하는 긍정(yes)보다 더 다른 어떤 것으로 기여할 수 없는 것입니다. 이러한 긍정을 넘어서 자체의 칭의에 기여로서 주목할 만한 것은 모두 배제되었습니다. 즉 그것은 아직도 좋게 여겨지는 모든 인간적인 행위들입니다. 이와 같이 인간의 사랑의 행위 역시 제외되었습니다. - 그것은 종교개혁자들이 깊은 성찰로 예리하게 제기했었던 관점입니다. 이러한 긍정은 인간이 그의 칭의(稱義)에 수행하려 하는 독자적인 기여로 여기는 생각도 제외되었습니다. 이러한 응답하는 긍정은 예수 그리스도의 복음 안에서 나에게 약속된 하나님의 긍정을 통한 것보다 그 어떤 다른 것을 통한다 해도 가능한 것은 아무것도 없기 때문입니다. 이러한 믿음은 갈5:6이 뜻하는 것처럼 사랑 안에서 행하는 것이 될 것입니다. 그러나 그 믿음은 사랑의 행위를 초래하기 때문에 의롭게 된 것은 아닙니다. 오히려 믿는 자는 사랑의 행위를 수반하게 되는데 - 그것은 자발적이며, 기꺼이 기쁨으로 행하는 조건 없는 것입니다 - 왜냐하면 그는 믿음 안에서 모든 행위의 요구로부터 짐을 덜며, 창의적 수동성으로 옮겨지게 되었기 때문입니다. 이러한 창의적 수동성이 인간으로 하여금 선을 행하게 하는 것입니다. 창의적인 잠이 안식에서 충분히 잠을 잔 자들에게 새로운 것을 열매 맺는 일에 능력을 가지고 일하는 사람들에게로 옮겨지는 것처럼, 그렇게 하나님의 사람으로서 새롭게 영접하기 위하여 믿음 안에서 지속적으로 일하는 내가 그의 일들로부터 인식하는 것입니다. 그것은 하나님의 창조적 승인을 기뻐하며, 인간적인 방식에서의 긍정이 그렇게 하나님의 긍정으로 말하는 것입니다.

마음에서 다가오는 인간적인 긍정의 믿음은 인간적인 존재의 가장 집중된 표현입니다. 왜냐하면 마음 가운데서 인간 전체는 손실을 당할 위험에 있기 때문입니다. 마음 가운데서 나의 존재를 넘어 전체로서 결정되었습니다. 그렇지만 의롭다 하시는 하나님에 대한 믿음에서 이러한 결단은 그렇게 이루어지기 때문에 내가 그(하나님의)결단을 나를 위하여 유효한 것으로 삼는 동안, 하나님의 결단이 나를 위하여 나 위에서, 나로부터 다만 실감 있게 경험되었던 것입니다. 믿는 마음은 내가 나위에서 결정하는 마음이 아니라, 나위에서 하나님으로부터 결정된 마음입니다. - 그 안에서 그가 스스로 결정할 수 있기 전에 그들 편에서 인간 위에 오시며, 그리고서 그 위에 결단하는 사랑의 믿음은 닮은 것입니다. 인간은 사랑했던 인물에게서 다음과 같이 말할 수 있도록 사랑으로 옷을 입게 되었습니다. "나는 간단히 멀리 떨어져 있었습니다. - 말하자면, 나로부터 멀리 떨어져 그분에게 압도당했습니다. 그가 그 위에 임하여 오시며 그 위에 결정적인 이러한 사랑에 신실하게 머물기를 원하는지, 그것은 사랑하는 자의 부당하게 요구된 자체의 결단입니다. - 나는 믿으면서 하나님에게 이미 도달된 것으로서 나를 발견합니다. 나는 믿으면서 하나님의 말씀이 내가 새로운 사람

이 되도록 내 마음을 이미 정복했던 것을 발견합니다. 그 믿음은 마리아처
럼 말합니다, "당신의 뜻이 지금 내게게 이루어지이다"(눅1.38).

### (4) 하나님에게서 나온 삶으로서 믿음

믿음의 긍정은 신뢰가 충만한 긍정입니다. 이러한 긍정과 함께 인간은
전적으로 하나님을 의지합니다. 사람들이 독일 말, "의지한다"는 것을 문
자적으로 취하는 것은 잘한 것입니다. 믿는 자는 자신에게서 나아와 더 잘
의지하는, 즉 자신에게서 나아와 밖을 향하여 외칩니다. 믿는자가 믿으면
서, 인간으로서의 올바른 인간적인 장소에 머무는 바로 그 장소로 옮기게
합니다. 말하자면 이러한 죽음의 어두움에서 새롭게 의롭다함을 받은 인
생을 빛으로 데려오기 위하여, 믿는 자를 향한 하나님의 은혜로 인하여, 그
를 위하여 은혜에서 사망으로 판결된 죄인으로 여김받고 고통 받으셨던
예수님의 의(義)와 하나님에 의하여서 입니다.

믿음 안에서 인간은 그의 존재의 중심을 그 자신에게서 스스로 갖지
않으며, 그 자신 밖에 스스로 계신 하나님에 의하여, 하나님 안에서 갖게
됩니다. 그리고 거기 하나님 안에서 그는 그 자신의 구원과 동시에 또한
하나님을 통한 그의 선택에서 분명해 집니다. 그의 구원에 대한 염려는 시
간과 영원에서 하나님으로부터 그에게 스스로 감소되었습니다. 의롭다하
시는 믿음은 그 때문에 하나님의 신뢰로서, 동시에 구원의 확실성과 선택
의 확실성입니다. 즉 그 믿음은 하나님의 자녀로서 하나님에게서 선택되
고 영접된, 그리고 하나님의 자녀의 모든 권리와 함께 준비하는 존재의 확
실성(確實性)입니다.

"오직 믿음으로"라는 그것은 그렇게 복합적인 인상을 주는 칭의론을
아주 간단히 요약합니다. 그것은 우리가 그 어떤 인간적인 행위를 통하여
우리들의 칭의(의롭다함)에 그 어떤 영향도 미칠 수 없다는 것을 간단하게

요약하여 표현합니다. 믿음으로 받아들인 의는 그 어떤 행위를 통해서 보존되거나 증대될 수가 없습니다. 선한 행위들은 의로운 자들을 위하여 오히려 스스로 이해되며, 그것들은 믿음의 결과이지 그 믿음을 보존하기 위한 결코 조건들은 아닙니다. 믿음은 각각의 보충 없이 이미 예수 그리스도 안에서 사건이 되었던(고후1:19이하) 아멘이요, 하나님 자체의 긍정에 대한 아멘이요, 바로 그 긍정입니다. 그러한 긍정과 아멘은 인간적인 행위들을 통하여 보충하는 것과 상승하는 것을 배제합니다. 인간적인 긍정과 하나님의 긍정에 대한 아멘과 아멘으로 믿음은 감사의 총체적인 개념입니다. 믿음은 감사를 뜻하며, 더욱이 이것과 저것을 위한 것이 아니라 의롭게 된 인간으로서 자체의 새로운 동질성을 위한 것입니다. 그 때문에 믿음은 아주 간단히 아주 정확히 은혜를 입는 것입니다. 믿는 자는 하나님의 은혜에 힘입고 있습니다. 믿는 사람은 하나님의 은혜에 힙 입고 있는 자인 것입니다.

## 4. 칭의 교리의 의미

비록 믿음이 사도적인 신앙고백에서 "내가 죄의 용서를 믿습니다"란 전환에서 다만 여러 신앙진리들 가운데 하나인 것처럼 보임에도 불구하고 인간의 칭의에 대한, 역시 죄지은 불신앙적인 인간의 칭의에 대한 믿음이 왜, 얼마나 기독교신앙의 한 가운데서 살아 있는 중심점인지가 지금 더 많이 이해되었을 것입니다. 먼저 칭의 교리를 통하여 생명으로 일깨우게 될 성령과 창조주 하나님과 예수 그리스도에 대한 신앙고백의 위대한 진술의 내용들이 죽은 진리가 아니라는 것입니다! 칭의(稱義)의 소식은 오히려 계속해서 그의 말씀과 그의 영(靈)을 통하여 우리 가운데 작용하기 위하여 십자가에서 우리 때문에 죄인으로서의 죽음을 죽으시고 죽은 자들 가운데서 부활하신 혼돈되지 않는 인간의 삶을 사셨던 예수 그리스도의 인격 안에 사람이 되신, 한 분 창조적으로 일하시는 한 분 하나님이 계시다는 그 안에 기초되어 있습니다. 그나아 취위 께티 안에서 이러한 무 는 신눔뜸뚬 실새로 이러한 하나님이 누구인지, 창조적으로 일하신다는 것과 대신하여 죽는 것과 죽음에서 새로운 생명 가운데로 끌어내는 것이 무엇을 뜻하는지 아주 좋게 결정하는 그 절박함을 경험하게 합니다. 그것은 영의 능력 안에서 우리의 무상한 세계에 전달하는 한 생명이며, 기독교회의 모습 안에서 새로운 삶의 공동체가 생기게 되는 그 생명입니다.

칭의 교리 안에서 핵심을 찌르는 방식으로 하나님과 인간관계의 진리가 중요하며, 이와 같이 하나님의 신성(神聖)과 인간의 인간성(人間性)의 올바른 이해가 중요합니다. 모든 다른 신앙의 진리들은 칭의 교리로부터 확정되어야 하며, 방향이 잡아져야만 합니다.

만일 사람들이 칭의(稱義)의 소식을 그렇게 포괄적이며 근본적으로 이해한다면 그것을 통하여 생각이 본질적으로 관계 안에서 이루어지는, 대체로 실재(實在)의 이해에 새로운 접근을 열어줍니다. 그리고 이러한 실재의 토대는 인간의 하나님과의 관계입니다. 우리는 피조물인 하나님의 자녀로서 하나님에 대한 관계 안에 살기 때문에 어떤 존재인지, 어떤 신분에 있는지가 중요합니다. 이러한 관계는 항상 하나님으로부터 우리의 창조주이며 화해자이며 구원자로서 나아가며, 그러나 그것은 우리에게 그 칭의에서 믿음으로, 소망으로, 사랑으로 결정하게 하는 정도에서 관계되며 결정됩니다. 이러한 인식에 관하여 성서적인 표현들은 우리가 옛 사람으로서 그리스도와 함께 죽었고, 새로운 사람으로 그리스도 안에 사는 그리고 그리스도가 우리 안에 사는 것에 대한 하나의 온전히 실제적인 의미를 얻게 합니다(롬6:3-6; 갈2:20). 이러한 칭의의 소식은 그것이 믿음을 발견하거나 또는 일깨우는 곳에서 인간의 새로운 자기이해를 열어줍니다. 즉 그것은 구원의 충만한 하나님과의 관계에서 그의 능력과 준비를 받아들이며, 그러나 그 소식에 한정되어 머무는 것이 아니라 인간의 관계를 그 소식으로부터  한정하고 변화하며 다른 것들과 함께 있는 피조물들과 이웃들에 대한 관계들에 머무는 것입니다. 그 때문에 그것은 만일 그 아래서 인간에게 하나님의 구원 작용의 부분이나 요소로 이해한다면(부르심 외에 조명, 중생과 성화) 그것은 칭의에 대해 매우 축소된 이해입니다. 그리고 사람들이 그것을 다만 인간의 죄와 죄책에 대한 하나님의 대답으로서 이해할 때, 그것은 문제적 칭의 소식과 칭의론의 요약된 이해입니다. 칭의 소식의 포괄적인 의미는 만일 사람들이 그것을 교회가 서거나 넘어지며, 더욱이 온전히 창조된 세계가 서 있거나 또는 넘어지는 신조의 항목으로 이해할 때 보여 집니다(라틴어: articulus stantis et cadentis ecclesiae). ("이러한 교리에 관하여 사람들은 아무것도 회피하거나 또는 따라갈 수는 없습니다. 그것이 하늘과 땅에서 넘어뜨리거나 또는 머물게 되기를 원하지 않습니다", 마틴 루터의 슈말칼덴신조, 1537). 그 때문에 루터는 마침내 칭의를 인간의(창조되고, 죄지으며, 화목하며, 구원된 인간의) 포괄적인 정의로서 이해되어야만 하는 통찰에 이르게 됩니다. "롬3:28에서... 인간의 정의를 바울은 요약합니다. 인간은 믿음을 통하여 의롭게 되었다"는 것입니다.

칭의 교리는 그 때문에 다른 기준들을 통하여 상대화되는 것을 견디지 못하게 하는 모든 신학적인 진술의 표준입니다. 여기서 이것은 오직 하나의 표준이든지 또는  표준이 아니든지를 유효하게 합니다. 마르틴 루터는 그것을 다음과 같이 표현했습니다. "칭의 교리는 가르침에 관한 모든 방식에 대한 전문가요, 군주요, 주인이요, 조정자요, 재판장입니다. 즉 칭의에 관한 교리는 모든 교회적인 가르침을 보존하며, 조종하며, 하나님 앞에 있는 우리의 양심을 지향합니다. 이러한 교리 없이는 세계는 죽음과 어두움보다 다른 것은 아무것도 없습니다."

## 5. 의롭다함의 선언과 의롭게됨으로서의 칭의(稱義)

　　성서의 이해에 따라 하나님의 의는 그를 외면하거나 또는 그 앞에서 도망치는 사람에게로 향하시며 그를 따라가서 그에게 사랑을 약속하는 그 하나님과의 관계의 신의라면, 칭의는 언어와 말씀과 표지를 통하여 사람에게 나누게 되는 사건이 무엇인지가 이해될 것입니다. 그것은 친절성 또는 사랑의 선언에서처럼 사람에게 약속되었습니다. 그러나 그것이 정당함의 선언인가요? 만일 사람들이 정당함의 선언 아래서 "당신은 권리를 가지며, 당신은 권리 가운데 있으며, 당신은 오케이입니다" 라는 확인 정도로 이해한다면 칭의는 정당함의 선언이 아닙니다. 그것은 인간에게 전해진 그 안에 존재하지 않으며, 그렇게 대단하게 그에게 주문된 것도 아닐 것이며, 다른 것과 비교해서 그는 실제로 온전히 좋게 또는 어쨌든 수용할만하게 가로막는 것도 아닐 것입니다. 그러므로 그는 어떤 상태에 있든지 기꺼이 그렇게 머무를 수 있을 것입니다. 그러나 그 모든 것은 칭의 소식의 오해일 것입니다. 칭의는 인간이 갖지 못한 하나님의 은혜로운 판단을 통하여 먼저 그에게 나누어진 그 무엇이 약속된 창조적인 사건입니다. 이러한 판단에서 그에게 약속된 것은 두 가지 면을 가지는데, 부정하는 면과 긍정하는 면입니다. 부정하는 관점에서 하나님의 칭의의 판단은 하나님이 더 이상 죄로 여기지 않는다는 것을 말합니다. 죄가 저질러졌으며 항상 발생됨에도 불구하고 인간과 하나님 사이를 더 이상 분리하게 하는 것이 아닙니다. 긍정하는 관점에서는 칭의의 판단은 하나님이 그리스도 때문에 죄인을 받아들이며 인정하고 사랑하는 그것을 말합니다. 그러나 그것은 인간의 가시적인 칭의와 정의가 아닌가요? 그것은 단지 "마치 …인 것처럼" 하나의 환상이나 기만이 아닌가요? 그것은 진지하게 생각되고 진실한 것이라면 가시적인 것이 아니라 사실입니다. 그리고 만일 한 사람에 의하여 믿음이 이와 같이 신뢰가 생겨나거나 일깨워질 때, 그것은 한 사람의 느낌과 원함과 생각이 효력 있게 결정적으로 변화하며 새로워진 실재인 것입니다.

칭의 사건에서 실재를 변화시키는 믿음의 능력은 우리가 삶의 많은 영역과 경험들에서 알게 되는 체험적인 것이 될 것입니다. 우리가 믿고, 신뢰하는 그것은 우리의 느낌과 원함과 생각을 위한 표면적인 것이 아니라 우리의 현존재의 깊이에까지 우리에게 영향을 미칩니다. 그것은 - 에릭에릭슨이 보여준 것처럼 - 작은 아이들의 심리적인 발전을 위하여 이미 근원적인 신뢰의 형태 안에서 유효한 것이며, 모든 계속되는 발전의 진보의 근본토대를 형성하게 됩니다. 거기서, 물론 그것은 인간적인 관계하는 사람들에 관계되어 있으며, 특별히 언젠가는 나누어지며 작별해야만 하는 부모와 관계되어 있습니다. 생명과 세상의 창조주로서 하나님에 대한 칭의의 믿음은 구별하여 바로잡으며, 그 때문에 인간의 전 삶과 죽음을 포함하는 것입니다.

## 6. 의롭게 된 인간 - 의인(義人)이며, 동시에 죄인(罪人)입니다
### (simul iustus et peccator).

앞의 장에서 의롭다하심과 의롭게 됨의 관계에 대한 암시는 인간이 인식될 수 있는 두 가지 관찰방식이 있음을 보여주었습니다. 그것은 인간이 자신의 내면과 밖에 존재하는 것을 향하여 질문하는 것이며, 다른 하나는 하나님과의 관계의 빛 가운데서 그를 인지하는 것입니다. 거기서 두 번째 관찰방식은 근본적이며 결정적이라는 것이 분명합니다. 하나님 앞에서와 하나님을 통해서 의롭게 된 인간은 의로우며, 더욱이 온전히 의롭습니다. 왜냐하면 하나님이 그에게 모든 죄를 용서하시고 그를 그리스도 때문에 그의 자녀로 받으시기 때문입니다. 그것이 인간을 그의 느낌과 원함과 생각 안에서 변화되게 합니다. 그러나 그것은 그에게서 하늘의 것을 만들지 않으며, 현세적인 세상에서 해방되었으며, 악의 시험에 대하여 둔감한 것에고 믿습니다, 인간은 현세적이며 요재적이 부재로서 그거 뭐야 있는 동안 악의 유혹의 권세에서 배제되어 머물러 있게 됩니다. 그리고 이러한 권세는 그를 외부로부터 그의 환경에서 다른 피조물들로부터 만날 뿐 아니라, 내적이며 그 자신의 마음에서 만나게 됩니다. 이러한 인식은 성서의 첫 부분(창6:5과 8:21에서, 홍수이야기 전과 후에서)에서 만날 뿐 아니라, 그것 역시 예수님의 복음 전파가운데서 하나의 본질적 관점을 제기합니다(막7:14-23). 그것은 즉 한 사람은 그 어떤 현저히 부정한 음식을 통하여 더렵혀진 것이 아니라 그를 부정하게 하는 악한 생각은 마음에서 나오는 것입니다.

기독교회의 교리 전승에서 인간 안에 존재하고 있으면서 그를 부정하게 하는 악한 것은 "욕망"이라는 개념으로 표시되었습니다. 그것은 많은 사람들에 의하여 성적 욕망과 방탕한 생활에 대하여 연상을 일깨우게 됩니다. 거기서 나아와 이따금 성생활과 성적인 기쁨의 일반적인 거절과 비난이 생겨났습니다. 그러나 그것은 성서의 생각은 아닙니다. 애정과 성적 감정과 같은 형태와 그것과 결부된 기쁨과 열정은 오히려 하나님의 선한 창조의 선물들에 속한 것입니다. 욕망은 성서의 이해에 따르면, 오히려 더 많이 가지며, 존재를 원하는 것과 그것이 이미 성서적인 원역사에서 시험으로 등장된 것처럼, 하나님의 이면에서 독립적인 것으로 증명하는 탐욕입니다. "너희는 하나님과 같은 존재가 되며 선한 것과 악한 것을 알게 되는 것입니다."(창3:5). 그러한 욕망은 매우 도덕적이며, 그것이 예의 바르게 하나님 앞에서 존경할만한 삶의 결산을 증명하며, 그것에 대한 요구들을 드러내는 시험으로부터 충동되었기 때문에 현재화할 수 있을 것입니다. 물론 낮선, 고유한 삶과 격정적으로 교제하는 도덕적으로 타락된 욕망의 형태가 있습니다.

자체의 경험을 통하여 확인된 성서의 소식에서 종교개혁 신학은 이러한 욕정이 하나님의 죄용서의 세례와 함께 죄용서의 근본에서 사라지는 것이 아니라, 인간 안에 현존하며 효력을 미치는 것으로 여전히 머물러 있음을 인정합니다. 그것은 하나님으로부터 항상 새롭게 용서되어야만 하며, 기독인은 매일 그것에 한정되거나 또는 지배당하지 않도록 죄의 본성과는 투쟁해야 합니다. 그리고 그러한 노력은 기독인에게 현세에서 마지막까지 이어집니다. 그러므로 한 사람 기독인은 그가 진실로 자기 비판적으로 자신을 관찰하고 검토할 때, 그러한 상태를 극복하게 될 것입니다. 즉 나는 온 마음과 온 영혼과 온 정신으로 하나님의 사랑의 계명(신6:5)이 요구하는 것처럼 나의 모든 능력으로 하나님을 사랑하며, 이웃 사랑의 계명(레19:18)이 요구하는 것처럼 내 몸과 같이 나의 이웃을 사랑하기를 힘써야 합니다. 그는 오히려 분명하게 하며, 하나님과 이웃 사랑 외에도 자신의 삶에서 사랑이 없음과 무관심함과 무정함이 존재하고 있음을 고백해야 합니다. 그렇지 않으면 그것은 이러한 최고의 계명을 위반하는 것이 됩니다(막12:28-31). 이러한 위반은 경시해서도 상쇄시켜서도 하찮은 일로 여겨도 안 됩니다. 이것을 말하기 위하여 루터는 1516년 그의 로마서 강의에서부터 그의 생의 마지막 활동에까지 인간은 언제나 하나님의 용서로부터 전적으로 의롭게 되었으며, 그렇지만 동시에 자신 안에서 전적으로 또한 죄인임을 말하게 됩니다. "전적으로 죄인"이라는 것은 기독인이 행하는 모든 것이 단지 죄라는 것이 아니라 무한한 사랑의 모든 계명 위반이 전체 사람들을 죄인으로 만든다는 것을 뜻합니다. 그것은 인간들 사이의 관계들에서 또한 그렇습니다. 그것은 한 사람을 거짓말하는 자, 간음하는 자 또는 도둑질하는 자로 나타내기 위하여 때때로 거짓말을 하고 불성실한 자가 되며 도적질하는 것이 충분하며, 살해와 같은 너무나도 심각한 범죄와 같은 행위로도 충분합니다. 그러나 손상은 더 깊이 자리 잡고 있습니다. 이미 인간의 마음에서 미움과 시기와 사랑하지 않는 마음이 돋아나는 실체는 비록 이러한 욕망의 자극들이 행동실제로 이끌지 않아도 하나님과의 관계에 깊이 자리 잡은 장애를 보이는 것입니다. 그리고 십계명의 제9-10 번째는 욕망에 배정히 이 김세이 지안하고 싶시만, (때나 날시 ㄴ 써싶이나 약탈의 형태에서 그의 행동에 대항하는 것만은 아닙니다. 거기서 이미 바울은 정확하게 욕망이 생겨남(롬7:7이하)에 대한 이러한 금지가 본능을 유발하는 자극일 수 있음을 암시합니다. 그 때문에 만일 한 사람을 실행으로 유혹할 때, 죄인으로서 진지하게 취할 수 있기 때문에 그것은 피상적인 욕구의 경시가 될 것입니다. 루터가 인간을 의인이면서 동시에 죄인으로 표현한다면, 그것은 특별한 비관주의의 표현이 아니라, 인간적인 느낌과 원함의 온전히 실제적인 서술입니다.

이러한 특성은 만일 사람들이 그 안에서 "평화스러운 공존"이나, 간단히 증대하는 상태의 서술을 보게 된다면 완전히 오해될지도 모르겠습니다. 오히려 정의와 죄 사이의 종교개혁적인 이해에 따라 전 생애 동안에 지속되는 쓰라린 투쟁이 생겨납니다. 만일 죄의 실제와 함께 있는 한 사람은 욕망의 형태에서 또는 죄를 저지르는 형태 안에 있을 것이며 평화에 문을 잠그거나 더욱이 그 욕구에 대한 투쟁 없이 그의 삶에서 지배당함을 허용하게 되면, 그는 칭의의 은혜에서 떨어져나가게 되며 더 이상 "온전한 의"에 대한 책임을 감당할 수 없을 것입니다. 물론 - 하나님께 감사하게도 - 모든 삶의 상황에서 하나님의 자비가 새롭게 회개에로 부르며(롬2:4) 자유하게 하는 용서의 말씀이 새롭게 약속되는 가능성이 있습니다.

마르틴 루터는 그것을 이렇게 말합니다. "칭의(의롭다함)는 자신에게 가장 확실하게 건강을 약속하는 의사에게 신뢰를 가지며, 약속된 건강회복에 대한 희망으로 그 의사의 지시에 순종하는 한 병자와 같은 모습입니다.... 병자는 지금 대략 건강합니까? 아니오 그는 동시에 병자이면서 동시에 건강합니다. 실재 안에서 병자이지만 동시에 그를 건강하다고 여기도록 믿음을 주는 의사의 분명한 약속의 힘으로 건강합니다. 왜냐하면 의사가 분명히 치료하리라는 것을 그에게 분명하게 해 주기 때문입니다. 즉 그는 죄인이면서 동시에 의인인 것입니다. 실재 안에서 죄인인데, 그러나 그를 완전히 구원할 때까지 죄로부터 구원하기를 원하신다는 분명한 하나님의 약속과 고려(考慮)에 힘입어 의로운 것입니다. 그렇게 그는 희망 안에서 완전히 구원이지만, 그러나 실제로 죄인인 것입니다."(로마서에 대한 강의, 1515/ 16).

언제나 루터가 "의롭게 된 자와 죄인을 동시에"가르쳤다는 견해가 특히 로마가톨릭교회의 편에서 항상 다시 대변되었다면, 그것은 하나의 오류입니다. 왜냐하면 하나님이 죄인을 실제로 의롭게 된 사람으로 변화시킬 수 있으며, 변화되기를 원한다는 것을 인정한다면 그는 하나님의 영예가 더 많이 높아진 것을 인식하는 대신 전적으로 하나님의 영예와 거룩을 통하여 높아지는 것을 생각하였기 때문입니다. 그와 같은 이해를 루터는 수도원적 겸손의 신학으로 표시하는 그의 종교개혁 이전의 신학에서 실제로는 잠깐 동안 대변하였습니다. 그러나 루터는 그것을 그의 종교개혁적인 발견과 함께 극복하였습니다. 기독인의 진실한 자기 경험과 성서의 증언은 종교개혁적인 통찰에서 오히려 "의롭게 되었으며, 동시에 죄인"을 위하여 표준적인 것입니다. 그것은 요1서 1:8이하와 같은 성서의 진술 가운데서 정곡을 찌르는 표현으로 나타납니다. "만일 우리가 죄가 없다고 말한다면 우리는 스스로 그렇게 거짓말하는 자요 진리가 너희 가운데 있지 아니하며 만일 우리가 우리의 죄를 고백하면 그는 우리에게 죄를 용서하시며 모든 부정한 것들에서 우리를 깨끗하게 하시는 신실하시고 의로운 분이십니다"

## 7. 트리엔트 종교회의 진술 이후 로마가톨릭교회의 칭의 교리

의롭게 된 자가 의로우며 동시에 죄인이라는 말은 인간이 오직 하나님 앞에서 믿음을 통하여 의롭게 된다는 진술 외에 로마 가톨릭교회의 편에서 지유에니 믿믿의 ┴━샛을 붉니닙ㅡ꼐니 칭의ㅜ에 내야 동╫개혁씩인 신술에 속합니다. 만일 인간이 하나님 앞에서 의롭게 되면, 가톨릭교회의 이의(異議)는 만일 인간이 하나님 앞에서 의롭게 되면 인간은 새로운 피조물이 아니며 하나님의 은혜를 통하여 인간이 실제로 본체에서 변화된다는 것입니다. 그래서 믿음과 사랑이 하나의 통일을 분명하게 해 주는지? 그 때문에 역시(믿음 이외에)인간의 선한 행위가 칭의 사건의 포기할 수 없는 구성요소가 되어야 하는 것은 아닌지 생각해 봐야 합니다.

1521년 보름스 국회에서 루터와 그의 추종자들에게 유죄판결을 내린 이래로 종교개혁을 통하여 시작된 신학적 질문들이 항상 다시 자유로운 논쟁 가운데서 밝혀져야 한다는 일반적인 종교회의 소집에 대한 요구가 크게 대두 되었습니다. 그런데 루터가 죽기 2개월 전, 먼저 트리엔트 종교회의가 3단계 기간에 걸쳐 개최됩니다(1545-48, 1551-1552, 1562-1563). 그 회의는 이러한 질문들을 더 이상 공동적인 업무로 다루지 않았으며, 단지 종교개혁의 가르침에 대한 로마가톨릭의 반응으로만 취급되었습니다. 첫 회의 기간(1547)에 종교회의는 이미 칭의론에 대한 결정을 끝내버렸습니다. 그 안에서 로마가톨릭교회는 두 가지를 구분하게 됩니다. 그것은 한편, 인간의 칭의는 인간에게 선한 행위와 공로로부터 독자적으로 나누어진 하나님의 은혜 없이 가능하지 않다는 것을 강조하였으며, 다른 한편, 인간의 칭의가 선한 행위를 통한 인간의 협동작용 없이 가능하지 않다는 것을 강조합니다. 그 때문에 트리엔트 종교회의는 다음과 같은 진술을 잘못된 가르침으로 거절하게 됩니다.

- "- 사도가 지금까지 "죄"라고 부르는 - 욕구가 죄라고 칭해진 것을 가톨릭교회는 … 결코(시간이 흘러가면서) 그것이 중생한 자들에게서 진실로 실제로 죄일 것으로 이해하지 않았으며, 죄에 거하며, 죄에 기울어지는 것으로 이해하였습니다. 반대적인 것

을 생각하는 자, 즉 그것은 [교회에서 특별히 배제되는 추방을 뜻하는 것으로] 저주
받은 것으로 증명되었다는 것입니다."

• "불신앙 자가 오직 믿음으로 의롭게 되었다는 것을 말하는 자는 그가 의(義)의 은혜
에 다다름에 함께 작용하는 것으로 그 어떤 것도 달리 요구되지 않았음을 이해하는
것입니다. 그리고 그는 그 자신의 의지의 자극을 통하여 준비하고, 무장하는 것이 결
코 필요하지 않다는 것입니다. 즉 그는 저주가 증명되었다는 것입니다."

• "의롭게 하는 믿음이 그리스도 때문에 죄를 용서하는 신적인 자비 안에서의 신뢰보
다 아무것도 다르지 않음을 말하는 자는 저주가 입증되었다는 것입니다."

트리엔트 종교회의를 통하여 로마가톨릭교회가 막으려는 모델은 칭의
사건 안에서 하나님과 인간 사이에 이루어지는 협동작용입니다. 거기서
하나님에 의한 주도권이 놓여 있으며, 하나님으로부터 나아오는 것이 있
습니다. 이러한 모델의 중심에 하나님의 은혜에 관한 관념이 서 있습니다.
그 은혜는 인간의 이면에서 다만 하나님의 자비로 이해되지 않았으며(변형
된 은혜), 동시에 성례를 통하여 그에게 나누어지며, 그가 선한 행위에 능력
을 갖도록(창조된 은혜) 인간에게 나누어진 선물과 능력입니다. 인간은 이러
한 은혜의 상태를 단지 보존하도록 시도할 수 있거나 해야만 하는 것이 아
니라, 그는 로마가톨릭의 생각에 따라 선한 사역의 행위를 통하여 성장할
수가 있습니다. 로마가톨릭의 이해에 따라 하나님과 인간은 함께 그렇게
작용할 수 있습니다. 언제나 앞서 행하시며, 노력하지 않으며, 역시 노력
되어질 수 없는 그의 은혜를 통하여 하나님과 칭의 사건에 대한 그의 동의
와 그의 협동작용을 통한 인간은 은혜의 상태에 머무르는 사람들이 영생
을 "실제로 공로로 얻게 되었다"는 것을 결과적으로 말하게 될 수 있는 것
입니다.

## 8. 칭의론에 대한 공동해명(GE)

인간이 그리스도 때문에 오직 은혜로, 오직 믿음으로 의롭게 되었다는 종교 개혁적 가르침에 대한 논쟁은 다른 요소들 외에 서유럽의 기독교가 서로 갈라지게 되는 본질적인 근거였습니다. 루터가 여기서 교회가 칭의 교리와 함께 서 있거나, 넘어지는 그 교리를 직시하는 동안에, 그의 반대파들은 루터의 칭의론에서 기독인의 삶과 행위의 나태함이 나타나게 되리라는 것을 두려워하고 있었습니다. 트리엔트 종교회의에서 로마가톨릭교회는 몇 가지 중요한 종교개혁의 관심을 수용하였습니다. 그러나 동시에 위험한 것으로 보았던 종교 개혁적 이해들에 대항하여 가르침의 유죄판결에 한정시켰습니다. 그 시대 이래로 양 교회들 사이에 대립하는 다른 것들의 가르침은 복음에 대립적인 것으로 거절되었던 유죄 판단들이 놓여 있습니다. 성서에서의 공동연구, 즉 그 당시 논쟁되었던 것들의 더 정확한 연구들과 서로의 이해에 대한 노력은 20세기에 이르러 칭의론에서 접근하는 길을 열었습니다. 국제적이거나 지역적인 지평의 많은 대화과정에서 사전작업들에 근거하여 루터교회의 세계연맹과 통일의 협력을 위한 교황자문위원회가 마침내 1997년 "칭의론에 대한 공동해명"을 제시하였습니다. 그것은 결론을 이끌며, 칭의에 대한 그들의 진술에서 이러한 대화의 과정들의 결과를 요약해야 했습니다. 교회들에게는 그것이 공동해명(GE)에서 제시해 놓은 것처럼, 이러한 대화들의 총체적인 수확에서 입장을 취하도록 기회가 주어졌어야 했습니다.

이러한 해명은 모든 가르침에서 포괄적인 일치에 이르러야 할 것이 요구된 것은 아닙니다. 그것은 칭의론(GE, 40번)의 근본진리 안에서 하나의 일치를 포함하며, 저 다른 면의 가르침의 판단으로부터 계속적으로 구별된 전개들이 적중되지 않았으리라는 것을 대변합니다.

공동해명(GE)의 핵심표현은 다음과 같습니다. "칭의는 삼위일체 하나님의 사역이라는 것이 우리의 공동신앙입니다. 아버지는 그의 아들을 세상가운데 있는 죄인들의 구원을 위해 보내셨습니다. 인간됨과 그리스도의 죽음과 부활은 칭의의 근거와 전제입니다. 거기서 칭의는 그리스도가 스스로 우리가 아버지의 뜻에 따라 성령을 통하여 참여하게 되는 우리의 정의(正義)를 뜻합니다. 우리는 공동으로 다음과 같이 고백합니다. 그리스도의 구원행위에 대하여, 그것은 우리의 공로에 근거하지 않고 믿음 안에서 오직 은혜로 우리가 하나님으로부터 용납되었으며, 우리의 마음을 새롭게 하며 우리를 능력 있게 하며 선한 행위에로 부르시는 성령으로부터 영접되었습니다."(GE, 15번).

　　연결된 장들에서 이러한 공동적인 이해는 개별적인 가르침에서 구별된 신앙 고백적 강조점들의 관계에 놓이게 되었습니다. 이러한 장들은 다음과 같은 구조를 가지게 됩니다. a) 공동적인 진술, b) 로마가톨릭의 이해, c) 루터적인 이해(또는 반대로). 거기서 어쨌든 신앙 고백적 강조점이 칭해졌으며, 다른 고백적인 주장은 부정하지 않는 것으로 시행되었습니다. 이 양자의 장들은 구별된 주장들이 공동적인 상부교리의 토대위에서 견뎌낼 수 있으며, 서로 서로 개방되어 있음을 증명해야만 합니다(GE, 40번).

　　이러한 구조에서 교회연합적인 변화가 보여 집니다. 사람들이 더 초기의 대화에서 대부분 가능하고 완전한 일치에 이르기를 시도했던 반면에, 공동적인 해명에서는 부분적인, 그러나 역시 긴장가운데서 서로 기존의 구별되는 주장들을 견딜 수 있으리라는 것과 그렇게 견딜 능력이 있다는 것에서 가정된, 근본적인 일치가 중요합니다. 이러한 구별적인 주장들은 이와 같이 더 이상 장애로서 유효한 것은 아니며 합리적인 다양함의 의미에서 공동적이며 기독교 진리의 점차적으로 형성되어 나오는 것들로서 효력을 가진 것입니다.

공동해명(GE)의 입장 가치와 의미는 이러한 해명의 사건 안에서 스스로 보여 지며, 그들 신현이 과정에서 그리고 이로써 결합된 경험들에서 나타납니다. 역사에서 첫 번째로, 처음부터 로마가톨릭교회와 루터교회의 세계연맹에 연결된 루터교회의 공동조언 과정에서 공동적이며 교회 연합적 문서가 만들어졌습니다. 그것은 역시 앞서 진행된 부분적으로 아주 원칙적으로 수정된 텍스트들이 어떤 경우에도 로마가톨릭교회로부터 계산되지 않았던 반면에, 후에 책임성에 이르게 되었던 것입니다.

1997년 공동해명이 발표되었던 이후에, 루터세계연맹은 회원교회들을 향하여 그 공동해명서가 이루어낸 결과들의 근거로 칭의와 관련하여 루터교회의 신앙고백서의 교리비난들이 공동해명(GE)에 서술된 로마가톨릭교회의 가르침을 더 이상 충돌하지 않음을 인정할 수 있을지에 대해 질문을 제기했습니다. 루터파교회의 지도자들로 구성된 감독모임들은 로마가톨릭교회 측에 충고하였습니다. 루터파교회의 세계연맹의 설문은 루터파교회의 현저한 다수가 제기된 질문을 인정했으며, 그럼에도 몇몇 교회들은 여전히 반대했다는 것도 나타났습니다. 마찬가지로 공개적인 토론에서도 분명한 반대가 제기되었습니다. 독일에서는 거절하는 입장이 대략 개신교 신학교수들 250명 정도가 나타났습니다. 그들은 공동해명(GE)에서 그 어떤 적절한 합의를 인식할 수 없었던 것입니다. 그들은 죄에 관한 이해와 "오직 믿음을 통해서만"이란 서술의 결핍과 교회의 가르침과 삶을 위한 표준으로서 칭의론의 기능에 대한 차이점 등을 지적하였습니다. 로마가톨릭교회의 대답은 "칭의론의 근본진리 안에서 하나의 합의"를 분명히 제시하였으며, 그것들에서 아직 어려움들이 생겨날 수 있으리라는 점들의 한 순서를 거론하였습니다. 그들은 1998년 6월 25일의 공동해명(GE)에 대한 그들의 대답에서 "의인이면서 동시에 죄인이라는 공식"은 가톨릭에서는 수용할 수 없다는 것을 그렇게 말했습니다. 멀게는 그것은 구원에 대한 인간의 공동작용과 관련하여, 그리고 루터교회에 속한 위원회들의 권위에 대한 질문에서 총체적인 가르침과 교회의 실천을 위한 표준으로서 칭의 교리의 영예와 관련하여 의심을 표명하였습니다. 이러한 입장은 루터교회 편에서 역시 로마가톨릭교회가 트리엔트종교회의의 가르침의 유죄판단들이 루터파에게 더 이상 충돌하지 않는다는 것을 밝힐 수 있는지에 대한 질문이었습니다. 그것은 새롭게 이루어진 대화들에 따라 공동해명(GE, 41번)의 결산이 확인된 1999년 6월 11일의 루터세계연맹과 가톨릭교회의 "공동의 공식적인 확정"(GOF)에 이르렀습니다. "이러한 해명 안에서 제출된 루터교회의 가르침은 트리엔트종교회의의 유죄 판결로부터 거스르지 않습니다. 루터의 신앙고백서의 유산도 이러한 해명에서 제출된 로마가톨릭교회의 가르침을 거스르지 않습니다."

하나의 부록(Annexe)에서 구별된 강조점들에도 불구하고 해명에 이르게 하려고 비판적인 점들을 계속 밝히기를 시도하였습니다. 이것이 모든 점들에서 성취되었는지는 다르게 평가되었습니다. 루터적인 것과 가톨릭적인 면의 두 가지 관점들에 대한 부록에서 그 장과 관련하여 대략 죄로서 "욕구"(Konkupiszenz)에 대하여, 또는 단순히 "죄의 관문으로서" 비판적으로 그렇게 질문되었습니다. 즉 최종적으로 거론된 해석과 함께 그들의 신앙고백에 대한 항의로 루터교회편이 트리엔트 종교회의를 통한 유죄판결을 피하기 위하여 동의하여 해명한 것인지 - 마찬가지로, 얼마나 반대적인 비난들이 객관적인 실제로 제거되었는지 아닌지는 역시 비판적으로 질문되었습니다. 다른 한편, 공동해명(GE)의 초보적인 비판자들은 역시 첨가된 텍스트 "공동의 공식적인 확정"(GOF)과 부록을 찬성했으며, 그것들의 도움으로 16세기의 언급된 비난들을 극복한 것으로 해명할 수 있을 "저 중재하는 형식들"(E. Juengel)을 그들 가운데서 인지하였습니다.

총체적으로 양편 모두는 다음의 관점에 도달되었습니다.

• 의인이면서 동시에 죄인으로서 기독인들을 이해하는 것,
• 칭의에 "오직 믿음을 통하여" 고백하는 것,

- 기독교 신앙의 표준, 또는 시금석으로서 칭의론을 인정하는 것,
- 그리고 판단발견의 구별된 수행방식을 존경할 수 있는 것 등에서 입니다

공동적이며 공적인 분명한 입장(GOF)은 필수적이며 계속적인 대화의 목표로서 "완전한 교회공동체"로 불리며, 이러한 "다양성에서의 통일성보다 더 가까이 결정하며, … 남아 있는 차이에서 화해가 이루어지며, 그리고 그 어떤 나누는 힘을 더 이상 지니지 않으리라는 것"은 주목할만합니다. 이것은 "교회연합의 복귀"의 모든 형태에 대한 거절을 뜻합니다. 1999년 10월 31일, 종교개혁기념일에 공동적이며 공적인 분명한 입장(GOF)은 로마가톨릭교회와 루터교회의 세계연맹의 대표자들로부터 아욱스부르그(Augsburg)에서 개최된 예배에서 격식을 갖추어 서명되었습니다. 세계루터교회연맹(LWB)에서 루터교회공동체의 자기이해는 공동해명(GE)의 서명을 통하여 강화되었습니다. 루터교회의 세계연맹의 역사에서 처음으로 루터교회들 사이에서 세계적으로 이루어진 토론과정에서 신학적인 해명은 공동적으로 가결되었습니다. 가톨릭 편에서 "공적인 행위"로서 공동해명(GE)의 서명은 수도원연합회로부터 승인되었으며, 교황 요한 바울 2세로부터도 "이정표"로서 환영되었습니다. 개신교편에서, 특히 성만찬의 질문에서도 계속적인 교회연합적인 접근에 대한 거대한 희망들이 서명과 함께 결합되었습니다. 이러한 희망들이(지금까지)성취되지 않았던 것은 자주 실망적인 것으로 인식되었기 때문입니다. 교회들의 이해에서 신앙수도회의 시행들에서 처럼 "주 예수"란 선언, 즉 기념일 면죄부의 공표처럼 로마가톨릭교회의 공무상의 표현들은 개신교 편에서는 개방적인 경향들을 제한하며, 구체적이며 역사적으로 성장된 로마가톨릭교회를 표준적으로 만드는 시도로서 이해되었습니다. 그것은 다시금 역시 경계를 긋는 개신교회의 반응들을 불러일으켰습니다. 그렇지만 그 외에도 다시 공동적이며 공식적인 입장(GOF)의 서명의 수확으로서 교회들 사이에 부분적으로 확고한

분위기 개선에 주의를 환기시키게 되었습니다.

칭의론에 대한 대화들은 교회들 사이에 여전히 오랜 인내와 함께 꼼꼼하게 계속되어야 합니다. 그것은 다음과 같은 의미를 뜻할 때, 역시 공동해명서(GE)의 최종적인 것이 전망됩니다. "칭의론의 근본진리에 대한 우리의 합의는 삶과 가르침에서 영향을 미치며 입증해야만 합니다. 그것에 대한 전망에서 계속적인 해명을 필요로 하는 구별된 비중의 질문들이 있습니다. 즉 그것들은 다른 것들 중에서 역시 교회와 그 교회 안에서의 권위, 그들의 통일과 직분과 성례, 결국 칭의와 사회윤리 사이의 관계로부터 교회의 가르침과 하나님의 말씀의 관계까지가 여기에 해당합니다. 우리는 도달된 공동적인 이해가 그러한 해명을 위하여 적절한 토대를 제시하게 될 것을 확신합니다. 루터교회와 로마가톨릭교회는 공동적인 이해를 심화시키며, 교회의 가르침과 교회의 삶에서 결실이 맺어지게 되도록 계속적으로 노력하게 될 것입니다."(GE, 43번).  ╱ **교회연합.**

## 형성

### 1. 주일과 예배

하나님의 의(義)로 사는 것은 생명의 선물을 한 번 먼저 인지하는 것을 뜻합니다. 바로 서방의 기독인들은 쉽게 그들의 존재를 그들의 행위와 동일하게 설정하고 그의 실적들에 따라 인간의 "가치"를 측정합니다. 칭의(稱義)에 관한 가르침은 삶을 섬기는 행동이어야 할 때, 모든 행동은 비행동에서 발생해야 한다는 것을 깨닫는 것이 기독인에게 도움이 됩니다. 존재와 존재 허용이 모든 행위들의 원천임을 분명히 하려고, 기독교 신앙은 그리스도의 부활을 축하하는 일요일과 우연히 동일시하는 것이 아니라, 노동주간의 안식의 쉼의 깊은 의미 가운데 그렇게 살아있게 되는데 그것은 존재와 존재 허용이 모든 일들의 근원임을 분명히 하기 위하여 기독교 신앙이 우연히 예수 그리스도의 부활을 추회하는 일요일에 동일시하며 주간의 시작으로 옮긴 것은 아닙니다. 쉼과 휴일의 기본 권한은 기독교 신앙의 시각에서 먼저 얻게 되어야만 하는 것이 아니라, 의미 깊은 노동에 대한 기쁨과 생산에 대한 의욕을 공급하는 선물의 방식으로 참여가 이루어지는 출발점을 형성합니다.

공휴일 제도는 지속적인 노동, 즉 세계를 경작하며, 단지 물질을 평가절하 하는 사람에게 그들의 일과 노동과 실적, 그리고 역시 도덕적인 자아실현에서 이롭게 중단할 수 있으며, 감탄으로 옮겨지게 할 수 있습니다. "주님의 날"로서 일요일은 우리가 사람들을 우리 스스로에게 영접하는 자로서 그리고 베푸는 자로서 하나님을 발견할 수 있는 제도입니다. 특별히 예배 안에서 세계가 우리의 손에서가 아니라, 우리가 소중히 여기며 그것들로써 감사하며 소중하게 대화하는 하나님의 손길의 행위를 경험하는 것입니다. 예배에서 우리는 사람을 그들 행위들의 총합보다도 더한 인격체들로서 우리에 대하여 스스로 언급되었습니다. 예배에서 우리는 첫 행위가 바로 실적(實積)이 아니라, 찬양과 감사인 의롭게 된 자들의 회중으로서 우리를 발견합니다. 그리고 우리는 거기서 우리 자신의 빚진 과거로부터 용서를 통하여 그들의 해방과 그들의 자유로는 도무지 기뻐할 수 없는 해방된 자로서의 우리를 발견합니다.

이러한 예배는 세상의 일상에서 다시금 영향을 미치기를 원하며, 또한 그래야만 합니다. 왜냐하면 하나님의 의(義)는 "합당한 예배"(롬12:1) 안에서 그것이 그렇게 변화하기 위해서 역시 일상의 삶을 결단하기를 원하기 때문입니다. 하나님의 의로 사는 자는 일상에 상응하게 행동하게 될 것입니다. 새로운 것은 가능하게 될 것입니다. ╱ 자유 시간, 예배.

## 2. 노동 이전에 사람의 우위권

사역(일)보다 사람이 무조건 더 큰 비중을 가진다는 것은 정신적인 것에서 뿐 아니라, 모든 관점에서 인정하며 유효하다는 것은 참으로 중요합니다. 하나님과 교제하는 신의(信義)로 사는 사람은 그들 자신에 대한 인정이 스스로의 공로에 달려 있지 않다는 사실을 잘 압니다. 의롭게 된 자는 궁극적으로 인정받게 된 사람임을 뜻합니다. 그러나 우리의 행위들과 실수들, 또한 우리의 행동들과 비행들이 우리를 존재하는 자로 만드는 것은 아닙니다.

하나님과의 교제의 신의(信義)로 사는 사람은 그 때문에 다른 사람도 하나님에게서 궁극적으로 인정된 한 사람임을 존경하게 될 것입니다. 즉 모든 그들의 가능한 능력과 성과에 호의를 보이면서, 모든 그들의 실제적인 오류와 실패에도 불구하고 존경하게 될 것입니다. 한 인간이 자체에서 행하는 것이 그에 대하여 결정하는 것이 아니라, 하나님이 그의 현존재(現存在)로서 그를 인정하고 수용하는 그것이 우리의 영원한 것과 그 때문에 역시 우리의 시간적인 생명을 결정하십니다. 다만 하나님과의 교제의 신의로 사는 자는 행위나 비행위에서보다 모든 인간적인 인격에서 더 많이 보게 될 것입니다. 죄인의 칭의(의롭다하심)에서는 그것을 행했던 가장 좋은 행위와 가장 나쁜 행위를 그 사람과 동일시 여기는 것은 금합니다. 하나님과의 교제의 신의로 사는 자는 희망이 없는 경우를 알지 못합니다. 그는 신적인 자비를 경험하며, 그 때문에 역시 인간들 아래서 측은한 사람을 어떤 경우에도 알게 됩니다. - 우리 각자의 모습처럼 말입니다. 비인간적인 행위들이 있습니다. 몰래 저지르는 많은 비인격적인 행위들이 있습니다. 그러나 비인간적인 사람들은 없습니다.

그들 노동에 앞서 이러한 사람의 무조건적인 우위권은 다양한 관점에서 효력을 가집니다.

**d) 국가직인 형벌(刑罰)의 집행**은 옛 기독교 나라인 서방에서 야만적 처벌조치와 함께 칭의 교리에 단지 비난만을 말했던 것은 아닙니다. 그 형벌의 집행은 오늘도 그들의 행위들로부터 구별할만한 사람들로서 포로로 잡힌 자들에게 일러주기 때문에, 역시 인격과 사역(일)의 명백한 관계를 중단하는 개혁을 기대합니다. 인격은 품위를 가지며, 그것에 비하여 그들의 행위는 단지 가치를 가질 뿐입니다. 인격의 품위는 하나님을 통하여 보호되며 그 때문에 침해할 수 없는 것이며, 그것에 비하여 그들의 행위는 논쟁되며 비판되며 보상적이며 흠잡을 만하며 사법적인 처리의 대상이 될 만합니다. 인간은 그의 행위에 대하여 책임을 집니다. 그것에 비하여 인간존재는 하나님으로부터 책임지어졌습니다. 우리는 행동으로써 무엇인가를 만들 수 있습니다. 그러나 우리는 그들의 품위를 침해할 수 없는 인격을 만들 수는 없습니다. 우리는 그들이 그들 행위의 합보다 더하다는 것, 그들이 죄수임에도 불구하고 그들의 품위를 더 많이 가진다는 것, 즉 하나님으로부터 의롭게 된 인간적인 인격의 파괴할 수 없는 품위를 복역수(服役囚)에게 일깨워주기 위하여 무엇을 행할 수 있습니까? 거기에는 악수하며 환영하는 것과 우리 사회가 저 남녀 범죄자들과 - 마찬가지로 남녀 범죄자들뿐만 아니라, 먼저 특히 인격적인 사람들인 이들과 - 우리가 화해하는 가교(架橋)의 역할이 있습니다. 즉 악수하며 환영하는 것과 함께 우리 사회에서 한 길을 다시 내는 가교(架橋)입니다.

**b) 영적인 돌봄:** 칭의는 계속적인 예를 말하기 위하여 교회의 영적인 돌봄을 위하여, 양심으로부터 적발되었던 인간적인 행위에서 효력을 가지는 것으로, 그럼에도 불구하고 그 양심은 범행자에 대하여 법정에 앉게 해서는 안 되는 결과를 가지게 됩니다. 우리의 행동을 볼 때 우리의 양심은 거기에 속하여 있으며, 우리의 인격 존재를 볼 때 그리스도가 홀로 거기에 속

하여 있습니다. 그리고 양심은 하나님으로부터 의롭게 된 죄인을 새롭게 그의 죄에 고정하기를 원할 때, 믿는 자는 자체의 양심에 반하는 권리를 가집니다. 즉 "그리스도는 진실하시나, 너는 아니다."(Luther). 이러한 의미에서 영적인 돌봄의 중심에서 과오에 사로잡힌 모습이 아니라, 구원과 치유의 헌신 안에서 사랑하는 모습이 되는 것입니다.

c) **실적위주(實積爲主)의 사회 비판**: 실적이 노동의 측정인 사회에서 칭의의 가르침은 비판적인 이의제기(異意提起)가 될 것입니다. 우리가 실적위주의 사회에서 그들 현존재를 위하여 적게 또는 아무것도 행할 수 없는 사람들에게 어떤 입장의 가치를 줄 수 있는지? 아이들, 노인들, 병자들과 장애인들은 가장 자연적인 방식으로 앞서 거론한 행위에 앞서 무조건적인 인간에 더 큰 비중을 가진 자들임을 대표합니다. 다만 우리가 그들 현존재를 위하여 아무것도 또는 그 어떤 것도 더 이상 행할 수 없는 그러한 자들에게 하나의 선행을 느낄 때, 그들의 가치를 질문하는 대신 그들의 품위를 존경할 때, 복음은 세계의 일상에서 우리의 실적 위주의 사회 역시 하나의 인간적인 사회로 불릴 수 있게 되도록 그렇게 빛을 발하게 될 것입니다.

## 3. 인간의 품위(品位)

우리의 기본원리(1조 1항)가 시작하는 침해할 수 없는 인간의 품위에 대한 고백에서 우리는 칭의 소식(복음)의 근본적인 사회윤리적 귀결을 마주치게 됩니다. "인간의 품위"는 모든 인간에게 인간으로서 그의 현존재와 함께 권리를 가지며, 다른 사람에게 대여해 줄 수 없으며(그러므로 다시 빼앗길 수 없을), 아직 그로부터 획득되며, 이득을 보아야만 하는(그러므로 다시 잃어버릴 수 있을) 존경에 대한 권리청구권을 표시합니다. 인간은 어디서 이러한 품위를 가질 수 있는지를 묻는다면 법률가들은 종종 그렇게 "지참금"에 관하여 말하며, 믿음이 선입견 없이 "하나님"이란 이름을 표시하는 초월적인 근원을 간접적으로 규정합니다. 사람의 품위에 대한 각자 다른 근거는 결정적인 특이점들, 지킴들, 믿김들이니 또, 빗붙이느시의 ㅗㅏ 있느을 의존하여 만드는, 그래서 개별적인 사람들에 의하여 실수 할 수 있으며 인간의 품위가 질문이 제기 될 수 있는 위험에 처하여 있습니다. 그 이면에서 기독교 신앙은 인간의 품위의 원칙에 대한 자연스런 접근을 갖게 됩니다. 그 품위는 성서에서 개념으로 앞서 보여주지는 않지만, 그러나 모든 사람의 하나님 형상에 관한 말씀에서 잘 나타나거나(창1:26이하) 또는 하나님이 사물에 포함된 인간을 허락하시고 왕관을 씌우신 영예(榮譽)와 영광(榮光)으로부터의 말씀(시8:6)에 나타납니다.

그들의 유익하며 구원적인 의미가 거기서 가장 분명하게 표현되며, 인간들이 그들의 삶과 함께 자신의 능력으로 올바른 상태에 이르지 못하는 곳에서 좌절되며, 잃어버리고 위협받는 곳에서 또는 그들이 외부로부터의 공격에서 보호와 도움 없이 소외당했거나 방치되었던 거기서 가장 밝게 빛나며, 칭의를 위한 것과 마찬가지로 거기서 인간의 품위에 대한 효력을 가집니다. 그러한 삶의 상황에서 바로 인간품위의 불가침성에 관한 인식과 경험이 중요하기 때문에 인간의 품위를 존중하고 보호하는 계명 역시 중요합니다. 즉 그 계명은 우리의 기본법에서 직접 그러한 신앙고백에서 불가침적인 인간품위를 따르는 것입니다. 기본법에서 이러한 의무가 이해적으로 단지 모든 국가적인 폭력들에도 관계를 가집니다. 일상적인 공동생활에서 그 의무는 그의 이웃과 - 그 자신 스스로와 관계에 있는 모든 사람을 위하여 포괄적으로 유효한 것입니다. ╱ 국가, 민주주의와 교회.

## 4. 곁눈질(추파를 던짐; 주변을 둘러보기)

a) 막스 프리쉬(Max Frisch: 1911-1991)의 소설들 가운데서 하나의 주제와 같은 인정과 칭의에 대한 필요를 발견합니다.

"까다로운 것들"이란 소설에서 예술적 인정에 대하여 투쟁하며, 결과적으로 그의 상상적인 좌절은 자신의 유죄판결에서 자살로의 벌을 주는 예술가 유르그 라인하르트(J. Reinhardt)입니다. 소설의 중심인물인 "슈틸레"는 자살시도 이후에 자신을 받아들이고 주연배우로서 노력합니다. 이러한 수용은 한 천사를 통하여 그에게 흥미를 불러일으키게 되었고, 일상에서 그러나 부서지기 쉽고 어려운 것으로서 보존될만한 것으로 입증하게 됩니다. 그래서 슈틸레는 스스로를 향한 자체요구들의 성취에 대한 현저한 추구를 동경하게 됩니다. 또한 "인간의 숙련된 솜씨"(Homo faber)라는 소설에서 그의 행동을 통해서 기술자로서 자신 스스로가 존재하기를 원하며, 생애동안에 감정들에 대항하여 투쟁하는 한 사람이 중요합니다. "나의 이름은 파산된 의족"이란 소설에서 마침내 프리쉬(Frisch)는 "칭의"란 주제를 장난기적으로 전개하는데, 인간은 "이른 시기나 또는 후에 그의 삶으로 간주하는 역사를 고안해 낸다"는 것입니다. 이러한 역사는 인간은 내적인 법정 앞에서, 사람들 앞에서, 그러나 역시 가능한 대로 저편의 최종판단자이신 하나님 앞(Coram Deo)에서 존재하기 위하여 구성하는 그것에 따른 설계도(設計圖)입니다. 이러한 삶의 설계도는 바로 위기 상황들에서 하나의 강한 의미를 유지하게 됩니다. 왜냐하면 이해할 수 없는 사건은 수정될 수 있기 때문입니다.

b) 수많은 TV시리즈물과 도서 시장에 대하여 삶을 조언하는 어떤 사람들에게서 스스로의 인정(認定)과 행복한 존재와 행복을 조성함에 대한 질문이 중요합니다.

저자 리차드 다빗 프레잇(R. D. Precht: 1964년 사망)은 그의 "사랑 – 하나의 무질서한 감정"이란 안내 책에서 포스트모던 사회에서 인간의 상황을 다음과 같이 묘사합니다. "우리는 할아버지 부모들과 같은 정상적인 생애를 더 이상 살고 있지 않습니다. 우리는 선택의 생애를 살거나, 또는 공작품의 생애를 살아가고 있습니다. 우리는 삶의 가능성들에서 항상 더 큰 공 ㄱ ㅂ ㅍㅡ스고 ㅣㄷㅐㄱㅓㅣㄴㅣㅁㅕ, ㄱ리고 ㅜ리ㄴ ㅅㅣ내ㅎㅐㅇㅑ만 ㅏㄴㅣ나, ㅜ리ㄴ ㅜㅣ 스스로를 실현하도록 강요되었습니다. 왜냐하면 우리는 이러한 자아실현 없이 가시적으로는 아무것도 아니기 때문입니다. 우리를 실현한다는 것 은 가능성들에서 선택하는 것보다 아무것도 다르지 않기 때문입니다. 선 택을 갖지 못한 자는 자아를 전혀 실현할 수가 없습니다. 그것에 반하여 자신을 실현해야만 하는 자는 선택을 포기할 수가 없습니다. "너 스스로 존재하라!"는 그 놀라운 기회는 동시에 더 어두운 위협입니다. 나에게 그 것이 이루어지지 않는다면, 무엇인가?"

"단편적인 존재"의 모범에서 칭의에 관한 기독교 이해의 새로운 접근 이 발견되게 합니다. 우리의 깨지기 쉬우며 부분적인 존재와 함께 스스로 완전하게 각색하고 구성하도록 압력을 가하게 되지 않도록 어떻게 살아 야만 할까요? 우리는 부분적인 일을 받아들이고, 확신 가운데서 쪽매 붙침 (여러 다른 색깔과 조각 붙이는 기술)의 기술과 함께 살기를 어떻게 배울 수 있을 까? 즉 우리가 실제로 - 하나님의 면전에서 - 생각된 것처럼 존속케 하며, 깨우칠 수 없이 머무르게 하며, 존속하게 하는 그 무엇인가가 우리 밖(외부) 에 놓여 있습니다.

**c) 디트리히 본회퍼**(D.Bonhoeffer: 1906-1945)는 젊은 프랑스인 가톨릭신부 와 함께 나눈 대화에 관하여 알려줍니다.

대화에서 그들은 자신들의 삶에서 실제로 원했던 것들에 대한 질문을 제기하였습니다. 젊은 가톨릭신부는 이러한 질문에 다음과 같이 대답합 니다. 나는 거룩한 사람이 되기를 원합니다. 그것은 훌륭한 가톨릭적인 대 답입니다. 이러한 대답에서 깊은 감동을 받은 본회퍼는 그럼에도 불구하 고 반박하면서, 자신은 "믿는 것을 배우기를 원한다"고 대답합니다. 이 양자의 대답에서 깊은 차이를 본회퍼가 먼저 후에 의식하게 되었는데, "믿는 것을 배운다는 것"이 무엇을 뜻하는 것인지를 이해해야만 했습니다. 그리고 그것은 "자신 스스로 무엇인가 만들기를 완전히 포기하는 것이 거룩한 자가 되는 것이거나 또는 회개한 죄인이라는 것입니다." 사람들이 그것을 이해했다면 "그럴 때, 자신을 온전히 하나님의 품에다 던지게 되며 …나는 그것이 믿음이라고 생각합니다." 그리고 그러한 믿음과 함께 벌써 인간의 거룩함은 시작하는 것입니다. 그것이 신약적인 언어사용에 상응하는 것입니다.

거기서 '나는 믿기를 원합니다'라고 말하는 자 - 그가 거룩한 자입니다. 그리고 거룩한 자가 되기를 원하는 사람은 믿기를 배워야 합니다. 그러면 그는 거룩함이 죄 없음을 뜻하는 것이 아니라 하나님의 고난에 감사와 이러한 고난에서 초래하는 죄인의 칭의를 뜻한다는 것을 의식하게 된 올바른 거룩한 분(사람)이 거기서 되는 것입니다. 이러한 감사에서 매일 새롭게 간구(기도)하는 자질이 자라게 되며, 즉 우리에게 우리의 실수를 용서해 달라는 고백의 기도 그것입니다. 그리고 이러한 간구가 죄인이 그의 칭의에 함께 작용하는 유일한 인간적인 행위입니다.

**d) 20세기 철학자들에게서 아무도 집중적으로 신(神)의 정의문제(세상의 악에 있어서 전능하시고, 모든 것을 아시며, 자비로우신 하나님에 대한 믿음의 칭의에 대한 질문과 함께)와 칭의론의 관계를 다루지 않았지만, 거의 유일하게 기쎈(Gissen)의 철학자 오도 마르크바르트(Odo Marquart, 1928)가 자신 스스로를 회의적인 철학자로 이해하고, 표현하면서 그 문제들을 다루었습니다.**

그는 먼저 새시대적인 조건들 하에서 변혁을 실천할 것을 분명히 하였습니다. 그리고 하나님 앞에서 인간의 칭의에 대한 질문으로부터, 인간 앞에서 하나님의 칭의에 대한 물음에 관하여 다루었습니다. 하나님은 세상의 악에 따라 인간적인 호소에 빠지게 되며, 신정론에서 인간으로부터 법정에 세워졌습니다. 거기서 마르크바르트가 말하는 것처럼 "은혜의 손실 (損失)"에 이르게 됩니다. 왜냐하면 하나님께서 은혜를 배푸는 것은 인간에게 속한 일이 결코 아니기 때문입니다. 그러나 아직 더 많이, 새 시대의 무신주의에서 하나님의 손실에 이르게 되며, 이로써 신(神)의 정의에서 하나님의 무죄판결에 이르게 되며 - 그것은 존재의 결핍 때문이기도 합니다. 하나님이 존재하지 않는다면 그는 세상의 악에 대해서도 책임이 있을 수가 없는 것입니다. 그러나 세상의 악은 성립되고 있으며, 그것에 다른 질문 또는 책임에 대하여 침묵하지는 않습니다. 그리고 인간은 고소(告訴)자리에서 무신론적인 조건들에로 빠지게 됩니다. 신정론(神正論)은 다시 인간의 정의(正義)론으로 바뀌어 집니다. 즉 그것은 인간이 세상의 악에 따라 정당화될 수 있는 지에 관한 질문으로 바꾸어짐을 뜻합니다. 은혜에서 나온 하나의 칭의는 은혜의 손실에 따라 더 이상은 가능하지 않으며, 그렇게 공공(公共)의 법정(法庭)에 은혜 없이 고소된 자로서 현재의 죄책을 짊어진 인간이 그렇게 서 있게 됩니다. 그는 거기서 벗어날 수 있을까요? 이러한 재판관석을 벗어나기 위하여 인간은 어떤 전략들을 생각해 내고 있습니까? 또는 그는 다만 초인(超人)이나 신(神)이 짊어질 수 있는 이러한 책임의 짐에 무릎을 꿇는 것인지? 이러한 상황에 하나님 앞과 하나님을 대항하여 호소와 고소의 상황에서 이와 같이 신정론이나 또는 더욱이 인간을 위한 고소와 용서의 상황에로, 즉 이와 같이 칭의로 되돌아가는 길이 있는가? 이러한 생각들과 질문들의 다룸에서 마르크바르트는 의미에 적합하게 1525년, 루터의 "비자유적인 의지의 능력"(De serbo arbitrio)이라는 위대한 작품의 마지막에 발견한 결과에 이르게 됩니다. 마르크바르트의 말에 따르면, 그것은 다음과 같습니다. "신정론의 대답들은 ... 온통 충분하지 못하며, 그러므로 하나님에 대한 신뢰와 이와 같이 믿음에서 최후의 말씀을 주는 그러한 사람들이 권리를 가집니다. 그리고 그것을 할 수 없는 것은 실제적인 불행입니다." 사람들 역시 마지막에 하나의 다른 문장 절반을 소개할 수 있습니다. "그것을 할 수 있는 것은 실제적인 행운입니다" 거기서 사람들은 그러나 "할 수 있다"는 그 말을 의식적으로 접촉점의 표시로 내놓아야 합니다. 왜냐하면 "할 수 있음"이 뜻하는 것은 "선물에 참여하게 되는 것"으로서 그것보다 더 다르지 않기 때문입니다.

## [ 참고도서 ]

- 루터(Luther, M.) : 기독인의 자유에 관하여, 1520.
- 루터(Luther, M.) : 인간에 대한 논쟁, in:Luther,Lateinisch-Deutsche Studienausgabe, Bd.I, 2006.
- 마르크바르트(Marquardt, O.) : '예스'란 말에 의한 어려움들, In: 엘뮐러(Oelmueller, W.), (편집), 신정론 - 법정 앞에서의 하나님?, 1990.
- 융겔(Juengel, E.) : 기독교 신앙의 중심으로서 불신자의 칭의에 관한 복음, 1998.
- 마우레르(Maurer, E.) : 칭의, 고백을 분리하면서, 또는 고백을 연결하면서?, 2판, 1998.
- 헤어레(Haerle, W.) : 관계 속에 있는 인간존재, 칭의론과 인간론에 대한 연구, 2005.
- 하우스쉴드(Hausschild, F.), 한(Hahn, U.)(Hg.) : 현대 칭의론, 2판, 2008.
- 히르쉴러(Hirschler, H.) : 그리스도 신뢰하기, 오늘날 칭의가 뜻하는 것, o. J.

기독교신앙시리즈 2

개신교 성인 요리문답서
# 인간과 예수 그리스도

**지은이** 독일루터교회연합회(VELKD)
**옮긴이** 정일웅
**판권** 한국코메니우스연구소 / © 범지혜(凡智慧)출판사 2018
**펴낸곳** 범지혜(凡智慧)출판사 2018

**초판 발행일** 2019년 1월 21일
**개정판 발행일** 2023년 10월 30일


**신고** 제2018-000008호.(2015년 7월 20일)
**주소** 경기도 성남시 분당구 구미로9번길 16 체리빌오피스텔 617호
**전화** 031-715-1066(팩스겸용)
**이메일** kcidesk@gmail.com

ISBN
979-11-964571-0-5  04230 - 세트
979-11-964571-7-4  04230